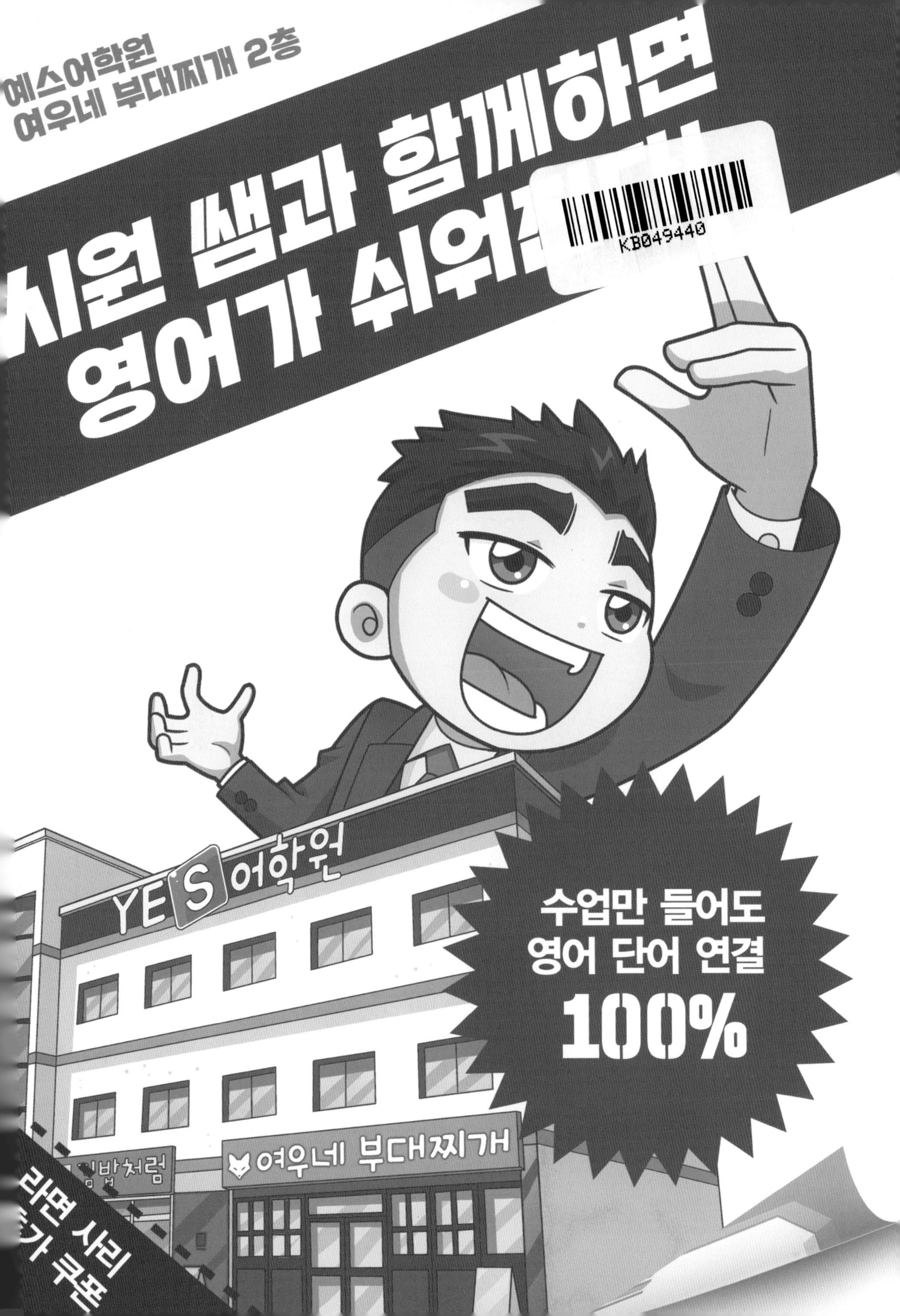
예스어학원
여우네 부대찌개 2층
시원 쌤과 함께하면
영어가 쉬워
YES어학원
여우네 부대찌개
수업만 들어도
영어 단어 연결
100%
라면 사리

예스잉글리시
신입 단원 모집

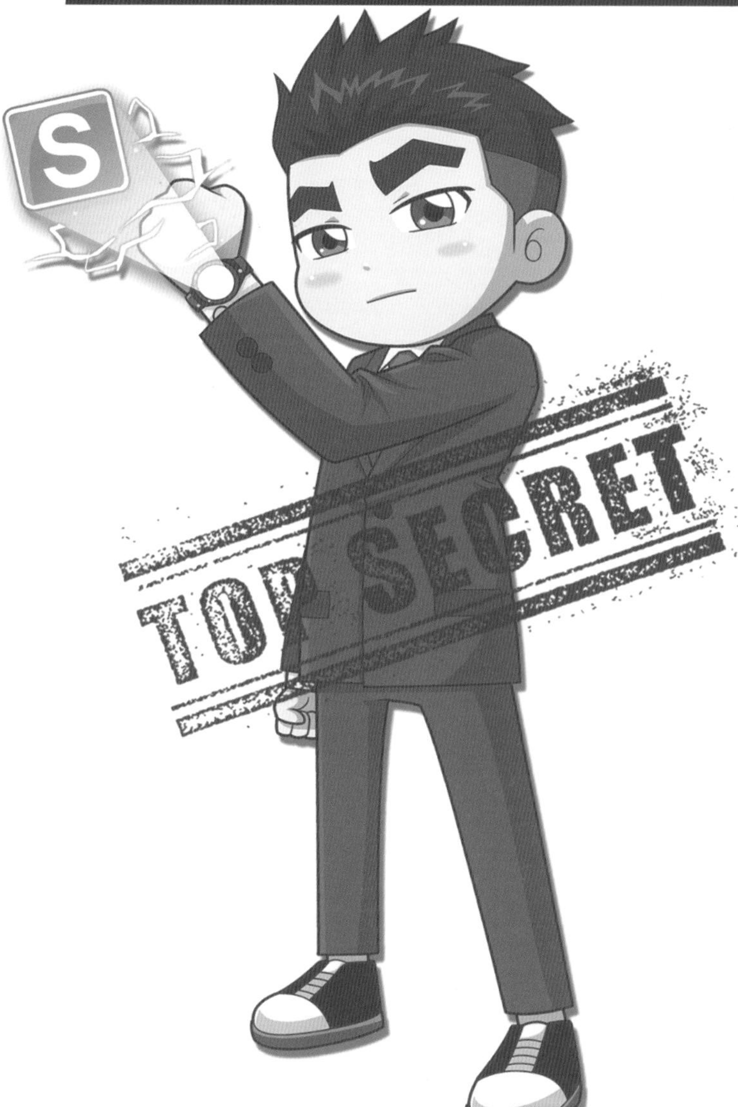
TOP SECRET

코드 네임 : 에스원 요원과
영어 유니버스를 구하라!

English Adventure

이시원의 영어 대모험

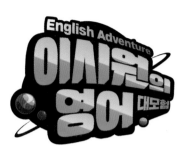

일러두기

이 책의 만화에 나오는 영어 문장 중 일부는 이야기의 자연스러운 이해를 위해 의역했습니다.
그 외의 영어 문장은 학습적인 이해를 돕기 위해 직역했습니다.

이시원의 영어 대모험 5
형용사

기획 시원스쿨 | **글** 박시연 | **그림** 이태영

1판 1쇄 발행 | 2020년 9월 16일
1판 3쇄 발행 | 2023년 7월 1일

펴낸이 | 김영곤
이사 | 은지영
키즈스토리본부장 | 김지은
키즈스토리2팀장 | 윤지윤 **기획개발** | 최지수 강혜인
아동마케팅영업본부장 | 변유경
아동마케팅1팀 | 김영남 황혜선 이규림 정성은
아동마케팅2팀 | 임동렬 이해림 안정현 최윤아
아동영업팀 | 한충희 강경남 오은희 김규희 황성진
디자인 | 임민지

펴낸곳 | (주)북이십일 아울북
등록번호 | 제406-2003-061호
등록일자 | 2000년 5월 6일
주소 | 경기도 파주시 회동길 201(문발동) (우 10881)
전화 | 031-955-2107(기획개발), 031-955-2100(마케팅·영업·독자문의)
브랜드 사업 문의 | license21@book21.co.kr
팩시밀리 | 031-955-2177
홈페이지 | www.book21.com

ISBN 978-89-509-8496-0
ISBN 978-89-509-8491-5(세트)

* 잘못 만들어진 책은 **구입하신 서점**에서 교환해 드립니다.
* 가격은 책 뒤표지에 있습니다.

⚠ 주의 1. 책 모서리가 날카로워 다칠 수 있으니 사람을 향해 던지거나 떨어뜨리지 마십시오.
2. 보관 시 직사광선이나 습기 찬 곳을 피해 주십시오.

- **제조자명** : (주)북이십일
- **주소 및 전화번호** : 경기도 파주시 회동길 201(문발동) / 031-955-2100
- **제조연월** : 2023.07.01
- **제조국명** : 대한민국
- **사용연령** : 3세 이상 어린이 제품

만 화 로 시 작 하 는 이 시 원 표 초 등 영 어

English Adventure
이시원의 영어 대모험 5

기획 **시원스쿨**
글 **박시연**
그림 **이태영**

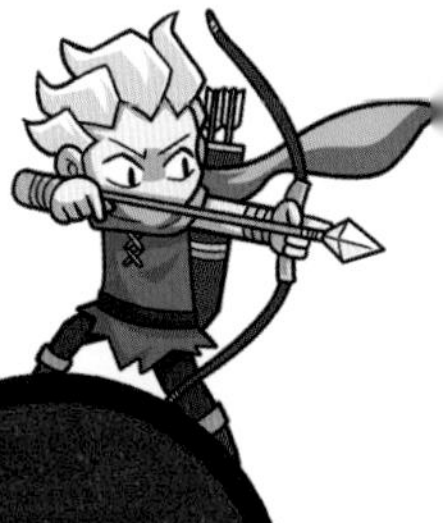

형용사

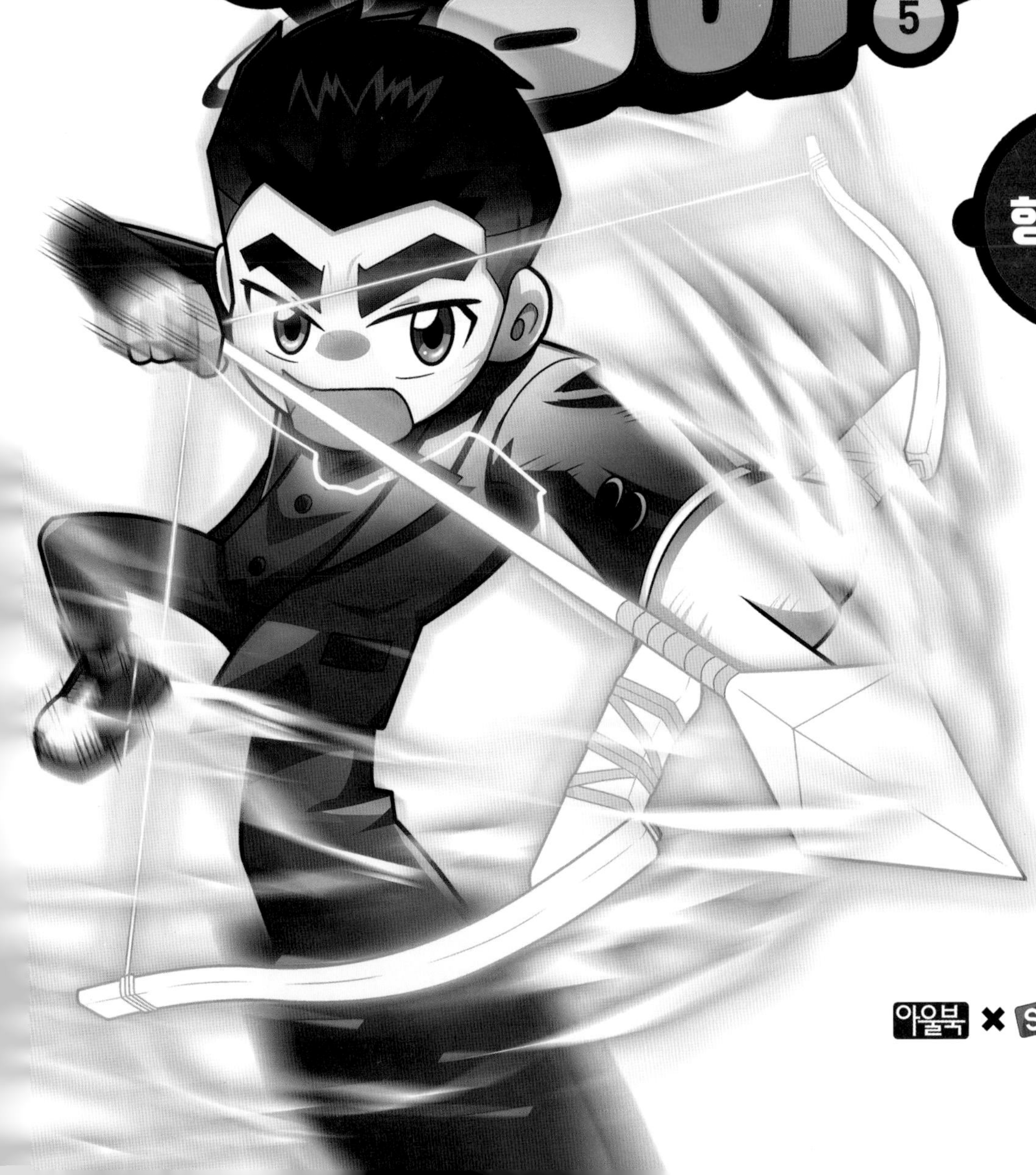

아울북 ✖ 시원스쿨닷컴

작가의 말

안녕하세요? 시원스쿨 대표 강사 이시원 선생님이에요. 여러분은 영어를 좋아하나요? 아니면 영어가 어렵고 두려운가요? 혹시 영어만 생각하면 속이 울렁거리고 머리가 아프진 않나요? 만약 그렇다면 지금부터 선생님이 영어와 친해지는 방법을 가르쳐 줄게요.

하나, 지금까지 배운 방식과 지식을 모두 지워요!

보기만 해도 스트레스를 받고, 나를 힘들게 만드는 영어는 이제 잊어버려요. 선생님과 함께 새로운 마음으로 영어를 다시 시작해 봐요.

둘, 하나를 배우더라도 정확하게 습득해 나가요!

눈으로만 배우고 지나가는 영어는 급할 때 절대로 입에서 나오지 않아요. 하나를 배우더라도 완벽하게 습득해야 어디서든 자신 있게 영어로 말할 수 있어요.

셋, 생활 속에서 자주 쓰이는 표현을 배워요!

우리 생활에서 쓸 일이 별로 없는 단어를 오래 기억할 수 있을까요? 자주 사용하는 단어 위주로 영어를 배워야 쓰기도 쉽고 잊어버리지도 않겠죠? 자연스럽게 영어가 튀어나올 수 있도록 여러 번 말하고, 써 보면서 잊지 않게 하는 것이 중요해요.

이 세 가지만 지키면 어느새 영어가 정말 쉽고, 재밌게 느껴질 거예요. 그리고 이 세 가지를 충족시키는 힘이 바로 이 책에 숨어 있어요. 여러분이 〈이시원의 영어 대모험〉을 읽는 것만으로도 최소한 영어 한 문장을 습득할 수 있어요.

단어와 단어를 연결하는 방법도 자연스럽게 익히게 될 거예요. 게다가 영어에 관련된 흥미로운 이야기들을 알게 되면 영어가 좀 더 친숙하고 재미있게 다가올 거라 믿어요!

자, 그럼 만화 속 '시원 쌤'과 신나는 영어 훈련을 하면서 모두 함께 영어의 세계로 떠나 볼까요?

시원스쿨 기초영어 대표 강사 **이시원**

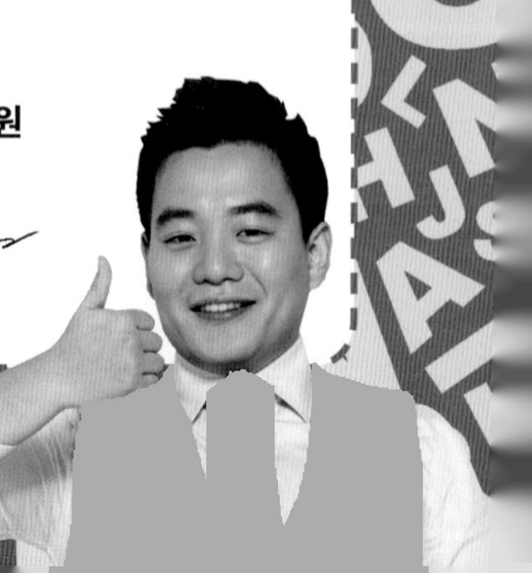

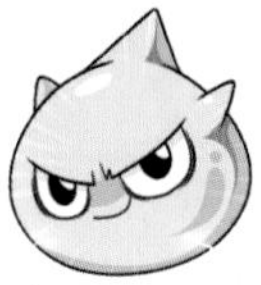

영어와 친해지는 영어학습만화

영어는 이 자리에 오기까지 수많은 경쟁과 위험을 물리쳤답니다. 영어에는 다른 언어와 부딪치고 합쳐지며 발전해 나간 강력한 힘이 숨겨져 있어요. 섬나라인 영국 땅에서 시작된 이 언어가 어느 나라에서든 통하는 세계 공용어가 되기까지는 마치 멋진 히어로의 성장 과정처럼 드라마틱하고 매력적인 모험담이 있었답니다. 이 모험담을 듣게 되는 것만으로도 우리 어린이들은 영어를 좀 더 좋아하게 될지도 몰라요.

영어는 이렇듯 강력하고 매력적인 언어지만 친해지기는 쉽지 않아요. 우리 어린이들에게 영어는 어렵고 힘든 시험 문제를 연상시키지요. 영어를 잘하면 장점이 많다는 것은 알지만 영어를 공부하는 과정은 어렵고 힘들어요. 이 책에서 시원 쌤은 우리 어린이 주인공들과 영어 유니버스라는 새로운 세계로 신나는 모험을 떠난답니다.

여러분도 엄청난 비밀을 지닌 시원 쌤과 미지의 영어 유니버스로 모험을 떠나 보지 않을래요? 영어 유니버스의 어디에선가 영어를 좋아하게 된 자신의 모습을 발견하게 될지도 몰라요.

글 작가 **박시연**

영어의 세계에 빠져드는 만화

영어 공부를 시작하는 어린이들은 모두 자기만의 목표를 가지고 있을 거예요. 영어를 잘해서 선생님께 칭찬받는 모습부터 외국 친구들과 자유롭게 영어로 소통하는 모습, 세계적인 유명인이 되어서 영어로 멋지게 인터뷰하는 꿈까지도요.

이 책에서는 어린이들이 공감할 수 있도록 영어를 배우며 느끼는 기분, 상상한 모습들을 귀엽고 발랄한 만화로 표현했어요. 이 책을 손에 든 어린이들은 만화 속 인물들에게 무한히 공감하며 이야기에 빠져들 수 있을 거예요. 마치 내가 시원 쌤과 함께 멋진 모험을 떠나는 것 같은 기분을 느낄 수 있도록요.

보는 재미와 읽는 재미를 함께 느낄 수 있는 만화를 통해 영어의 재미도 발견하기를 바라요!

그림 작가 **이태영**

차례

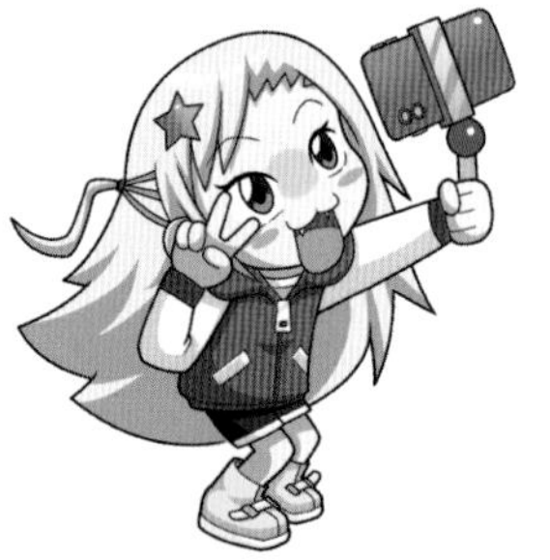

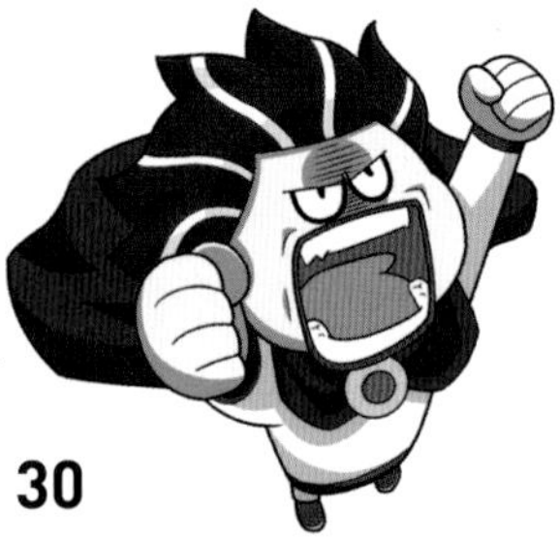

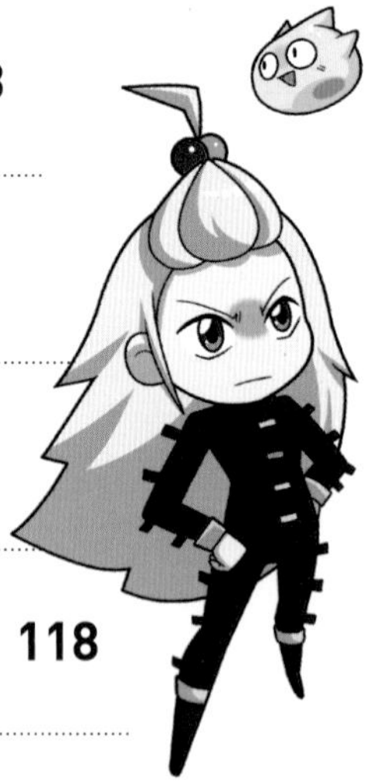

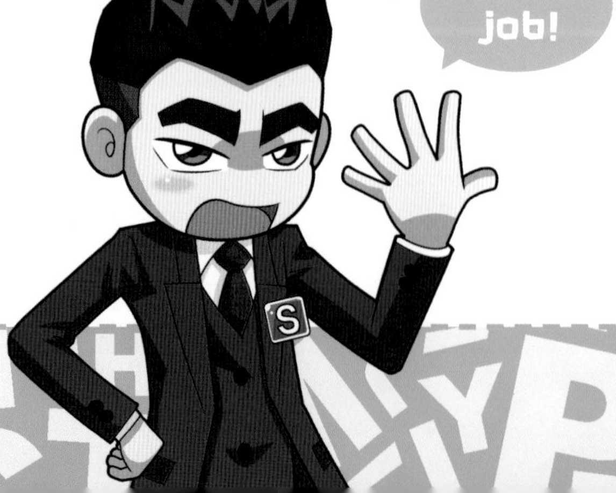

Good job!

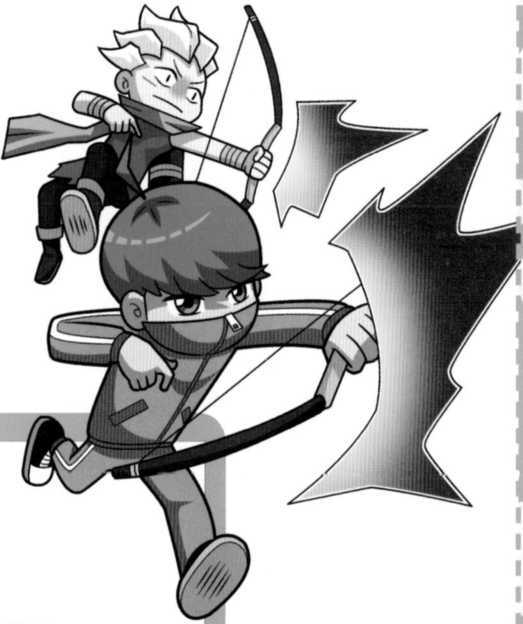

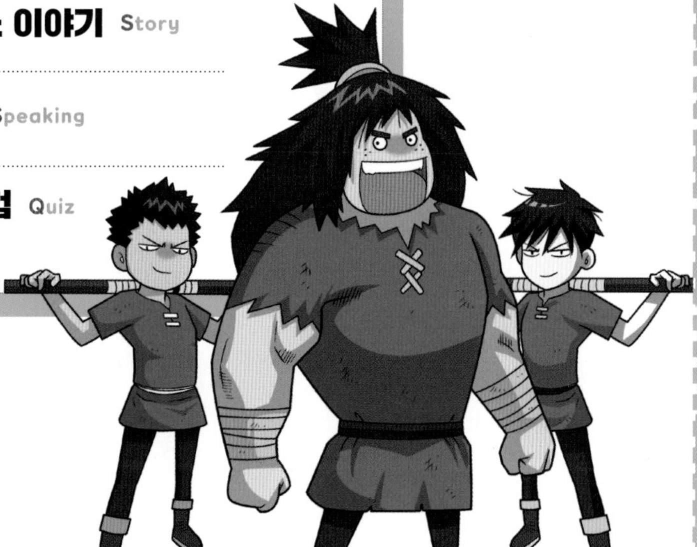

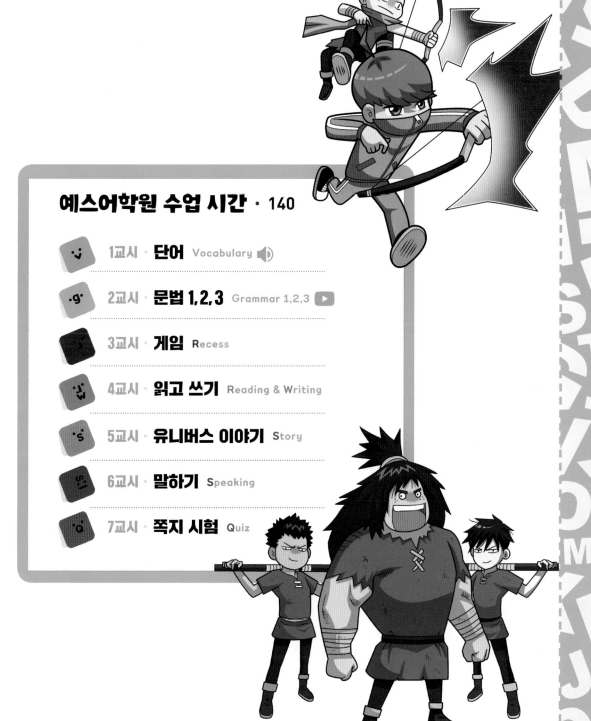

등장인물

영어를 싫어하는 자,
모두 나에게로 오라!
굿 잡!

시원 쌤

비밀 요원명 에스원(S1)
직업 영어 선생님
좋아하는 것 영어, 늦잠, 스튜
싫어하는 것 노잉글리시단
취미 활쏘기
특기 굿 잡 외치기
성격 귀차니스트 같지만 완벽주의자
좌우명 영어는 내 인생!

부대찌개 먹으러
우리 가게에 와용,
오케이?

폭스

비밀 요원명 에프원(F1)
직업 여우네 부대찌개 사장님

영어가 싫다고?!
내가 더더더 싫어지게
만들어 주마!

냥냥라이드에 태워 줄 테니
쭈루 하나만 줄래냥~!

트릭커

직업 한두 개가 아님
좋아하는 것 영어 싫어하는 아이들
싫어하는 것 영어, 예스잉글리시단
취미 변장
특기 금화 훔치기
성격 우기기 대마왕
좌우명 영어 없는 세상을 위하여!

빅캣

좋아하는 것 캐트닙, 쭈루
싫어하는 것 예스잉글리시단

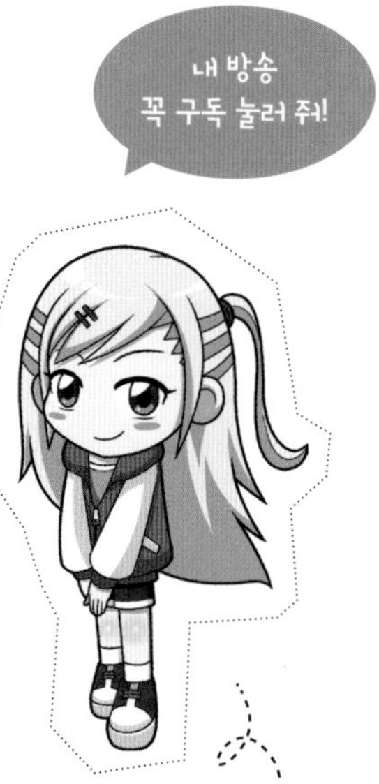
내 방송
꼭 구독 눌러 줘!

루시

좋아하는 것 너튜브 방송,
후의 생각 읽기
싫어하는 것 잘난 척
좌우명 일단 찍고 보자!

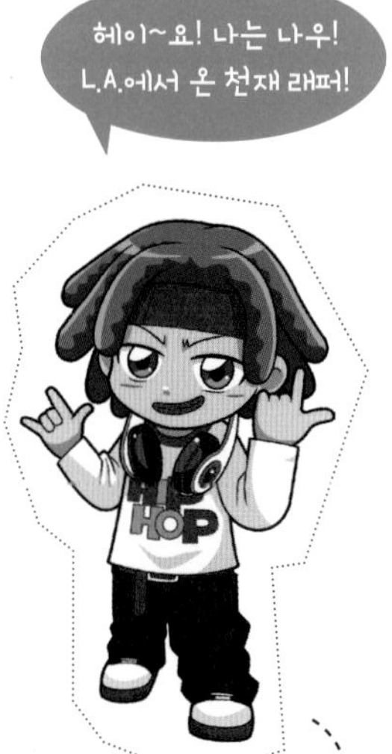
헤이~요! 나는 나우!
L.A.에서 온 천재 래퍼!
HIP HOP

나우

좋아하는 것 랩, 힙합,
루시 골탕 먹이기
싫어하는 것 영어로 말하기,
혼자 놀기
좌우명 인생은 오로지 힙합!

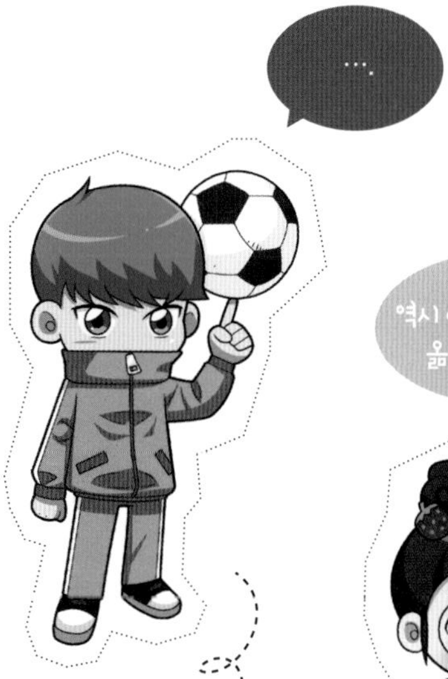
….

후

좋아하는 것 축구
싫어하는 것 말하기
좌우명 침묵은 금이다!

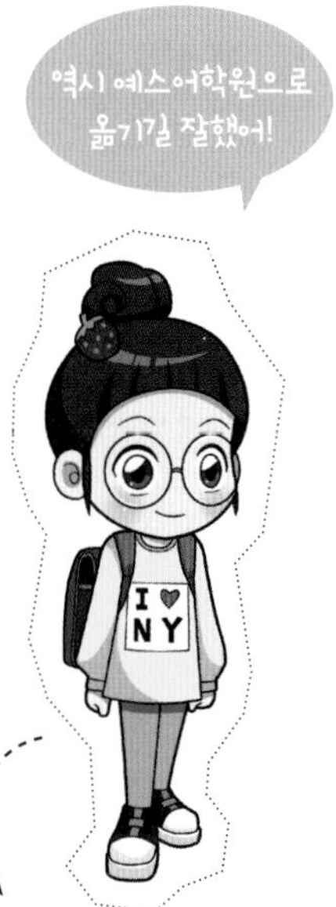
역시 예스어학원으로
옮기길 잘했어!
I ♥ NY

리아

좋아하는 것 시원 쌤 응원하기
싫어하는 것 빅캣 타임
좌우명 최선을 다하자!

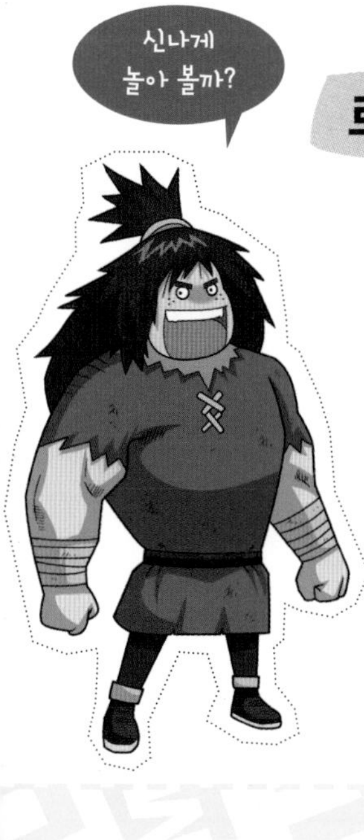
신나게
놀아 볼까?

리틀 존

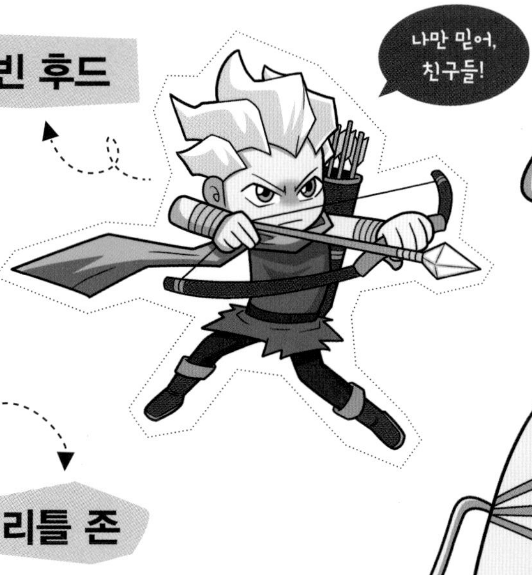
나만 믿어,
친구들!

로빈 후드

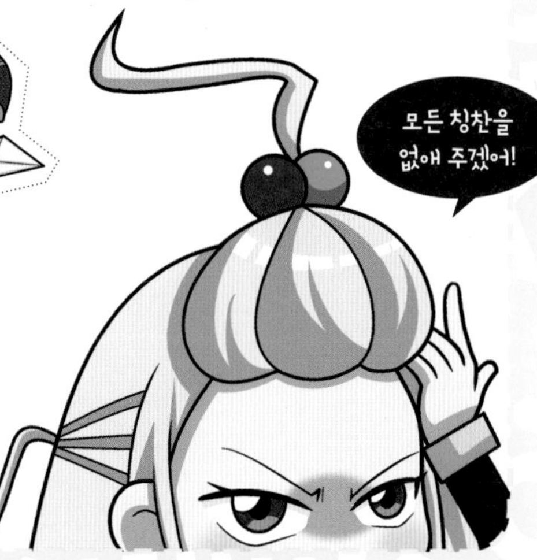
모든 칭찬을
없애 주겠어!

Chapter 1

루시의 방송 위기

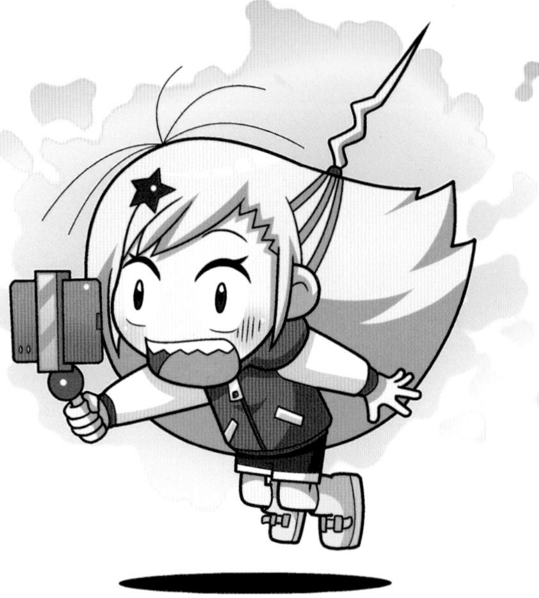

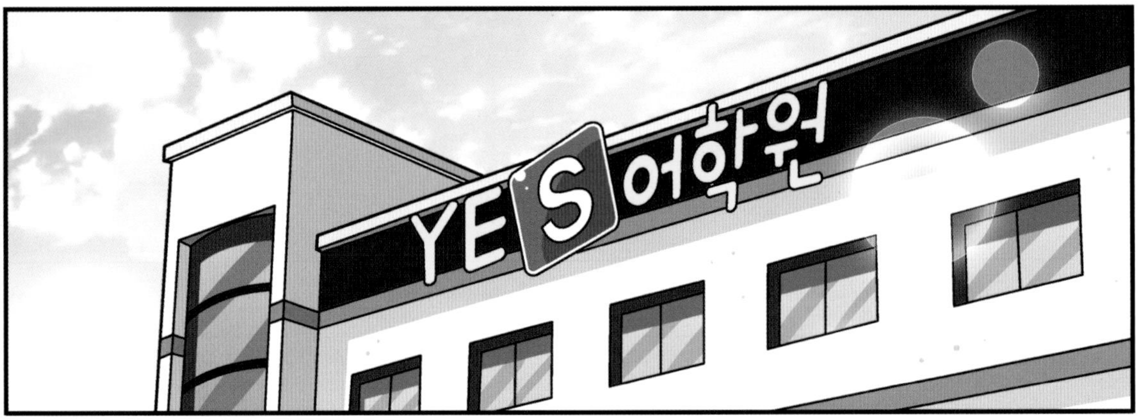
YES 어학원

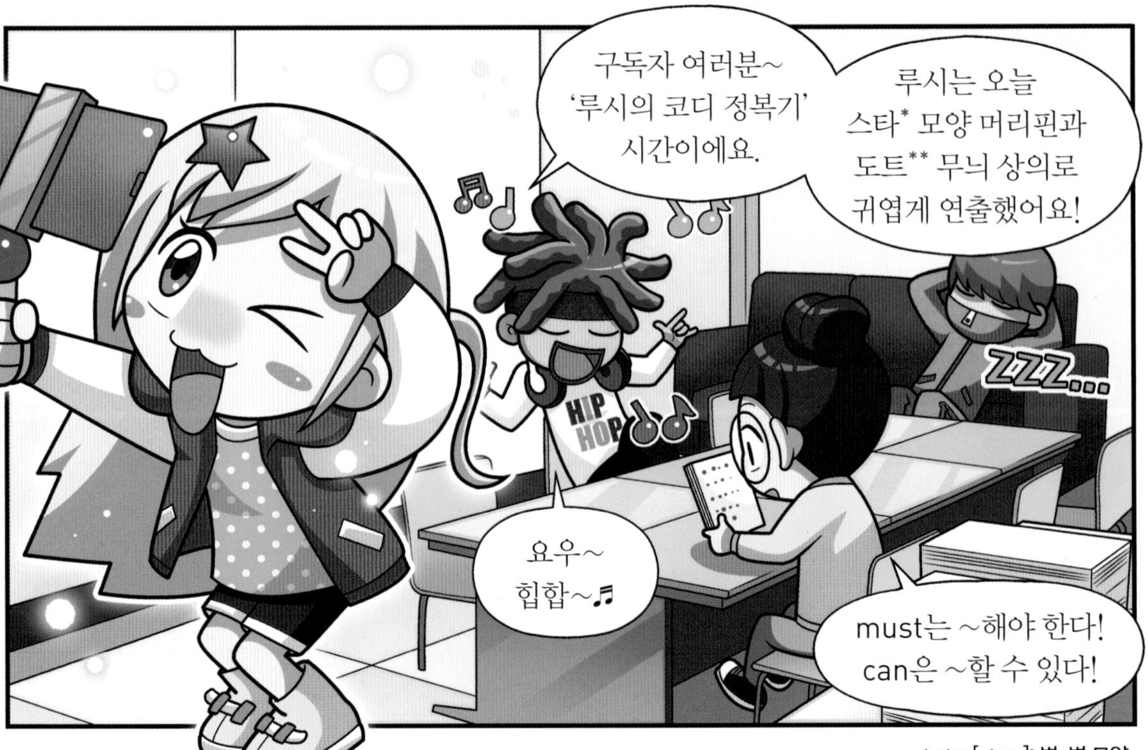
구독자 여러분~ '루시의 코디 정복기' 시간이에요.
루시는 오늘 스타* 모양 머리핀과 도트** 무늬 상의로 귀엽게 연출했어요!
HIP HOP
요우~ 힙합~♬
ZZZZ...
must는 ~해야 한다! can은 ~할 수 있다!

* star[stɑːr]: 별, 별 모양
** dot[dɑːt]: 작고 동그란 점

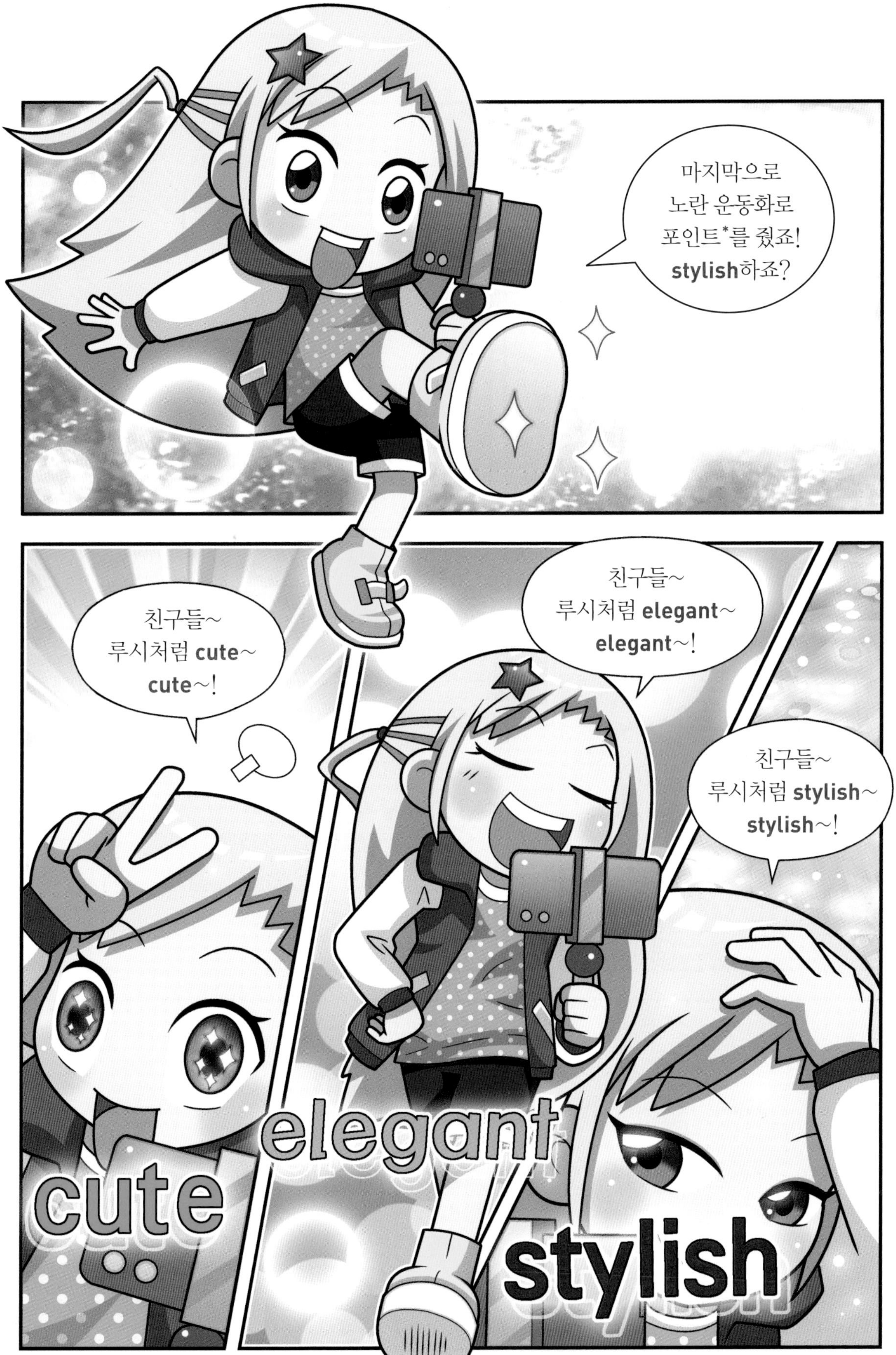
마지막으로
노란 운동화로
포인트*를 줬죠!
stylish하죠?
친구들~
루시처럼 cute~
cute~!
친구들~
루시처럼 elegant~
elegant~!
친구들~
루시처럼 stylish~
stylish~!
cute
elegant
stylish

* point[pɔɪnt]: 중요한 사항이나 핵심

* 분홍색 단어의 발음이 궁금하다면 143쪽을 펼쳐 보세요.

바이~
바이~

안녕, 친구들!
오늘 방송은
여기까지!

꾹꾹꾹꾹

헤헤, 이 영상을
올리면 반응이
폭발적이겠지?

헉! 댓글이
왜 이렇지?

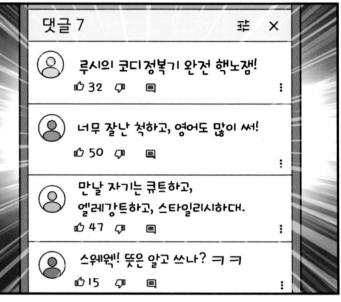

댓글 7

루시의 코디 정복기 완전 핵노잼!
32

너무 잘난 척하고, 영어도 많이 써!
50

만날 자기는 큐트하고,
엘레강트하고, 스타일리시하대.
47

스웨웩! 뜻은 알고 쓰나? ㅋㅋ
15

뭐, 뭐라고? 내가
그것도 모를까 봐?
흥!

팍
팍
팍
팍

루시
패션계에서 흔히 쓰는
용어예요. 당연히 그 뜻
다 알고 있고요!
28

루시
님들 뭘 좀 안 다음에
남을 비난하는 게 어때요?
30

이 댓글은
또 뭐야!

빠지직!!

스웨엑~
알기는
뭘 알아.
모른다에
한 표!

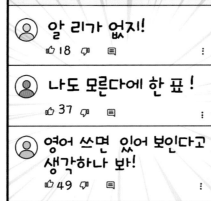

알 리가 없지!
👍 18 👎 💬 ⋮

나도 모른다에 한 표!
👍 37 👎 💬 ⋮

영어 쓰면 있어 보인다고
생각하나 봐!
👍 49 👎 💬 ⋮

더 이상
못 참아!

이 댓글!
나우, 네가 달았지?
말투가 딱 너야!

이히히!
이제 알았냐?

스웨엑~
그러게
영어도
알고
써야지!

끄으으...

네가 뭔데
이런 댓글을 달아?

콱

콱

콱

꾸웨엑~
나우 살려!

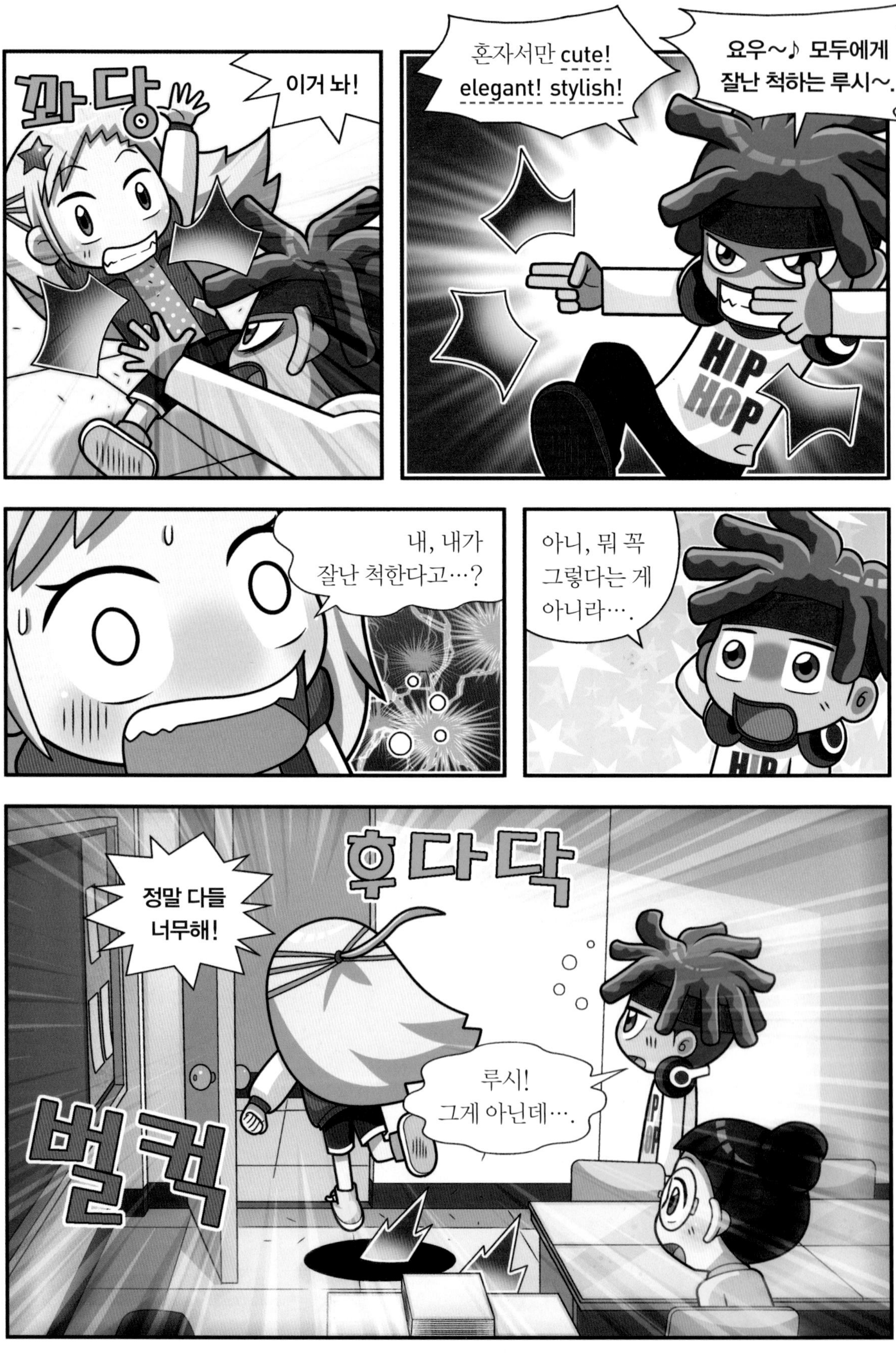
꽈당
이거 봐!
요우~♪ 모두에게 잘난 척하는 루시~.
혼자서만 cute! elegant! stylish!
내, 내가 잘난 척한다고…?
아니, 뭐 꼭 그렇다는 게 아니라….
후다닥
정말 다들 너무해!
벌컥
루시! 그게 아닌데….

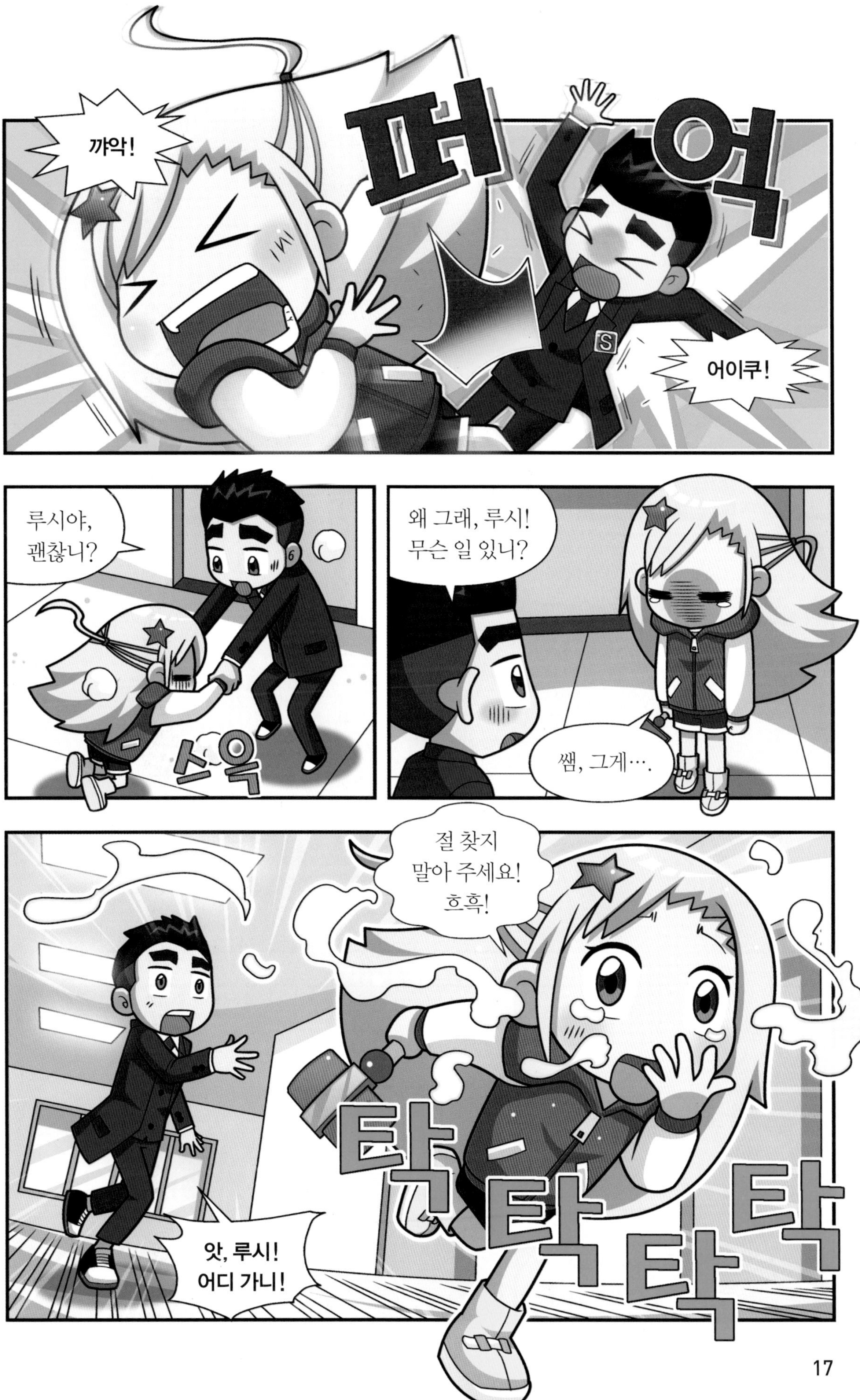

까악!
퍼억
어이쿠!
루시야, 괜찮니?
스윽
왜 그래, 루시! 무슨 일 있니?
쌤, 그게….
절 찾지 말아 주세요! 흐흑!
앗, 루시! 어디 가니!
탁 탁 탁 탁

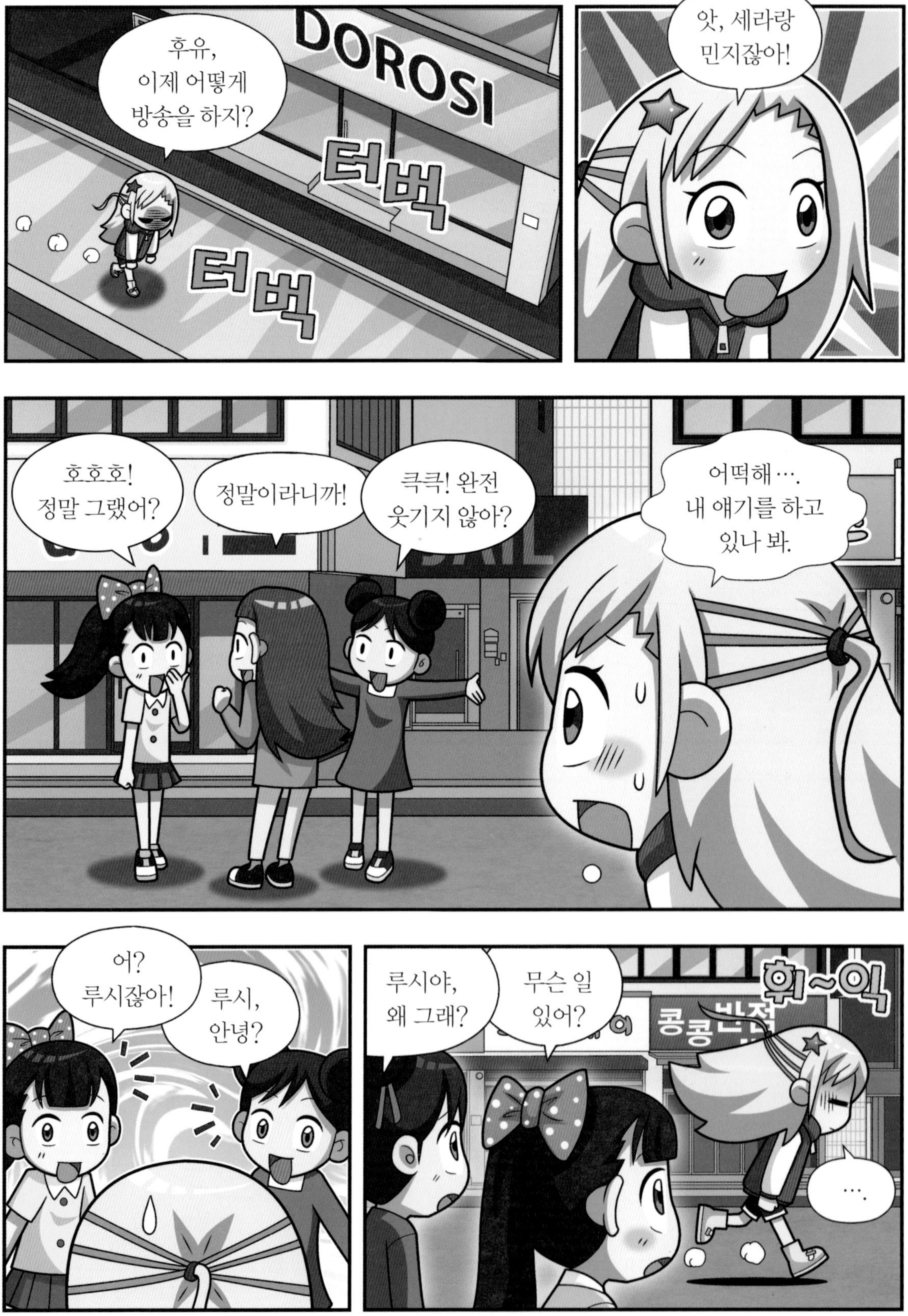
DOROSI
후유,
이제 어떻게
방송을 하지?
터벅
터벅
앗, 세라랑
민지잖아!
호호호!
정말 그랬어?
정말이라니까!
큭큭! 완전
웃기지 않아?
어떡해….
내 얘기를 하고
있나 봐.
어?
루시잖아!
루시,
안녕?
루시야,
왜 그래?
무슨 일
있어?
휘~익
콩콩반점
….

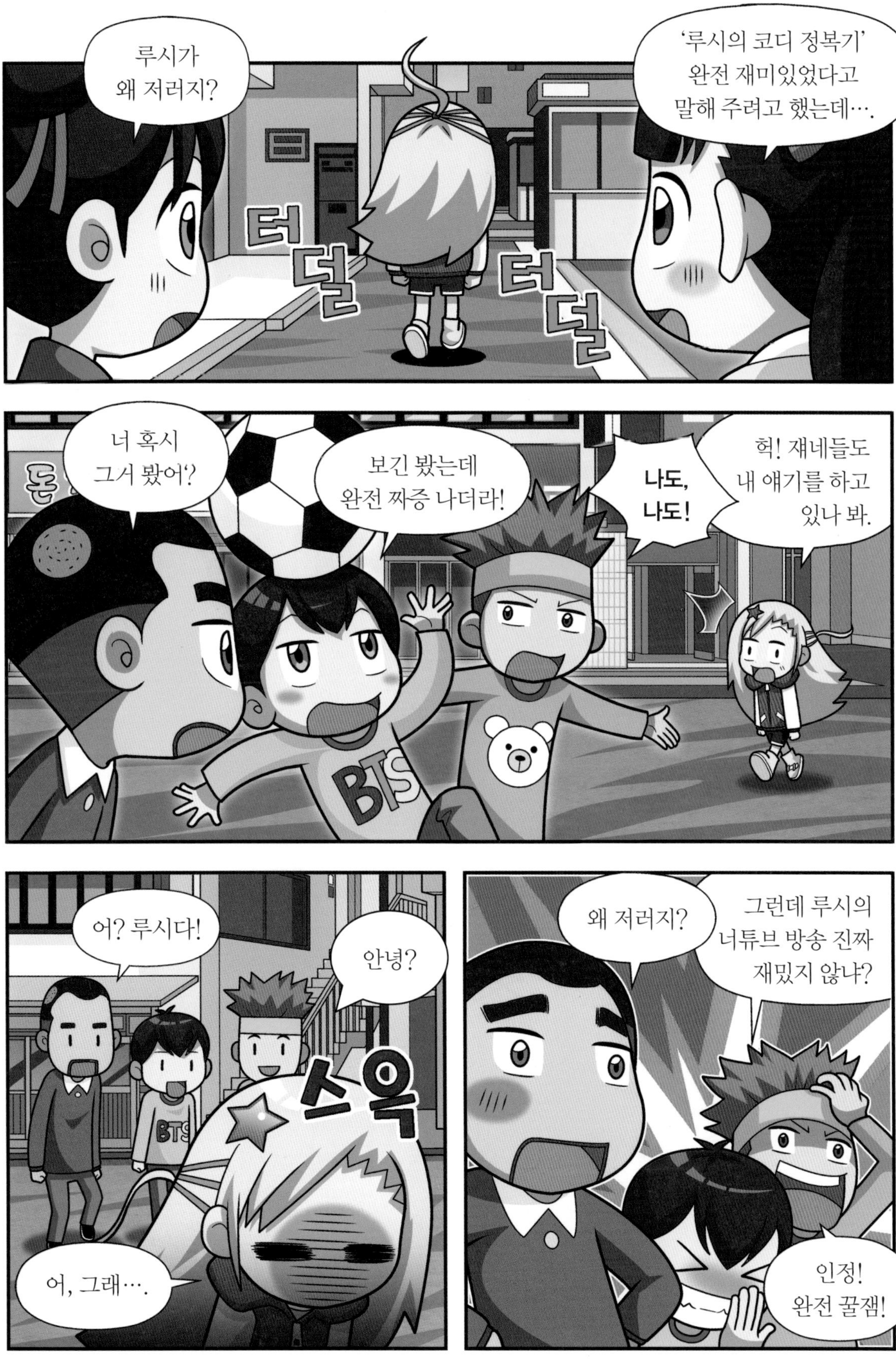
루시가 왜 저러지?
'루시의 코디 정복기' 완전 재미있었다고 말해 주려고 했는데….
터덜 터덜
너 혹시 그거 봤어?
보긴 봤는데 완전 짜증 나더라!
나도, 나도!
헉! 재네들도 내 얘기를 하고 있나 봐.
BTS
어? 루시다!
안녕?
스윽
BTS
어, 그래….
왜 저러지?
그런데 루시의 너튜브 방송 진짜 재밌지 않냐?
인정! 완전 꿀잼!

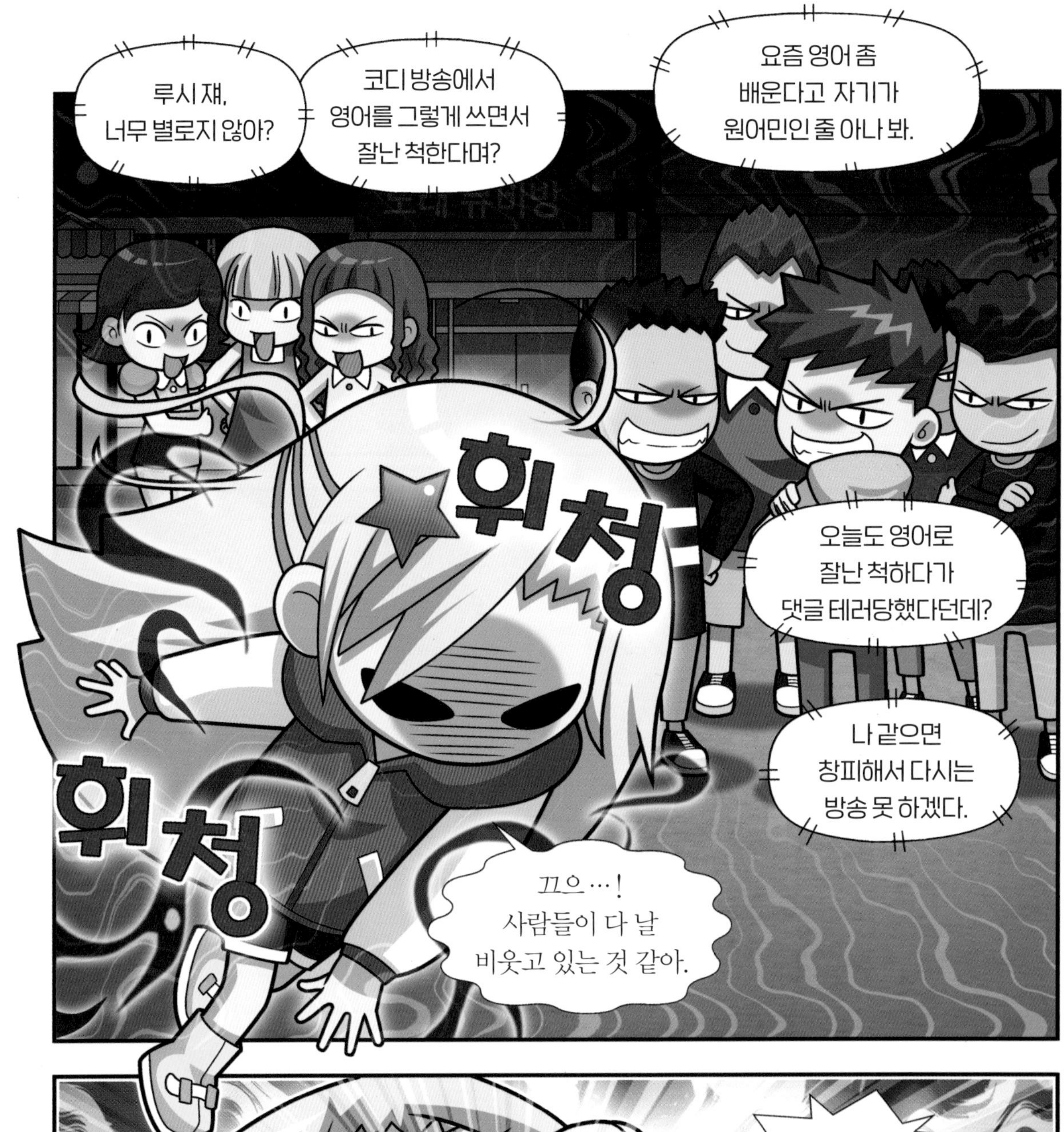
루시 쟤,
너무 별로지 않아?
코디 방송에서
영어를 그렇게 쓰면서
잘난 척한다며?
요즘 영어 좀
배운다고 자기가
원어민인 줄 아나 봐.
휘청
오늘도 영어로
잘난 척하다가
댓글 테러당했다던데?
나 같으면
창피해서 다시는
방송 못 하겠다.
휘청
끄으…!
사람들이 다 날
비웃고 있는 것 같아.

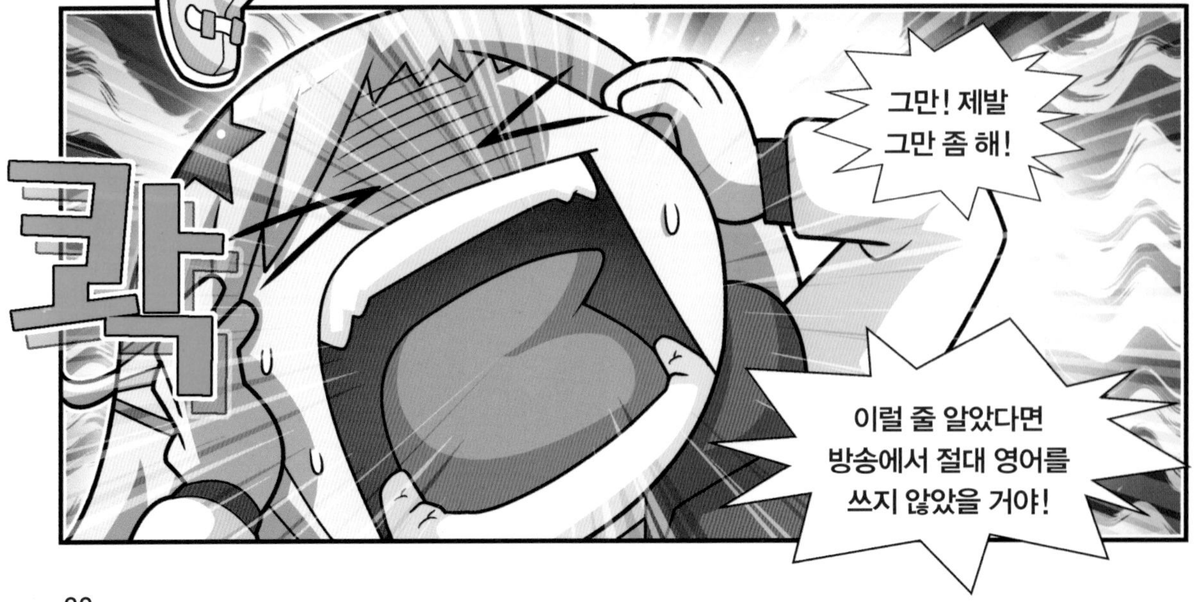
콱
그만! 제발
그만 좀 해!
이럴 줄 알았다면
방송에서 절대 영어를
쓰지 않았을 거야!

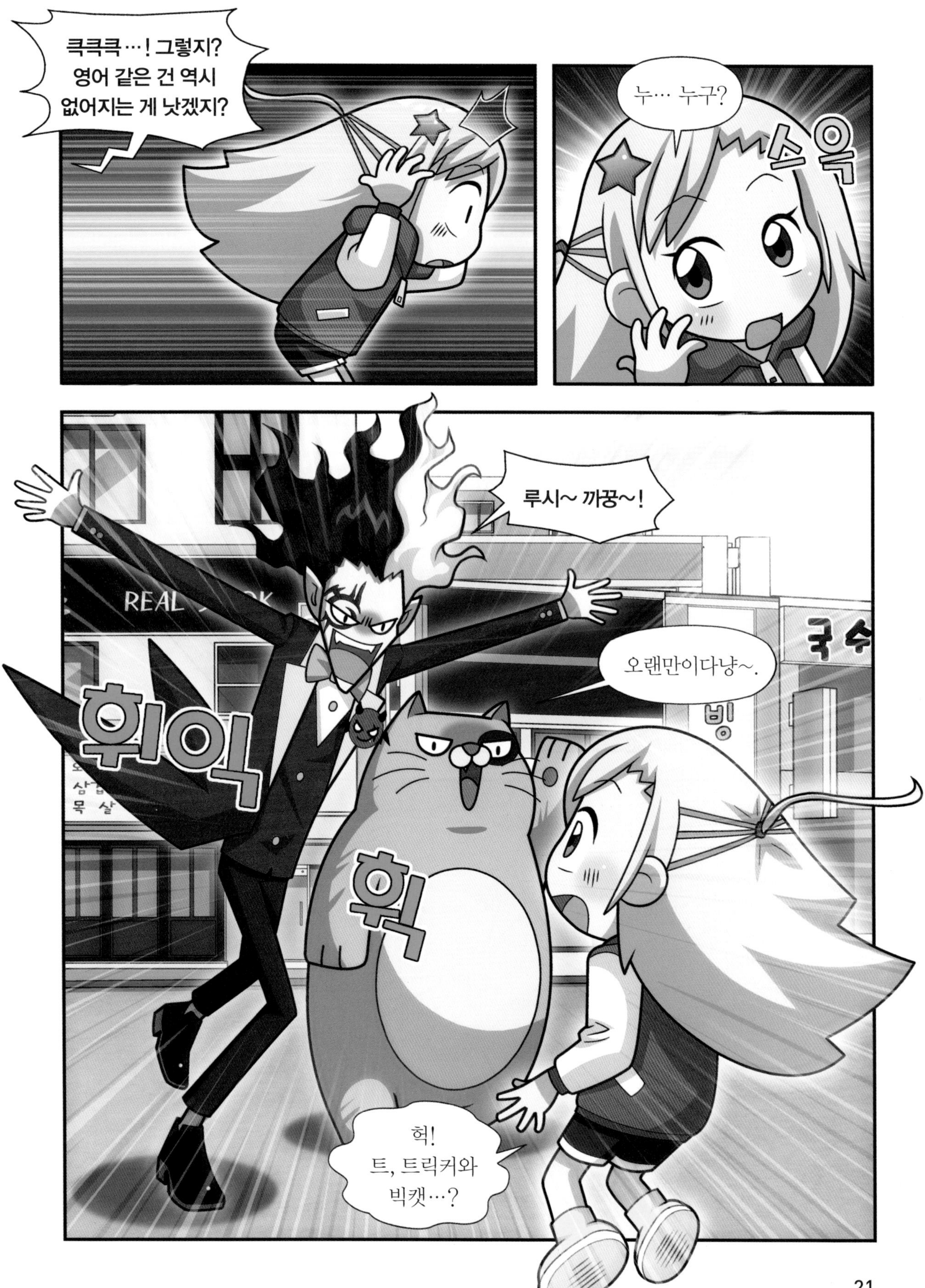
크크크…! 그렇지?
영어 같은 건 역시
없어지는 게 낫겠지?
누… 누구?
스윽
루시~ 까꿍~!
휘익
REAL
국수
오랜만이다냥~.
휙
헉!
트, 트릭커와
빅캣…?

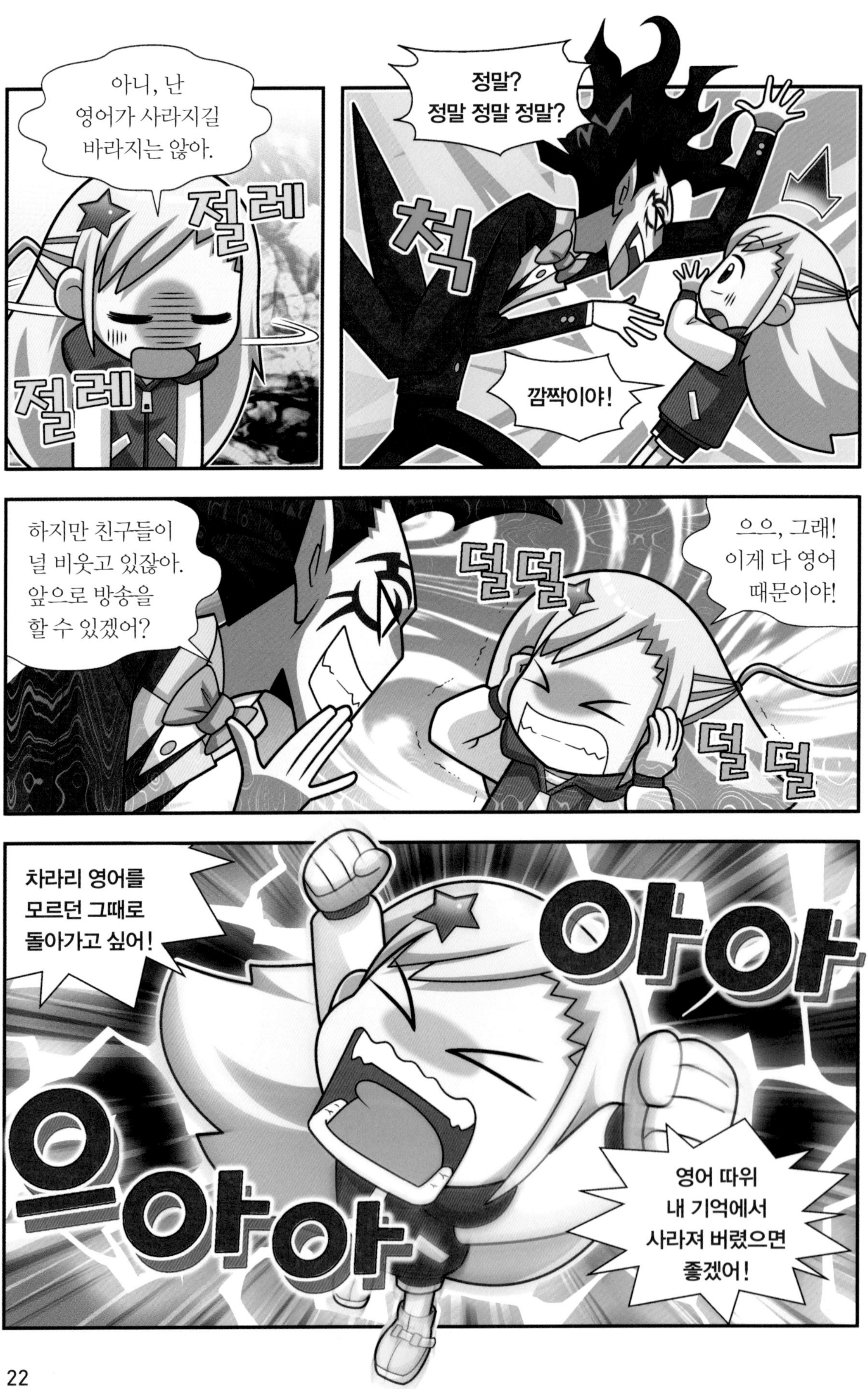

아니, 난
영어가 사라지길
바라지는 않아.
절레
절레
정말?
정말 정말 정말?
척
깜짝이야!
하지만 친구들이
널 비웃고 있잖아.
앞으로 방송을
할 수 있겠어?
덜덜
으으, 그래!
이게 다 영어
때문이야!
덜덜
차라리 영어를
모르던 그때로
돌아가고 싶어!
아아
으
아아
영어 따위
내 기억에서
사라져 버렸으면
좋겠어!

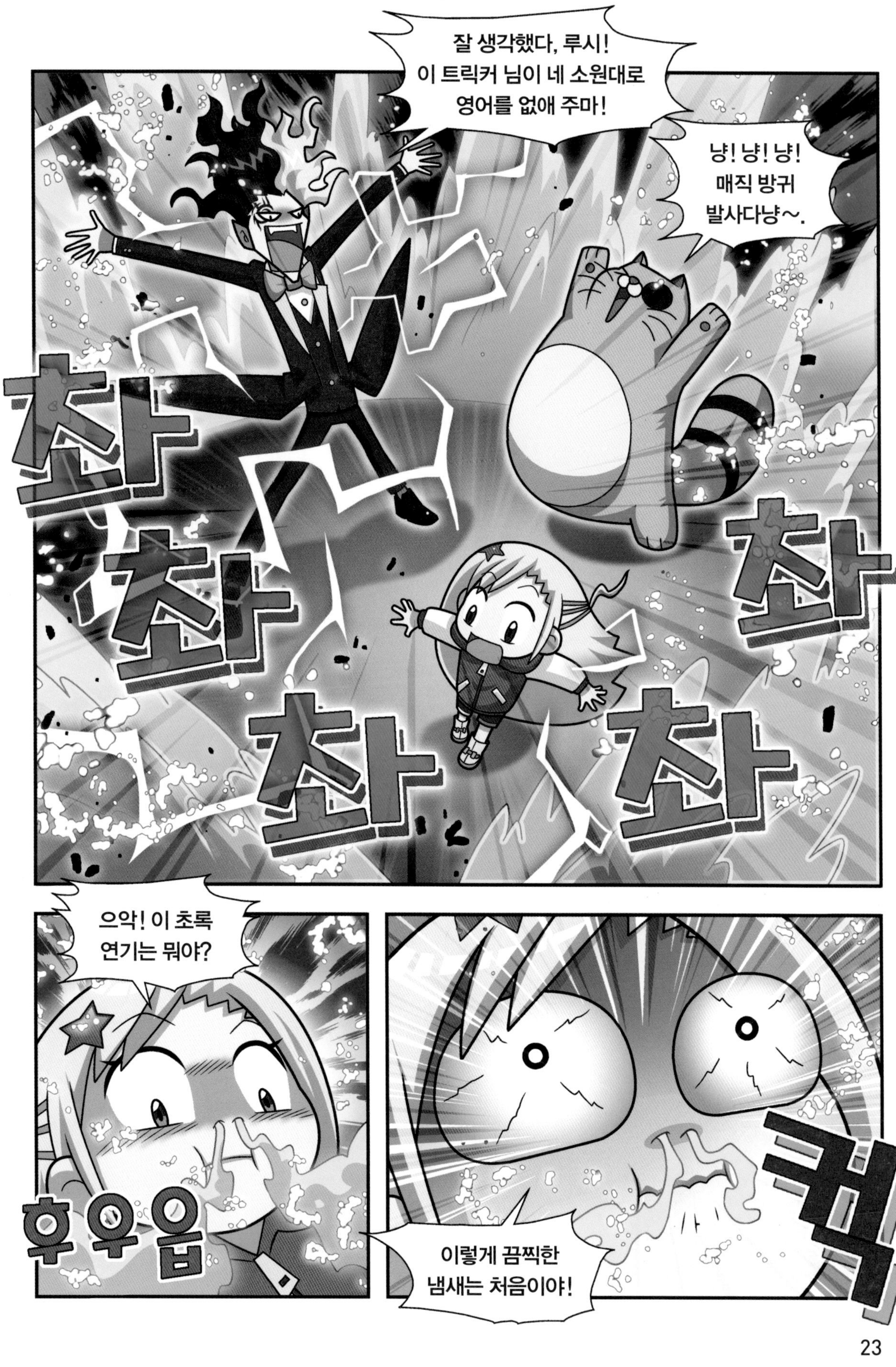

잘 생각했다, 루시!
이 트릭커 님이 네 소원대로
영어를 없애 주마!
냥! 냥! 냥!
매직 방귀
발사다냥~.
촤
촤
촤
촤
촤
으악! 이 초록
연기는 뭐야?
후우읍
이렇게 끔찍한
냄새는 처음이야!
켁

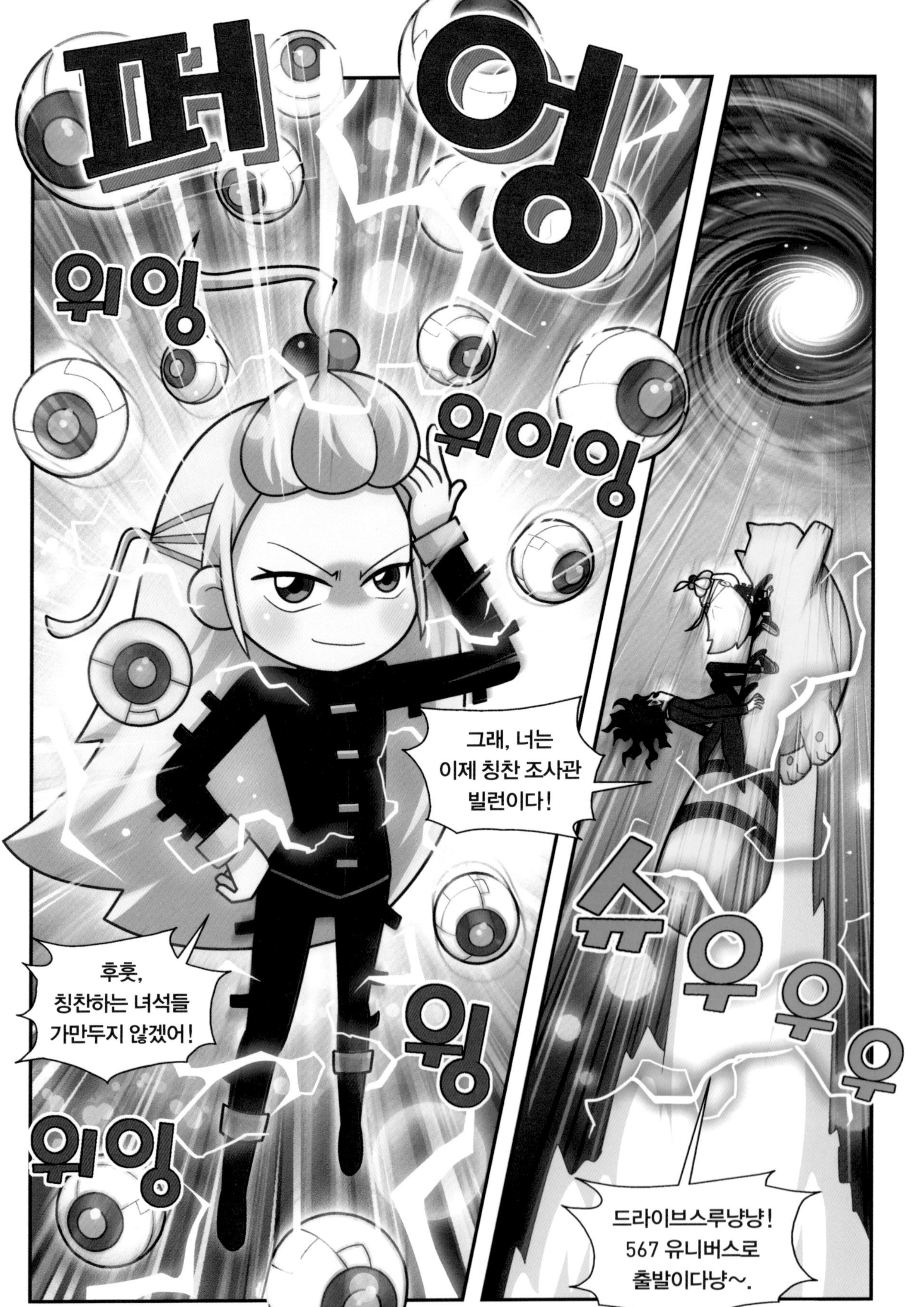

펴엉
위잉
위이잉
그래, 너는 이제 칭찬 조사관 빌런이다!
후훗, 칭찬하는 녀석들 가만두지 않겠어!
윙
위잉
슈우우우우
드라이브스루냥냥! 567 유니버스로 출발이다냥~.

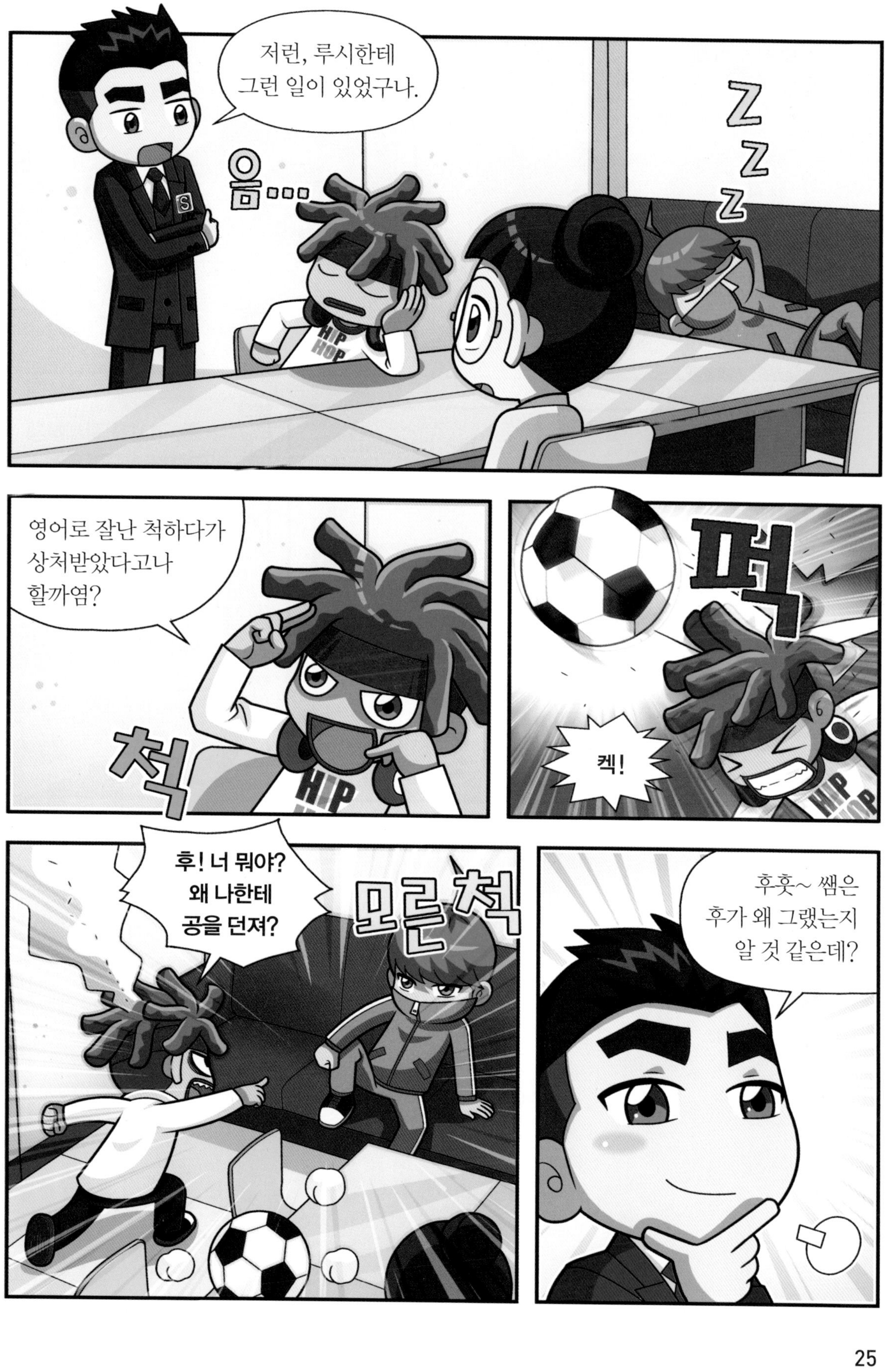

저런, 루시한테 그런 일이 있었구나.
음….
Z Z Z
영어로 잘난 척하다가 상처받았다고나 할까염?
척
퍽
켁!
후! 너 뭐야? 왜 나한테 공을 던져?
모른척
후훗~ 쌤은 후가 왜 그랬는지 알 것 같은데?

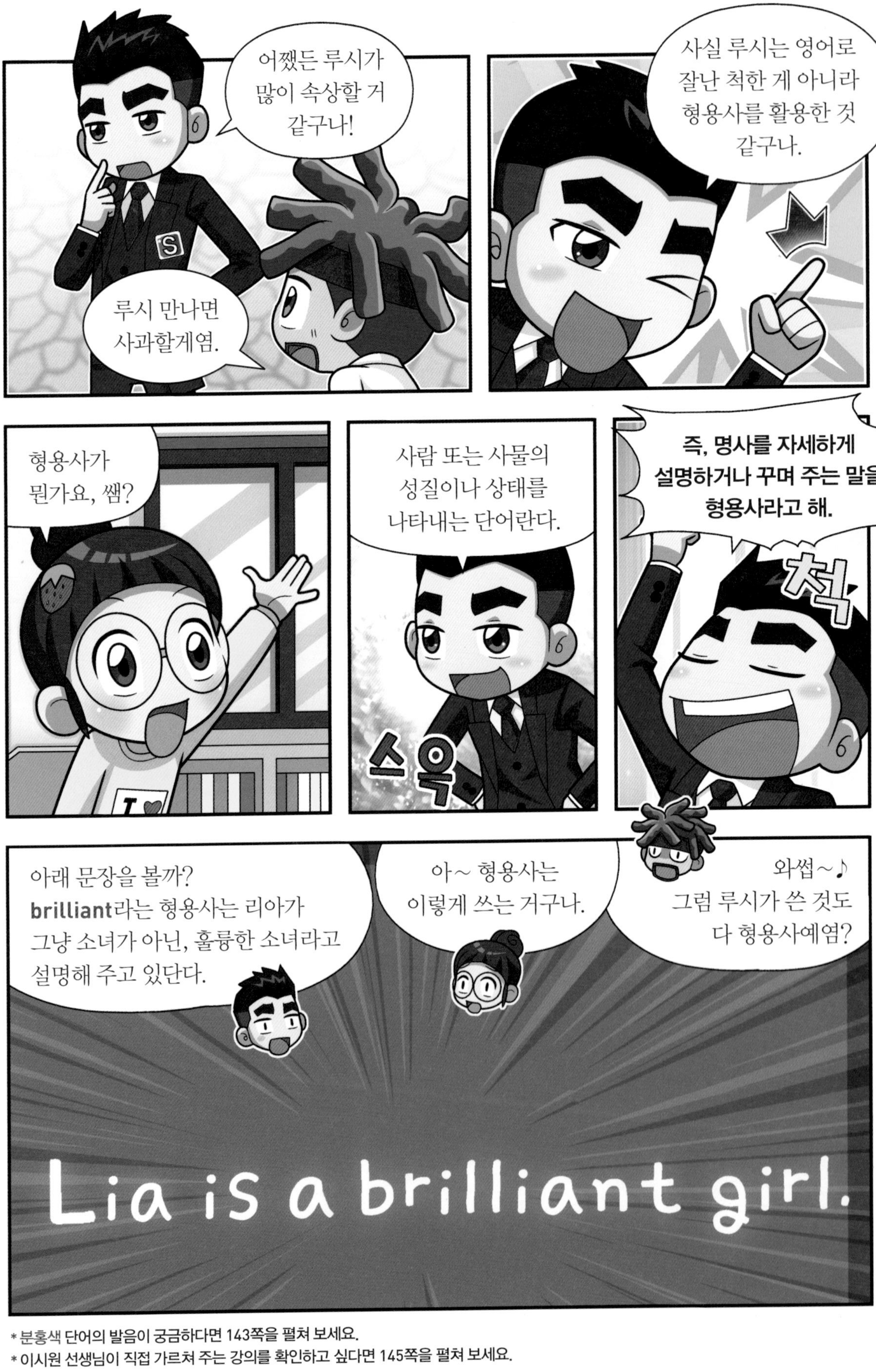
어쨌든 루시가 많이 속상할 거 같구나!
루시 만나면 사과할게염.
사실 루시는 영어로 잘난 척한 게 아니라 형용사를 활용한 것 같구나.
형용사가 뭔가요, 쌤?
사람 또는 사물의 성질이나 상태를 나타내는 단어란다.
스윽
즉, 명사를 자세하게 설명하거나 꾸며 주는 말을 형용사라고 해.
척
아래 문장을 볼까? brilliant라는 형용사는 리아가 그냥 소녀가 아닌, 훌륭한 소녀라고 설명해 주고 있단다.
아~ 형용사는 이렇게 쓰는 거구나.
와썹~♪ 그럼 루시가 쓴 것도 다 형용사예염?
Lia is a brilliant girl.

* 분홍색 단어의 발음이 궁금하다면 143쪽을 펼쳐 보세요.
* 이시원 선생님이 직접 가르쳐 주는 강의를 확인하고 싶다면 145쪽을 펼쳐 보세요.

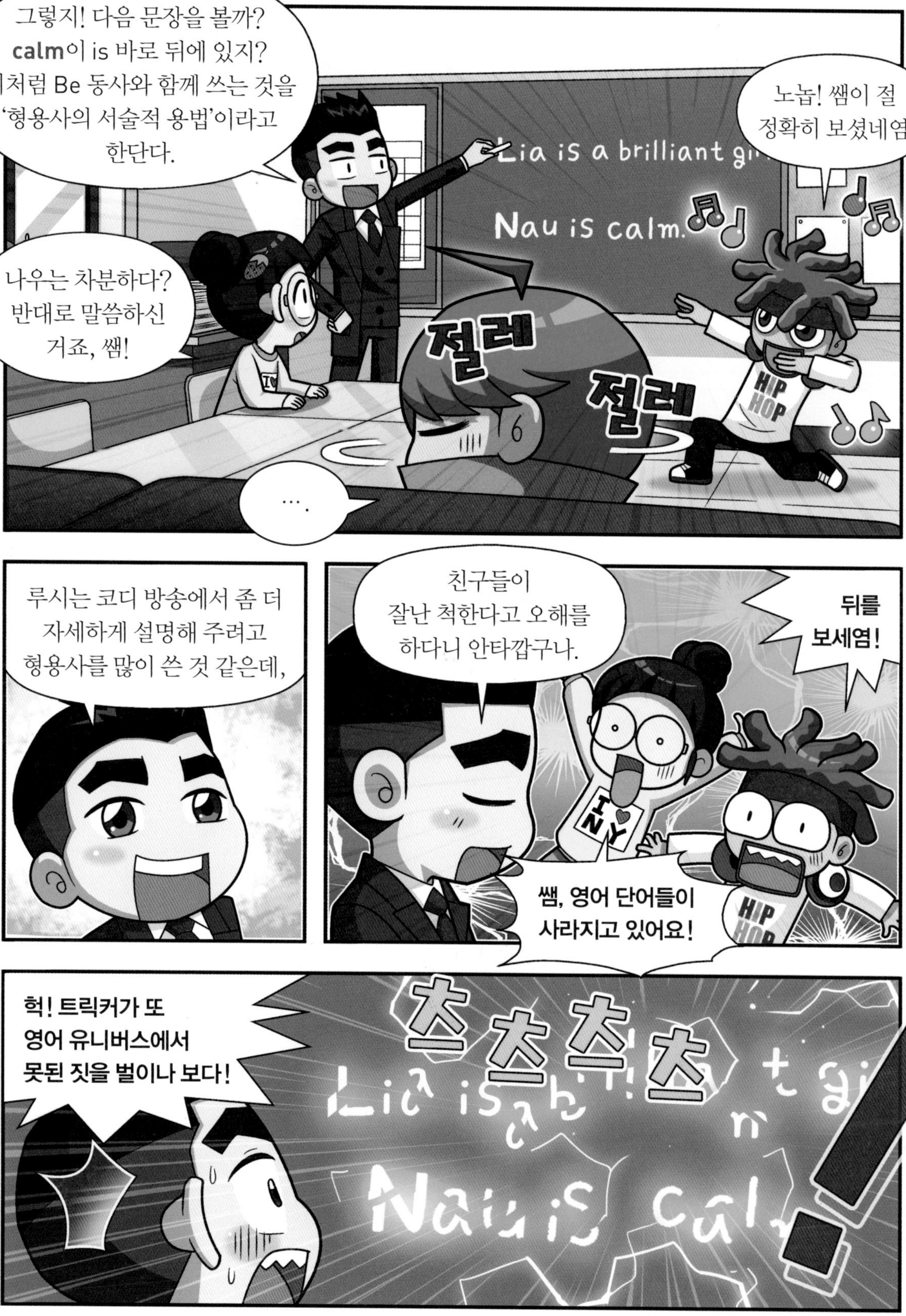
그렇지! 다음 문장을 볼까? calm이 is 바로 뒤에 있지? 이처럼 Be 동사와 함께 쓰는 것을 '형용사의 서술적 용법'이라고 한단다.
Lia is a brilliant gi
Nau is calm.
노놉! 쌤이 절 정확히 보셨네염.
나우는 차분하다? 반대로 말씀하신 거죠, 쌤!
절레
절레
….
루시는 코디 방송에서 좀 더 자세하게 설명해 주려고 형용사를 많이 쓴 것 같은데,
친구들이 잘난 척한다고 오해를 하다니 안타깝구나.
뒤를 보세염!
쌤, 영어 단어들이 사라지고 있어요!
헉! 트릭커가 또 영어 유니버스에서 못된 짓을 벌이나 보다!
츠츠츠츠
!

* 분홍색 단어의 발음이 궁금하다면 143쪽을 펼쳐 보세요.
* 이시원 선생님이 직접 가르쳐 주는 강의를 확인하고 싶다면 149쪽을 펼쳐 보세요.

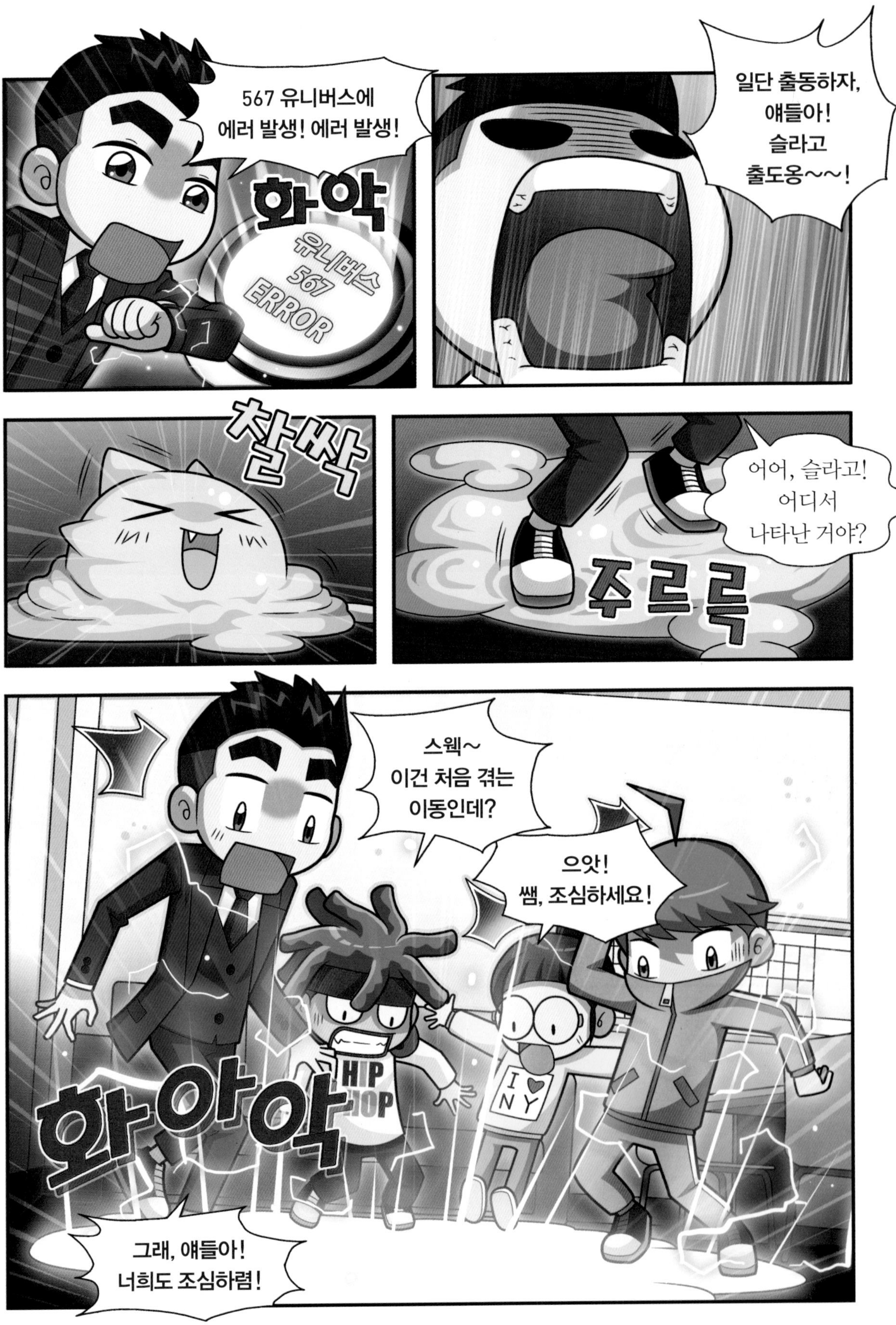
567 유니버스에
에러 발생! 에러 발생!
화악
유니버스
567
ERROR
일단 출동하자,
얘들아!
슬라고
출도옹~~!
찰싹
어어, 슬라고!
어디서
나타난 거야?
주르륵
스웩~
이건 처음 겪는
이동인데?
으앗!
쌤, 조심하세요!
HIP
HOP
I ♥
NY
화아악
그래, 얘들아!
너희도 조심하렴!

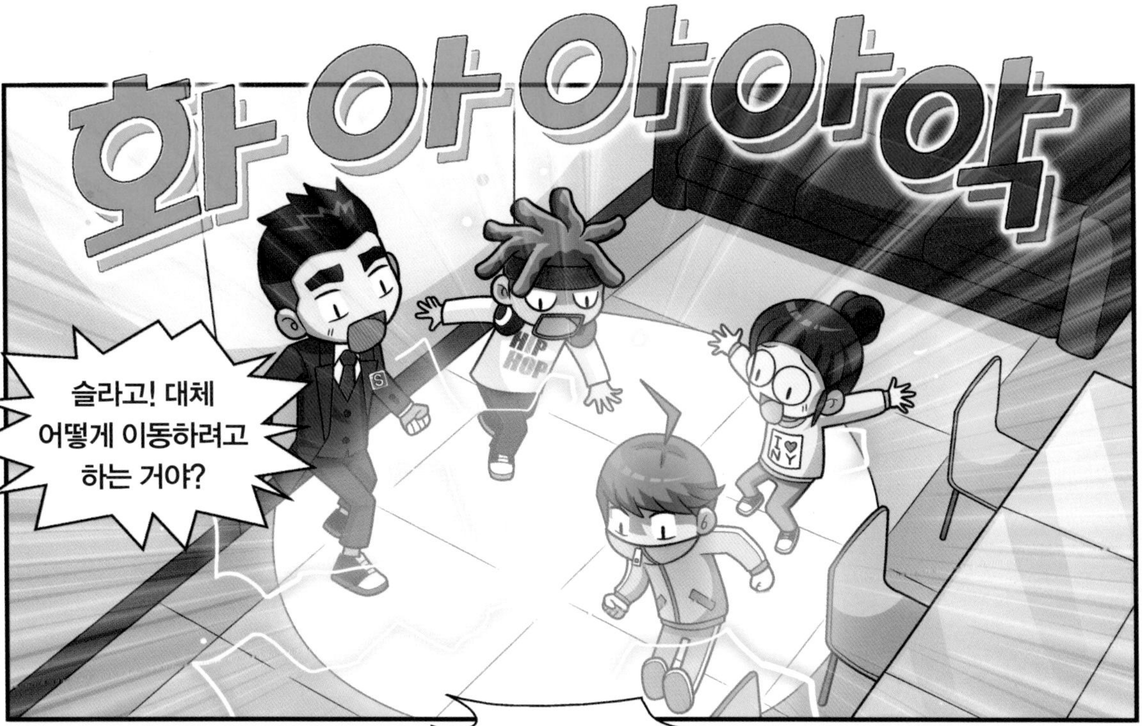
화아아아악
슬라고! 대체 어떻게 이동하려고 하는 거야?

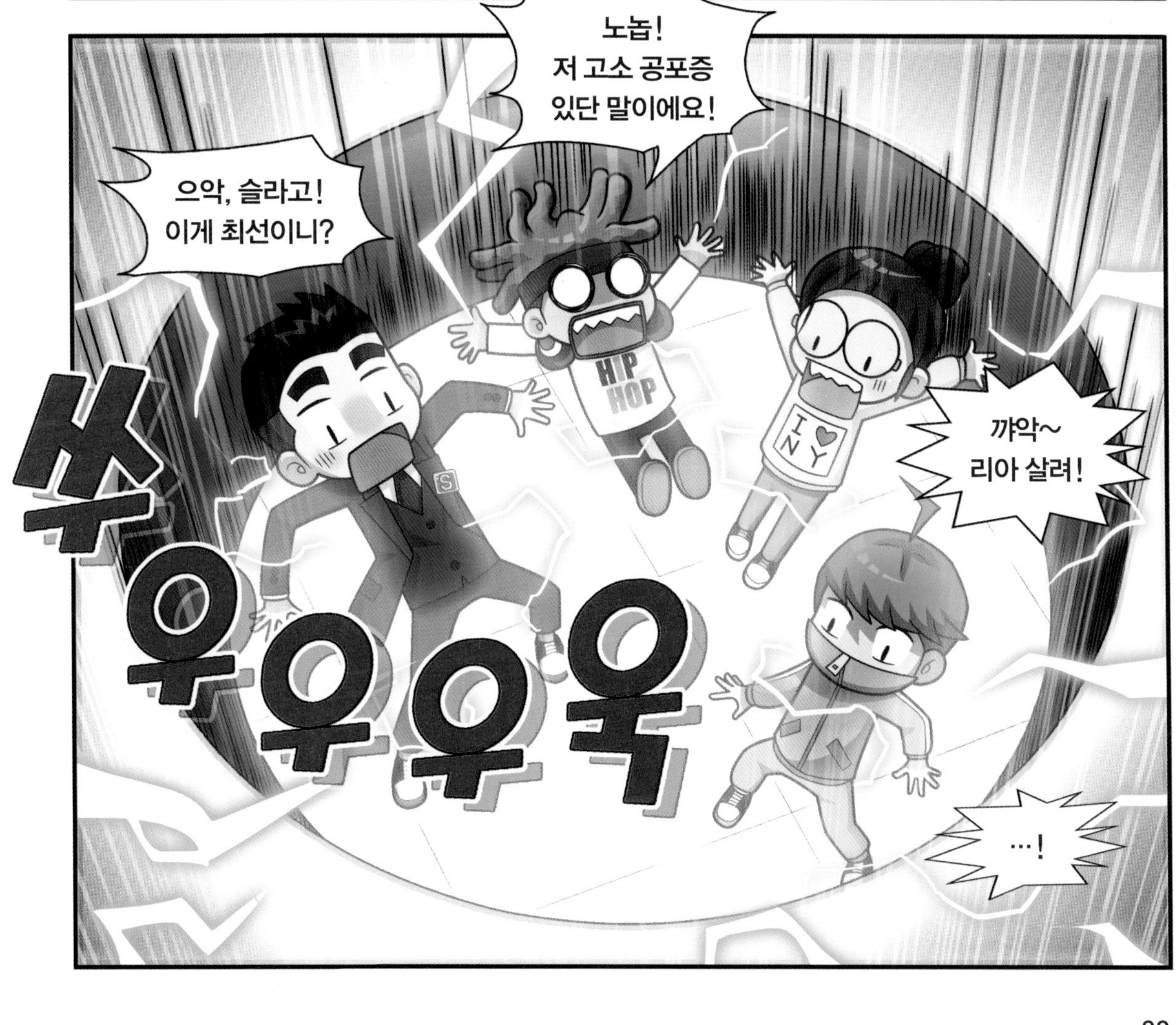
노놉! 저 고소 공포증 있단 말이에요!
으악, 슬라고! 이게 최선이니?
까악~ 리아 살려!
쑤우우우욱
…!

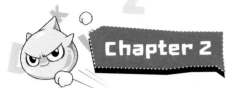

Chapter 2

노팅엄의 칭찬 조사관

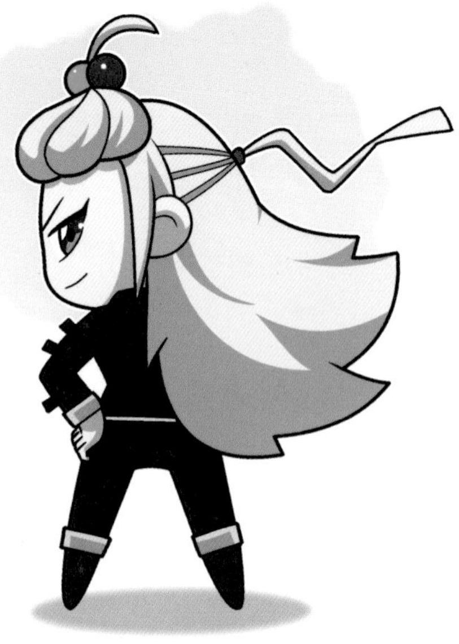

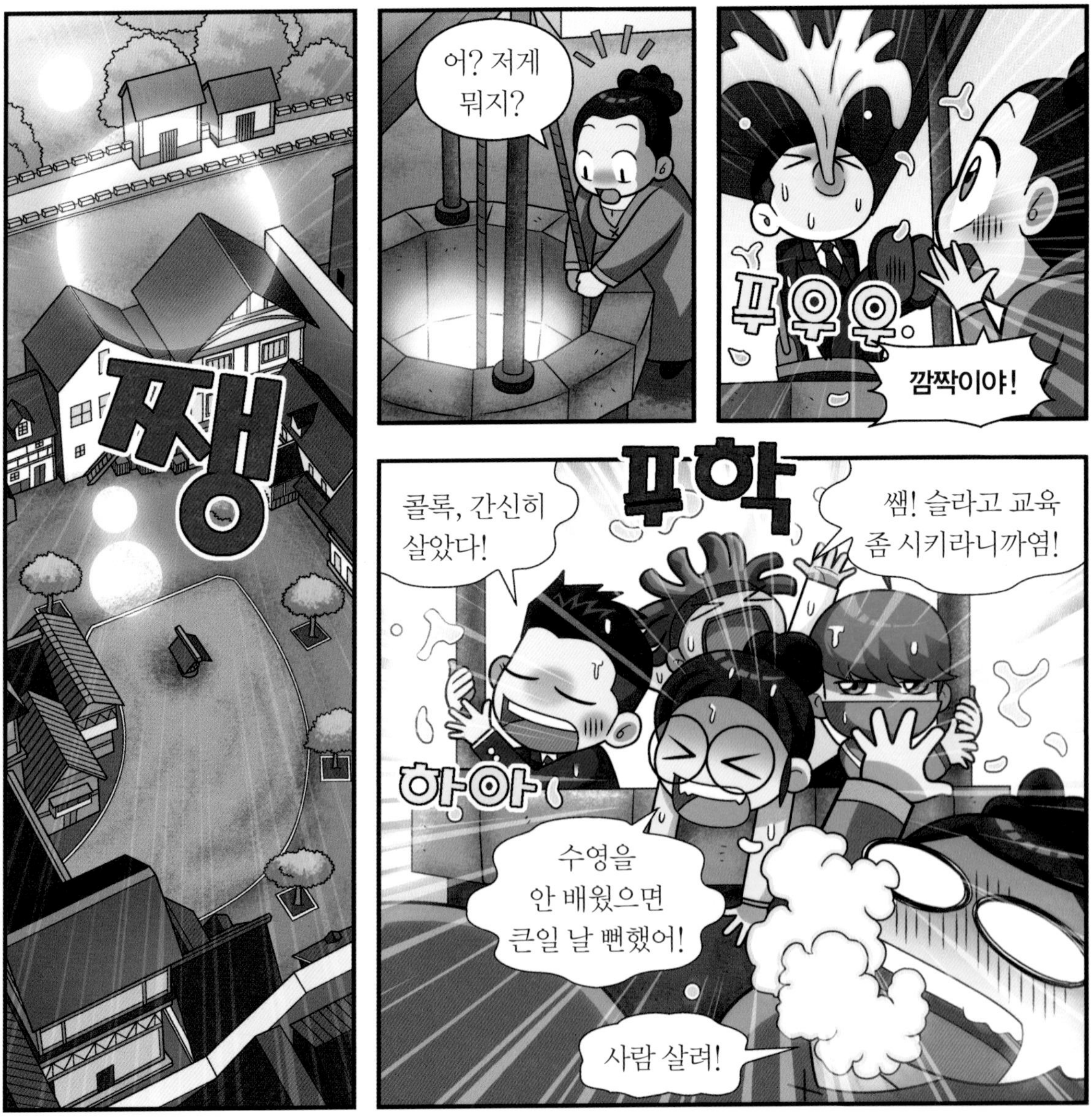
쨍
어? 저게 뭐지?
푸우웃
깜짝이야!
푸학
콜록, 간신히 살았다!
쌤! 슬라고 교육 좀 시키라니까염!
하아
수영을 안 배웠으면 큰일 날 뻔했어!
사람 살려!

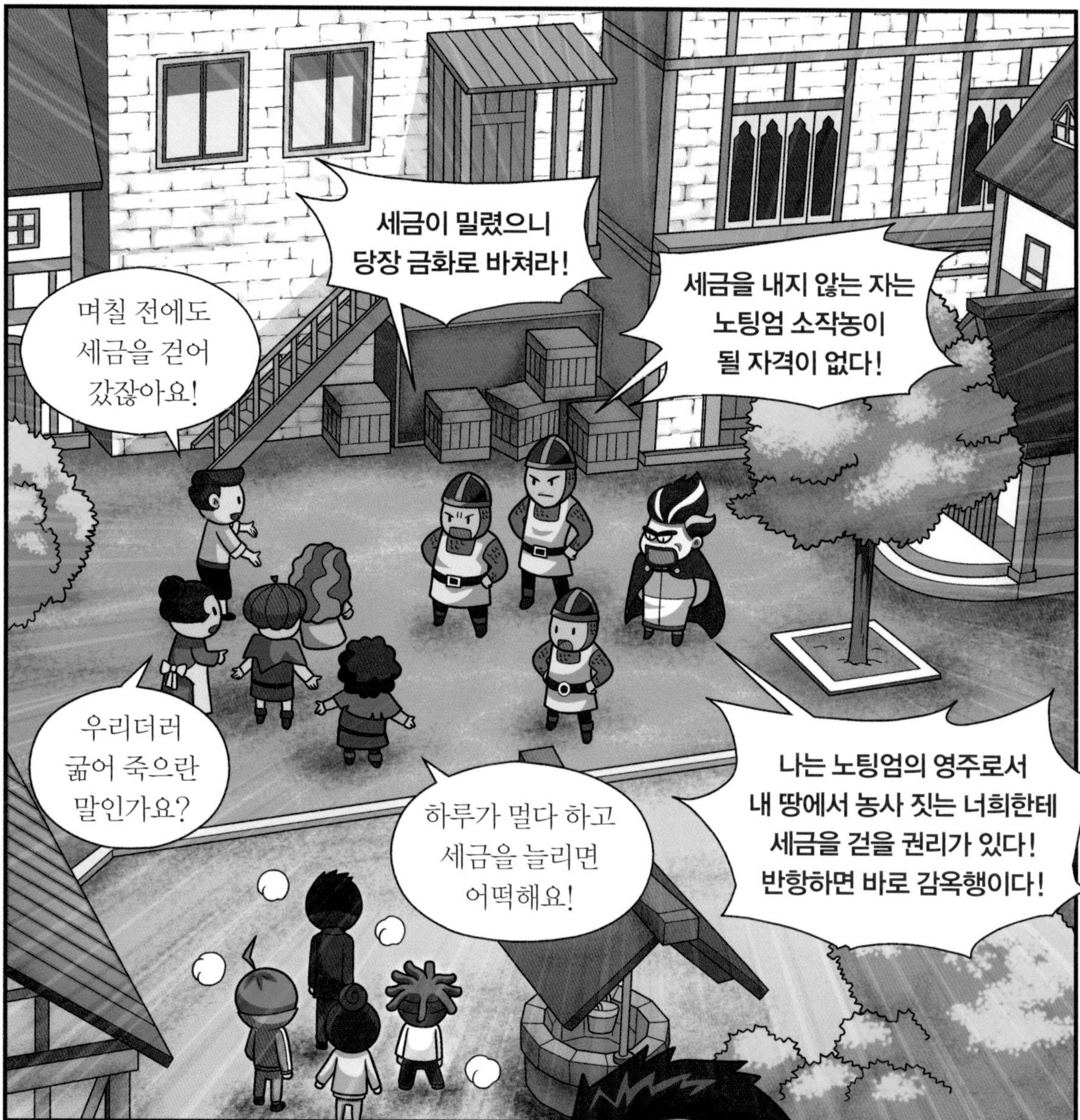
세금이 밀렸으니 당장 금화로 바쳐라!
며칠 전에도 세금을 걷어 갔잖아요!
세금을 내지 않는 자는 노팅엄 소작농이 될 자격이 없다!
우리더러 굶어 죽으란 말인가요?
하루가 멀다 하고 세금을 늘리면 어떡해요!
나는 노팅엄의 영주로서 내 땅에서 농사 짓는 너희한테 세금을 걷을 권리가 있다! 반항하면 바로 감옥행이다!

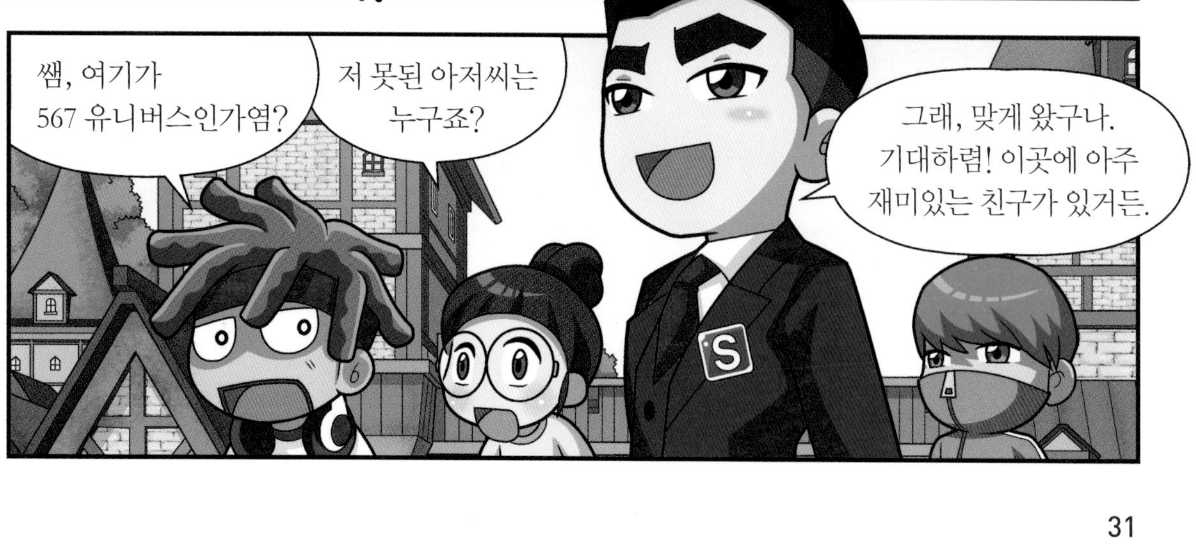
쌤, 여기가 567 유니버스인가염?
저 못된 아저씨는 누구죠?
그래, 맞게 왔구나. 기대하렴! 이곳에 아주 재미있는 친구가 있거든.
S

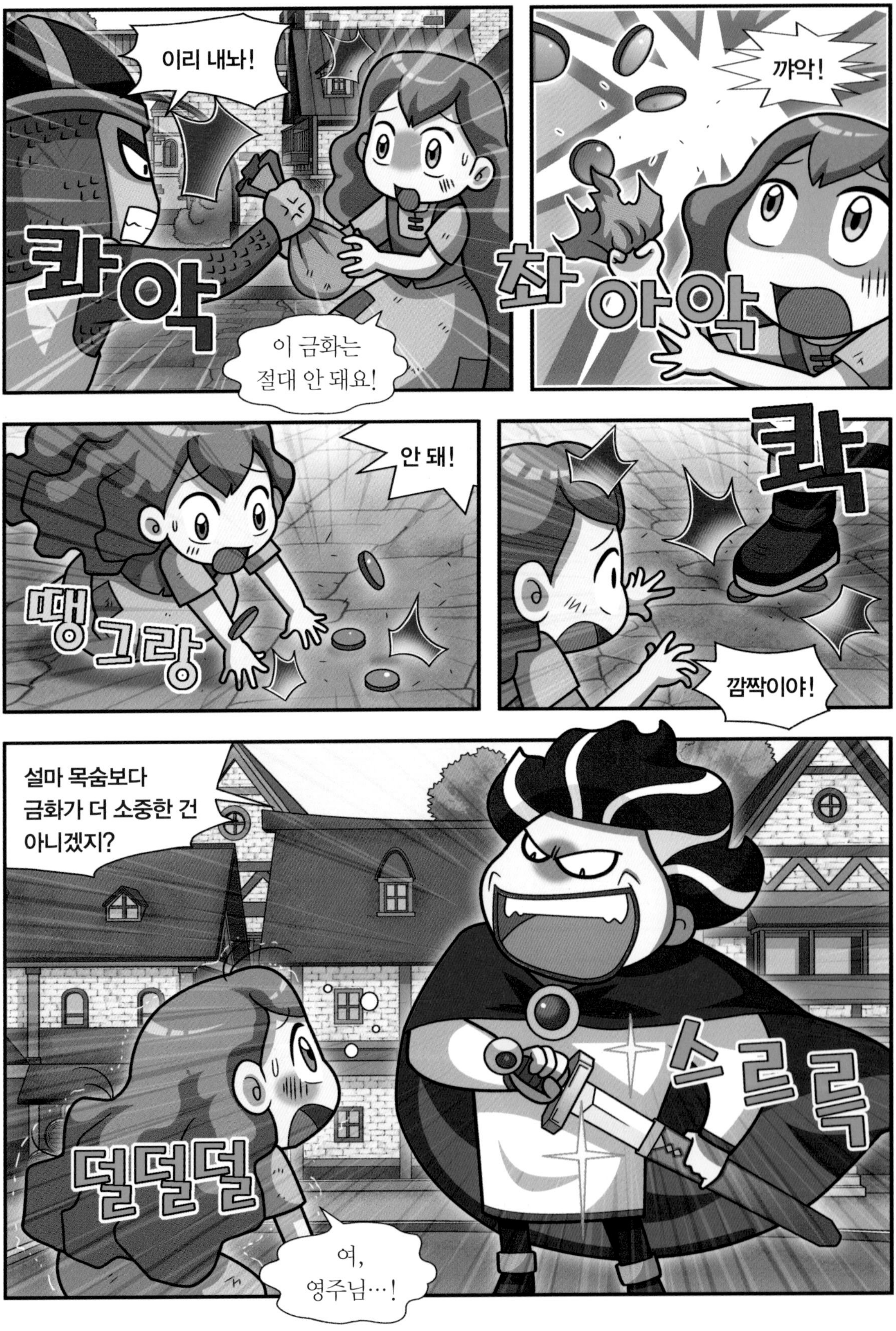
이리 내놔!
콰악
이 금화는 절대 안 돼요!
까악!
촤아악
안 돼!
떼그랑
콱
깜짝이야!
설마 목숨보다 금화가 더 소중한 건 아니겠지?
스르륵
덜덜덜
여, 영주님…!

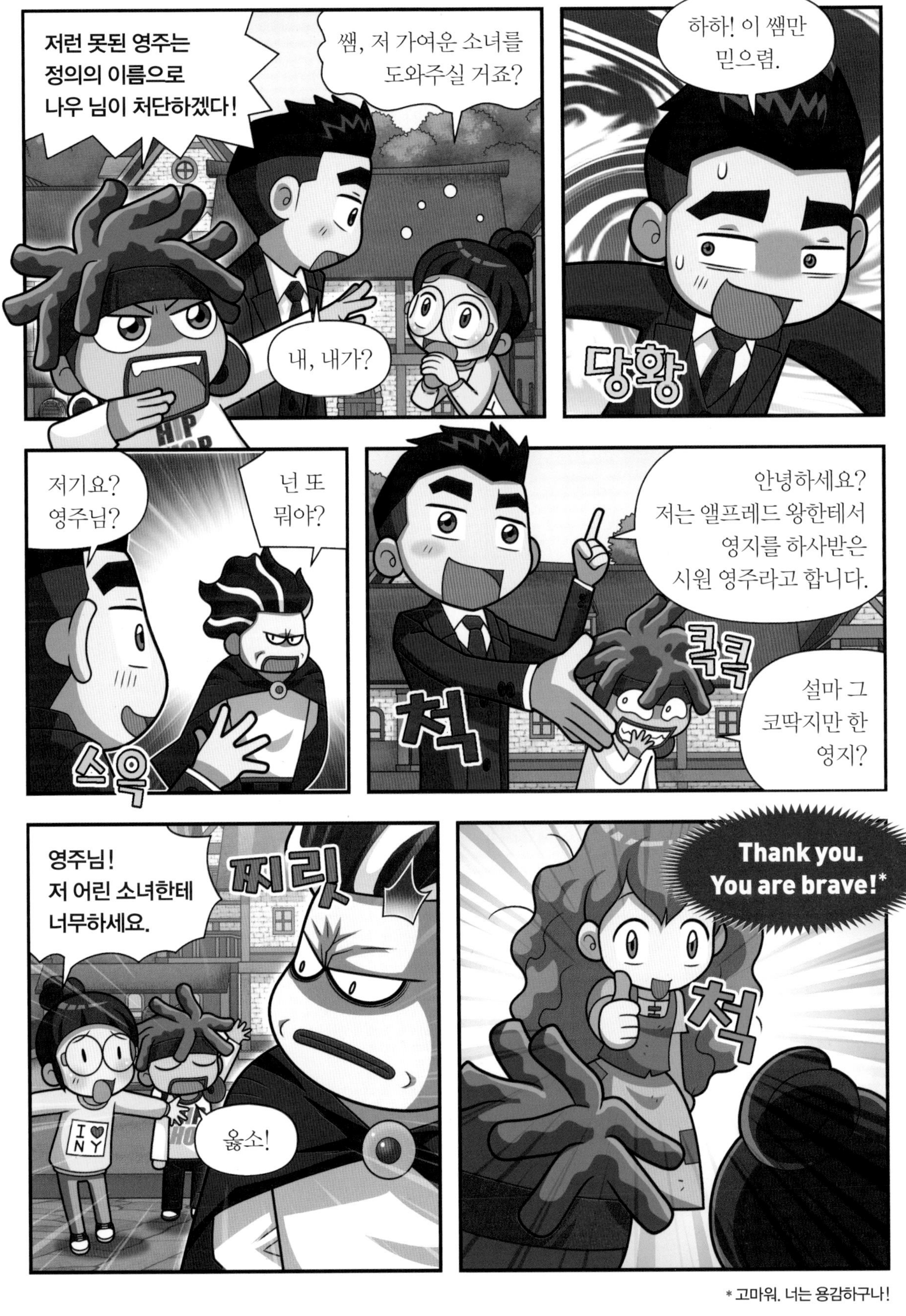

저런 못된 영주는
정의의 이름으로
나우 님이 처단하겠다!
쌤, 저 가여운 소녀를
도와주실 거죠?
내, 내가?
하하! 이 쌤만
믿으렴.
당황
저기요?
영주님?
넌 또
뭐야?
스윽
안녕하세요?
저는 앨프레드 왕한테서
영지를 하사받은
시원 영주라고 합니다.
척
킥킥
설마 그
코딱지만 한
영지?
영주님!
저 어린 소녀한테
너무하세요.
찌릿
옳소!
Thank you.
You are brave!*
척

* 고마워. 너는 용감하구나!

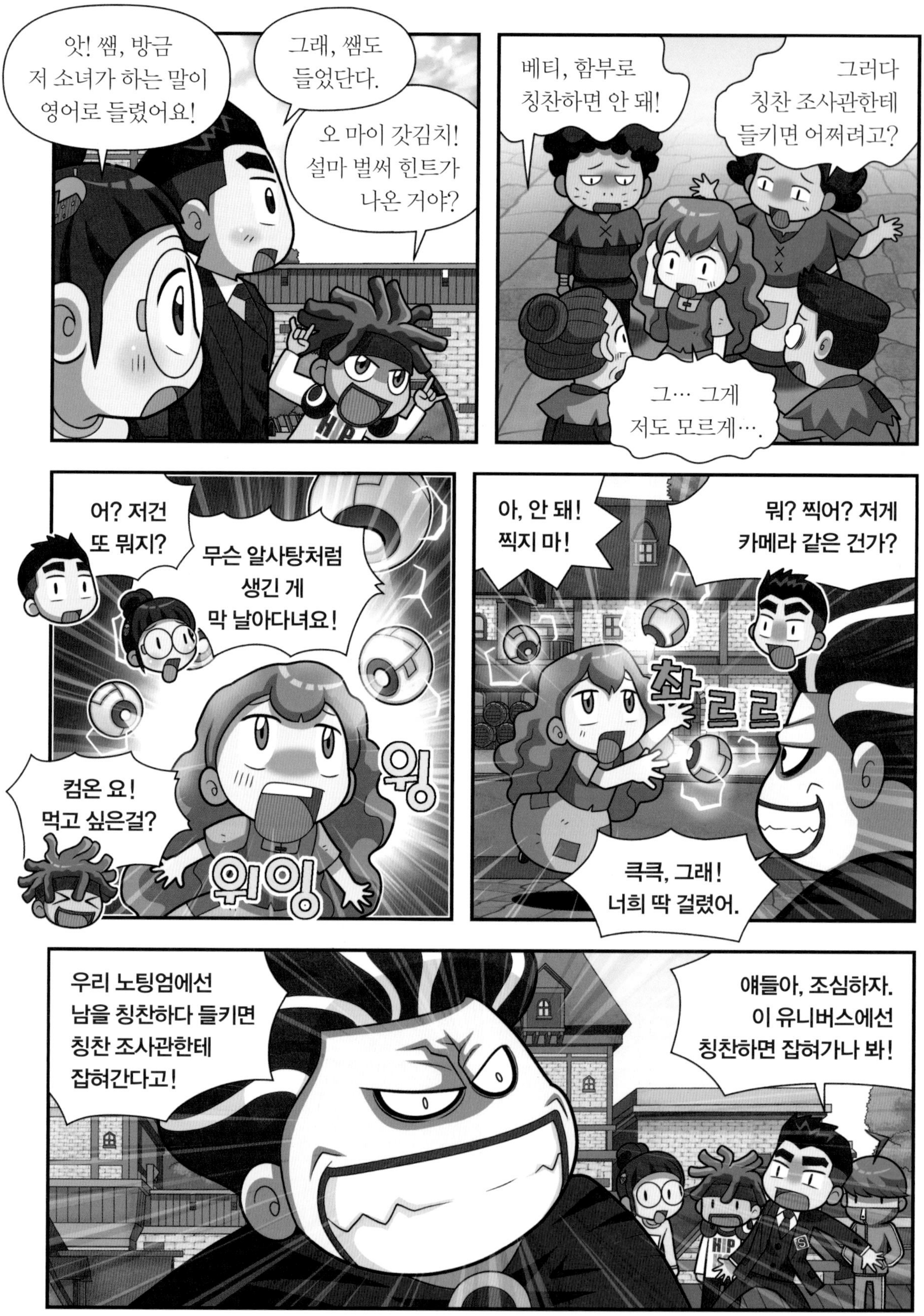

앗! 쌤, 방금 저 소녀가 하는 말이 영어로 들렸어요!
그래, 쌤도 들었단다.
오 마이 갓김치! 설마 벌써 힌트가 나온 거야?
베티, 함부로 칭찬하면 안 돼!
그러다 칭찬 조사관한테 들키면 어쩌려고?
그… 그게 저도 모르게….
어? 저건 또 뭐지?
무슨 알사탕처럼 생긴 게 막 날아다녀요!
컴온 요! 먹고 싶은걸?
윙
위잉
아, 안 돼! 찍지 마!
뭐? 찍어? 저게 카메라 같은 건가?
촤르르
큭큭, 그래! 너희 딱 걸렸어.
우리 노팅엄에선 남을 칭찬하다 들키면 칭찬 조사관한테 잡혀간다고!
얘들아, 조심하자. 이 유니버스에선 칭찬하면 잡혀가나 봐!

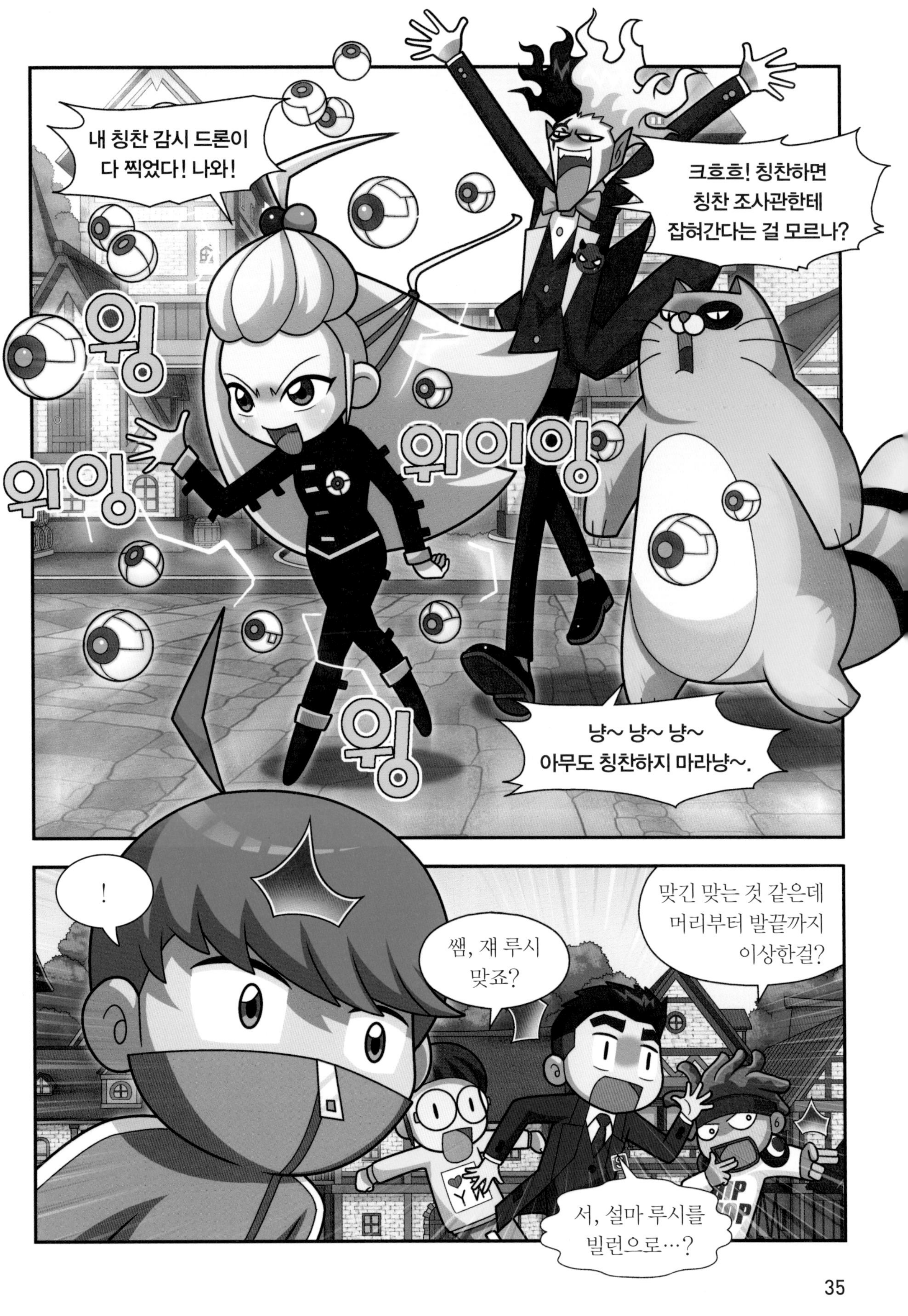
내 칭찬 감시 드론이
다 찍었다! 나와!
크흐흐! 칭찬하면
칭찬 조사관한테
잡혀간다는 걸 모르나?
윙
위잉
위이잉
윙
냥~ 냥~ 냥~
아무도 칭찬하지 마라냥~.
!
쌤, 재 루시
맞죠?
맞긴 맞는 것 같은데
머리부터 발끝까지
이상한걸?
서, 설마 루시를
빌런으로…?

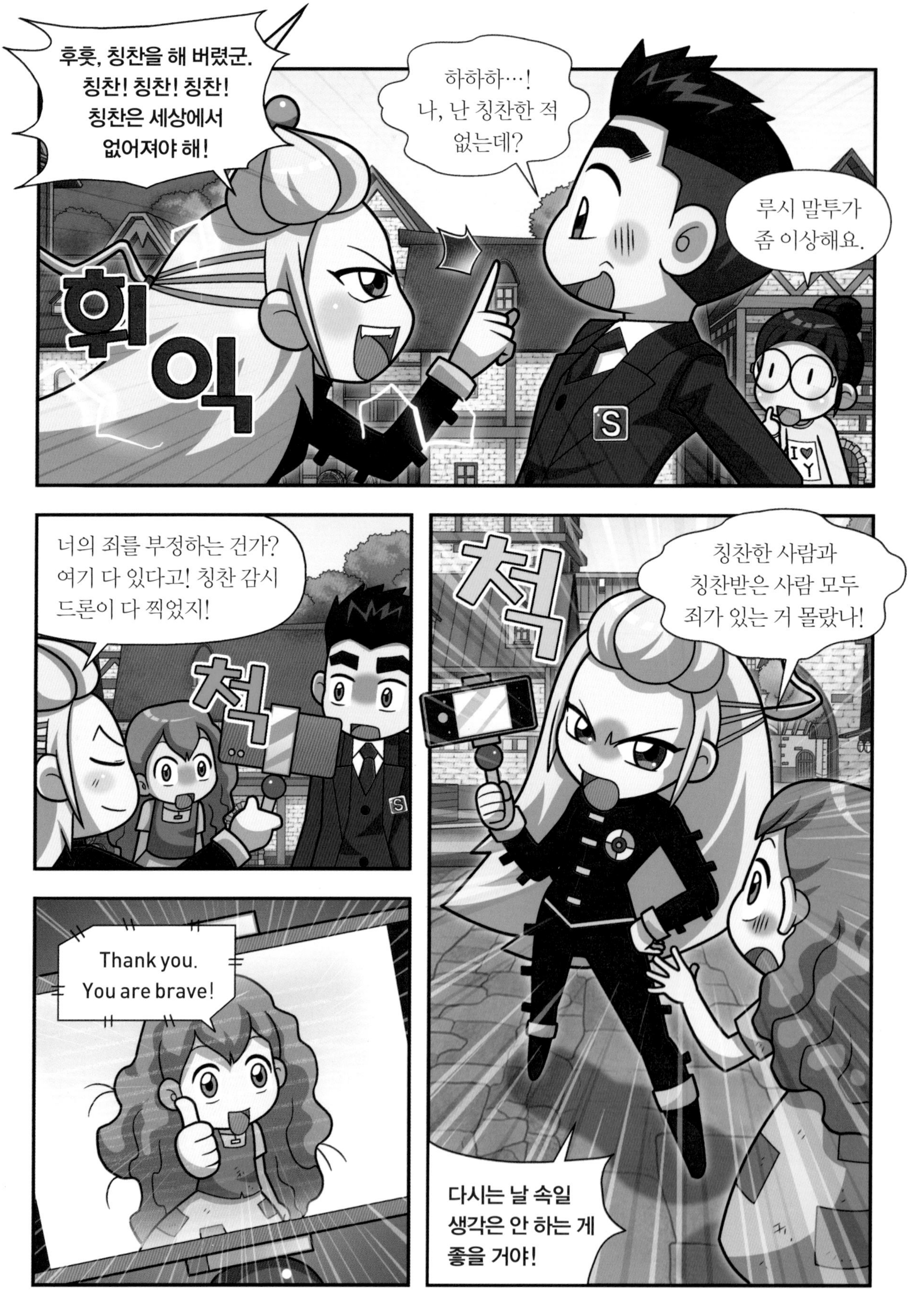
후훗, 칭찬을 해 버렸군. 칭찬! 칭찬! 칭찬! 칭찬은 세상에서 없어져야 해!
하하하…! 나, 난 칭찬한 적 없는데?
휘익
루시 말투가 좀 이상해요.
너의 죄를 부정하는 건가? 여기 다 있다고! 칭찬 감시 드론이 다 찍었지!
척
척
칭찬한 사람과 칭찬받은 사람 모두 죄가 있는 거 몰랐나!
Thank you. You are brave!
다시는 날 속일 생각은 안 하는 게 좋을 거야!

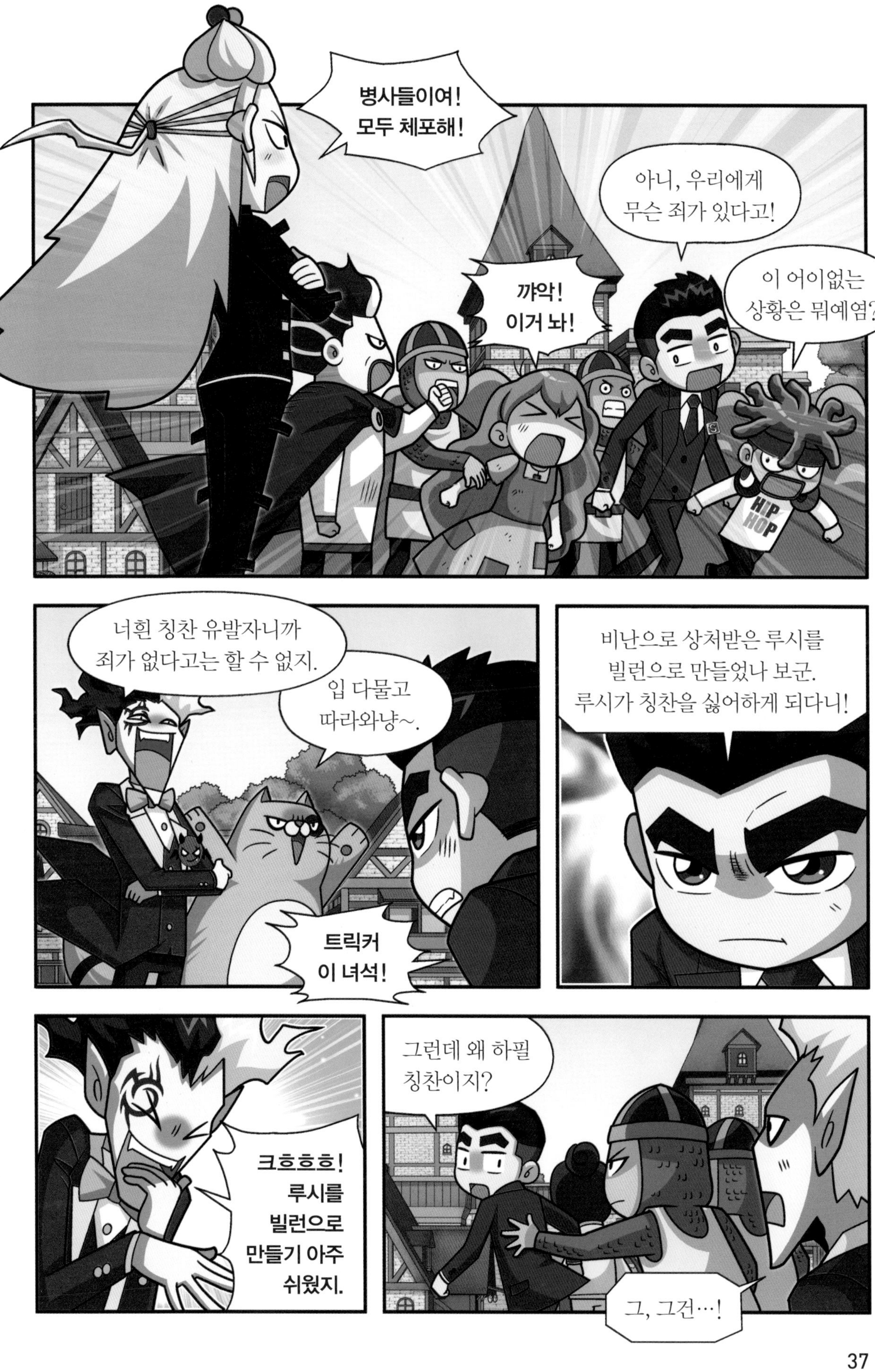

병사들이여!
모두 체포해!
아니, 우리에게
무슨 죄가 있다고!
까악!
이거 놔!
이 어이없는
상황은 뭐예염?
너흰 칭찬 유발자니까
죄가 없다고는 할 수 없지.
입 다물고
따라와냥~.
트릭커
이 녀석!
비난으로 상처받은 루시를
빌런으로 만들었나 보군.
루시가 칭찬을 싫어하게 되다니!
크흐흐흐!
루시를
빌런으로
만들기 아주
쉬웠지.
그런데 왜 하필
칭찬이지?
그, 그건…!

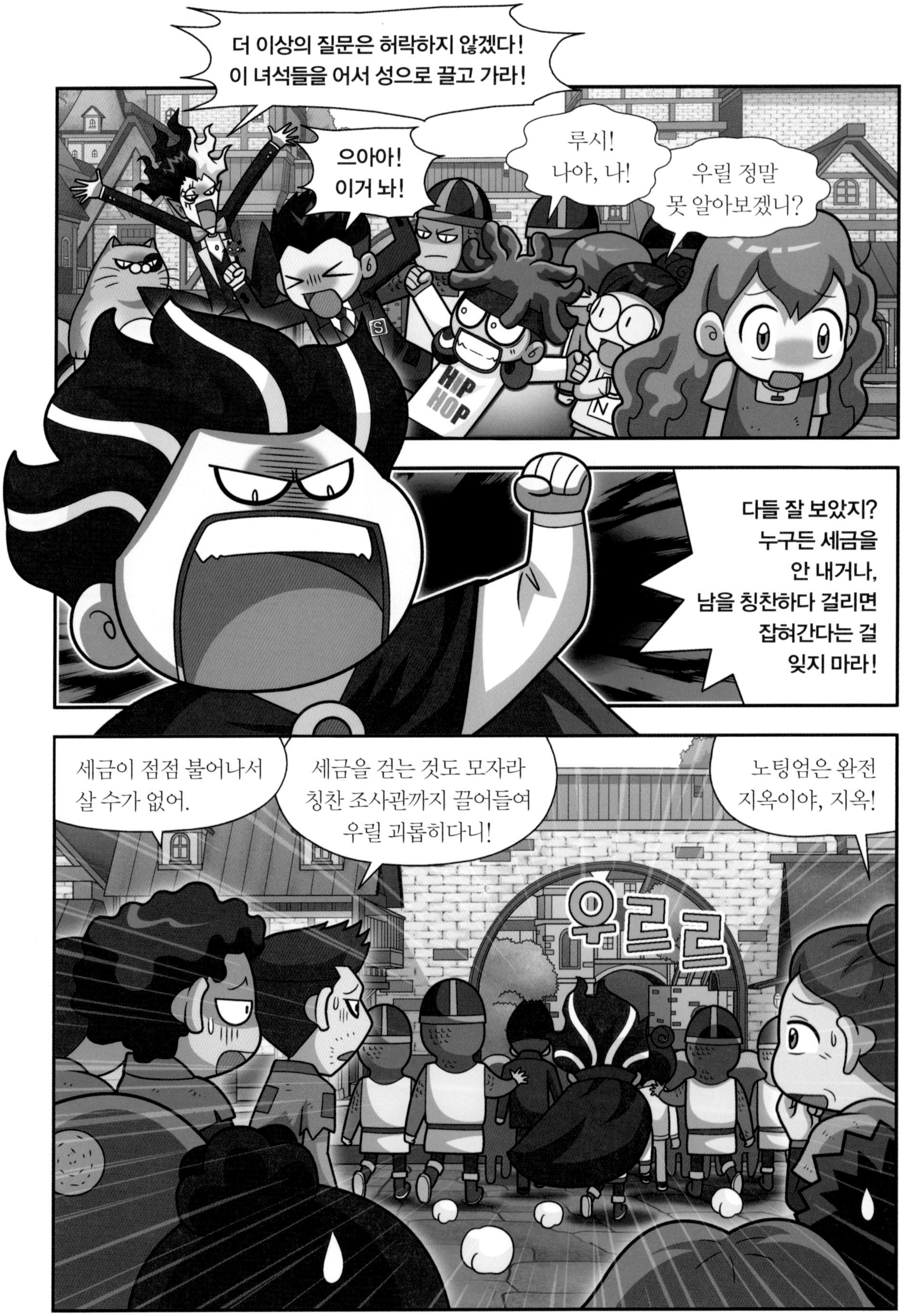

더 이상의 질문은 허락하지 않겠다! 이 녀석들을 어서 성으로 끌고 가라!
으아아! 이거 봐!
루시! 나야, 나!
우릴 정말 못 알아보겠니?
HIP HOP
다들 잘 보았지? 누구든 세금을 안 내거나, 남을 칭찬하다 걸리면 잡혀간다는 걸 잊지 마라!
세금이 점점 불어나서 살 수가 없어.
세금을 걷는 것도 모자라 칭찬 조사관까지 끌어들여 우릴 괴롭히다니!
노팅엄은 완전 지옥이야, 지옥!
우르르

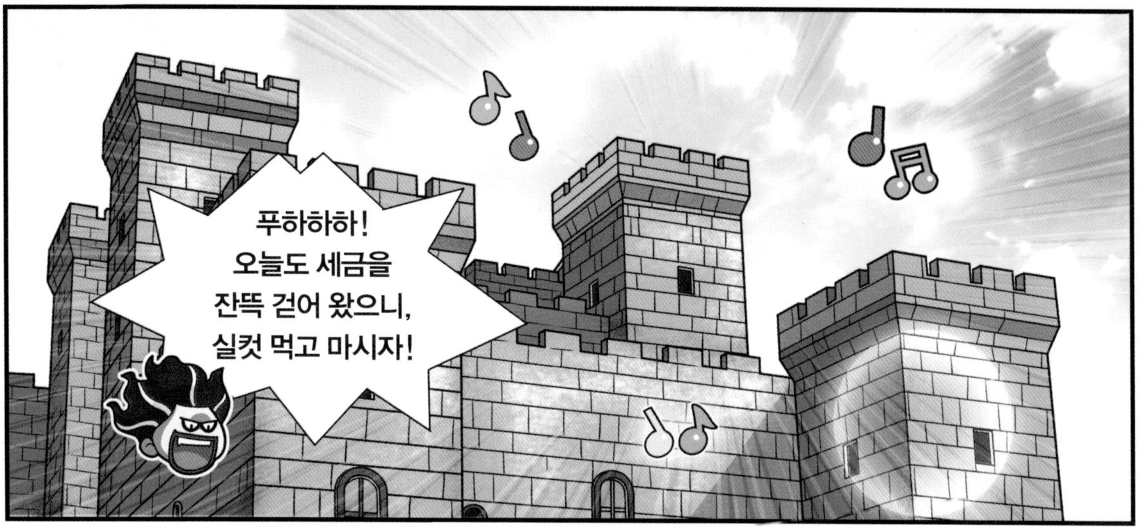
푸하하하!
오늘도 세금을
잔뜩 걷어 왔으니,
실컷 먹고 마시자!

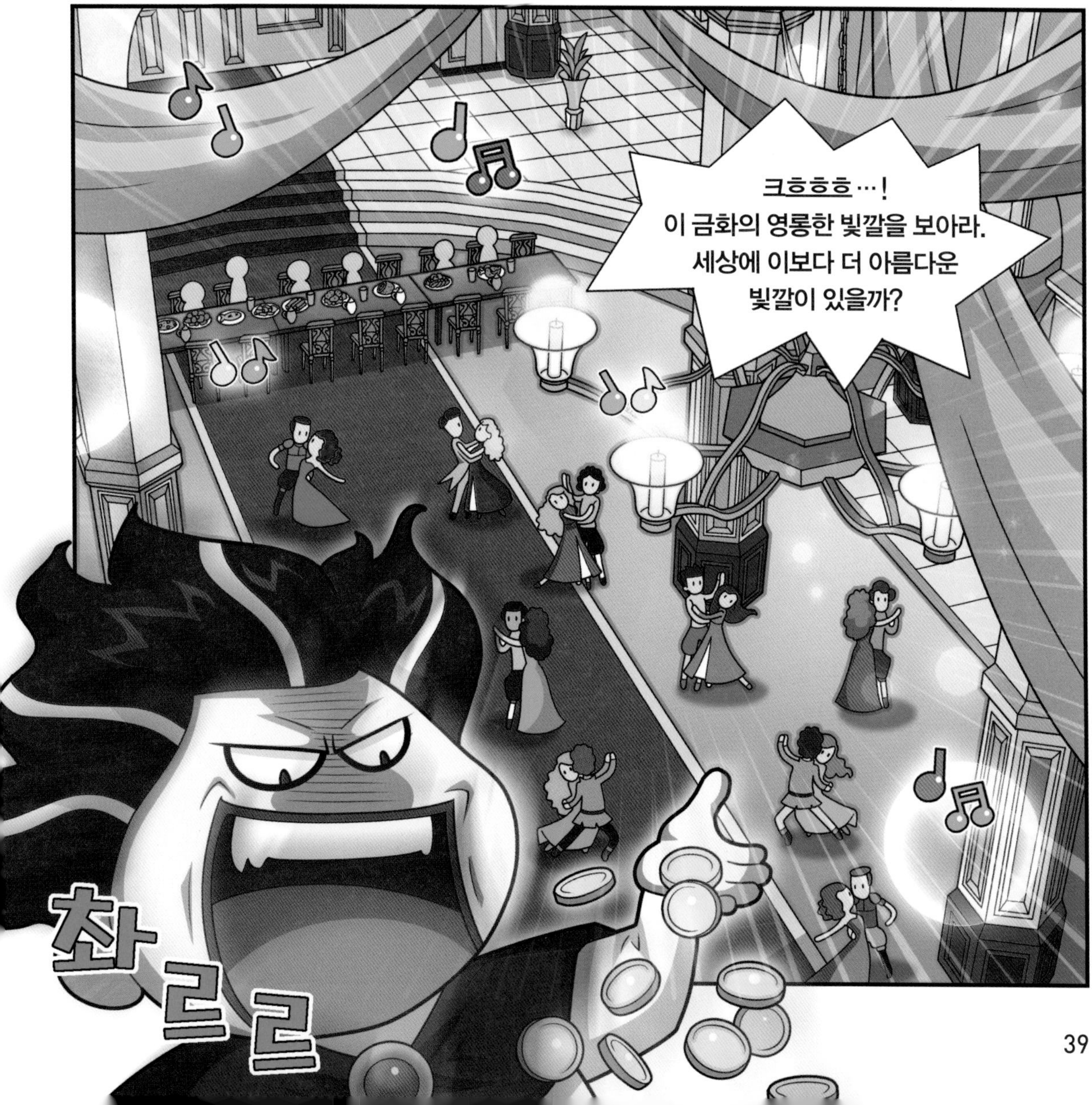
크흐흐흐…!
이 금화의 영롱한 빛깔을 보아라.
세상에 이보다 더 아름다운
빛깔이 있을까?
차르르

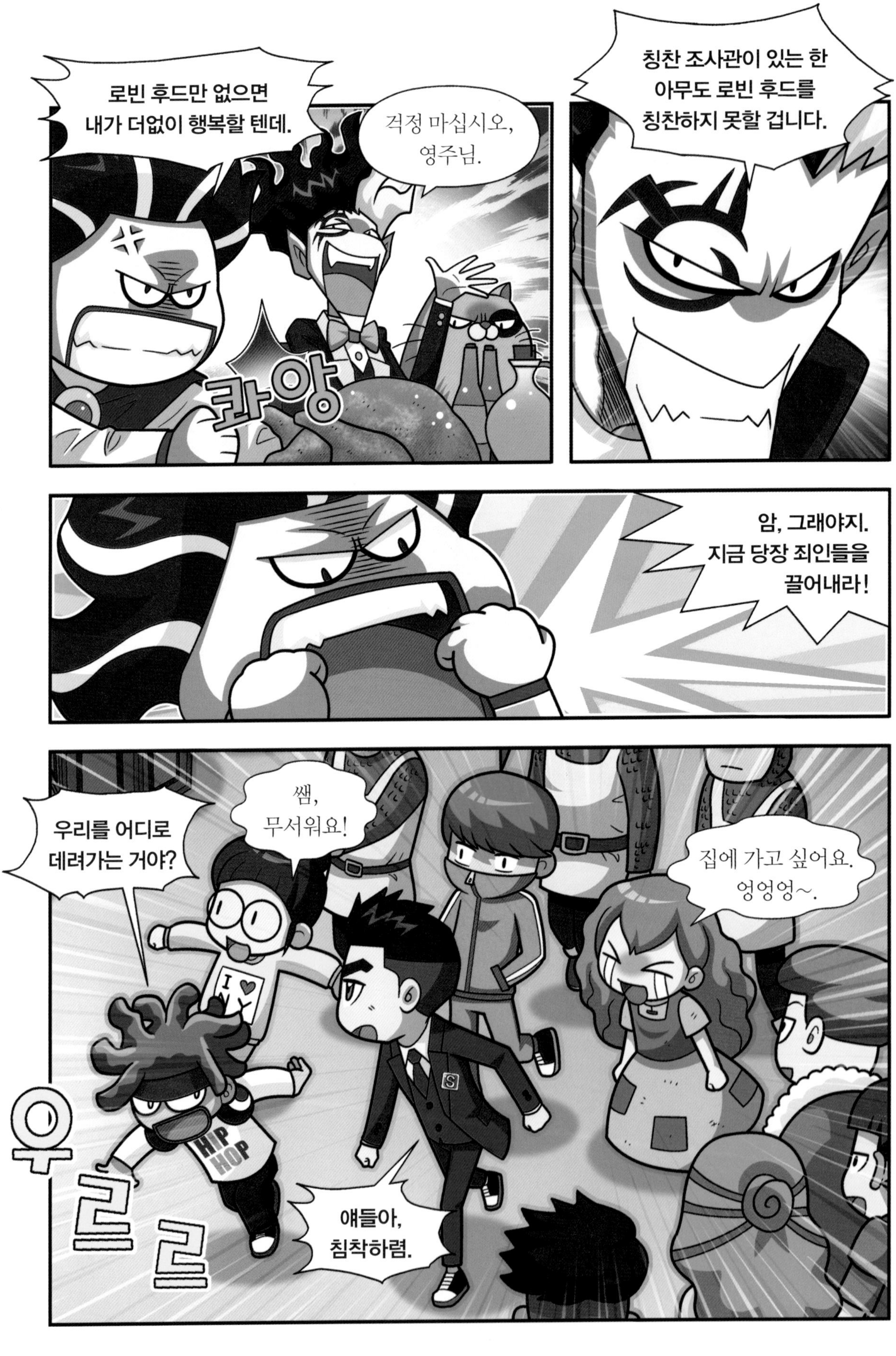
로빈 후드만 없으면 내가 더없이 행복할 텐데.
걱정 마십시오, 영주님.
콰앙
칭찬 조사관이 있는 한 아무도 로빈 후드를 칭찬하지 못할 겁니다.
암, 그래야지. 지금 당장 죄인들을 끌어내라!
우리를 어디로 데려가는 거야?
쌤, 무서워요!
집에 가고 싶어요. 엉엉엉~.
우르르
얘들아, 침착하렴.

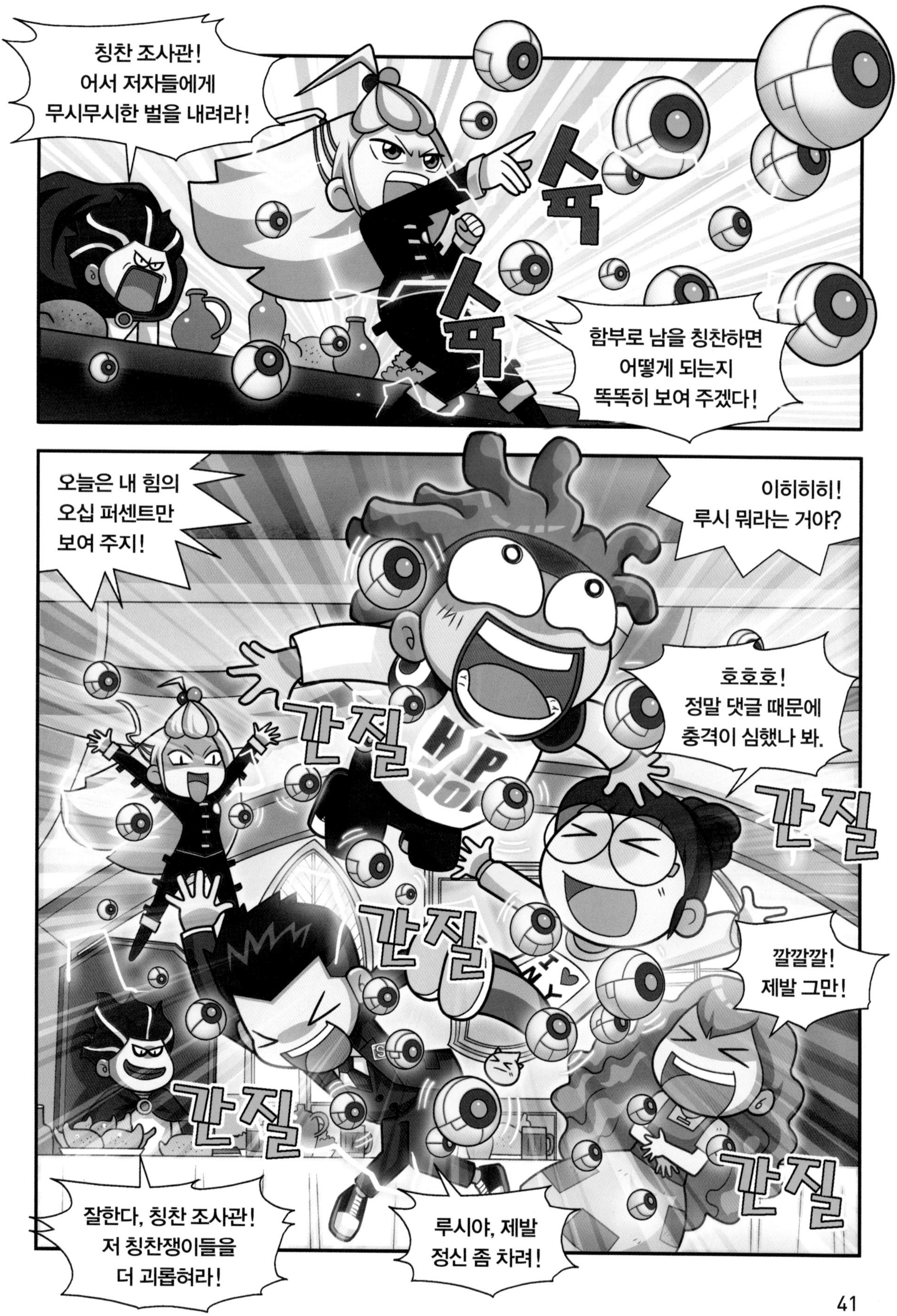

칭찬 조사관! 어서 저자들에게 무시무시한 벌을 내려라!
슉
슉
함부로 남을 칭찬하면 어떻게 되는지 똑똑히 보여 주겠다!
오늘은 내 힘의 오십 퍼센트만 보여 주지!
이히히히! 루시 뭐라는 거야?
간질
호호호! 정말 댓글 때문에 충격이 심했나 봐.
간질
간질
깔깔깔! 제발 그만!
간질
간질
잘한다, 칭찬 조사관! 저 칭찬쟁이들을 더 괴롭혀라!
루시야, 제발 정신 좀 차려!

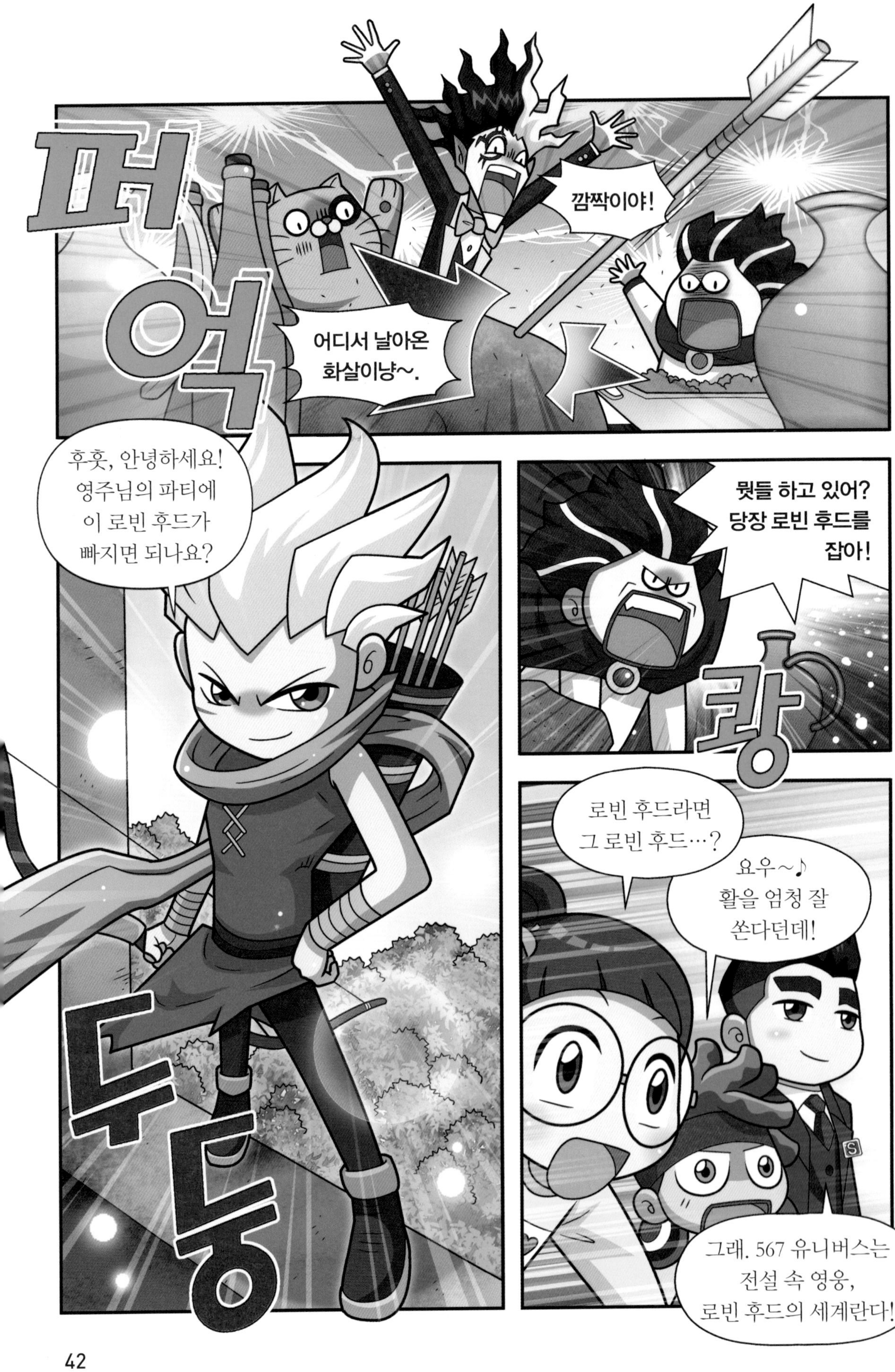
퍼억
깜짝이야!
어디서 날아온 화살이냥~.
후훗, 안녕하세요! 영주님의 파티에 이 로빈 후드가 빠지면 되나요?
두둥
뭣들 하고 있어? 당장 로빈 후드를 잡아!
쾅
로빈 후드라면 그 로빈 후드…?
요우~♪ 활을 엄청 잘 쏜다던데!
그래. 567 유니버스는 전설 속 영웅, 로빈 후드의 세계란다!

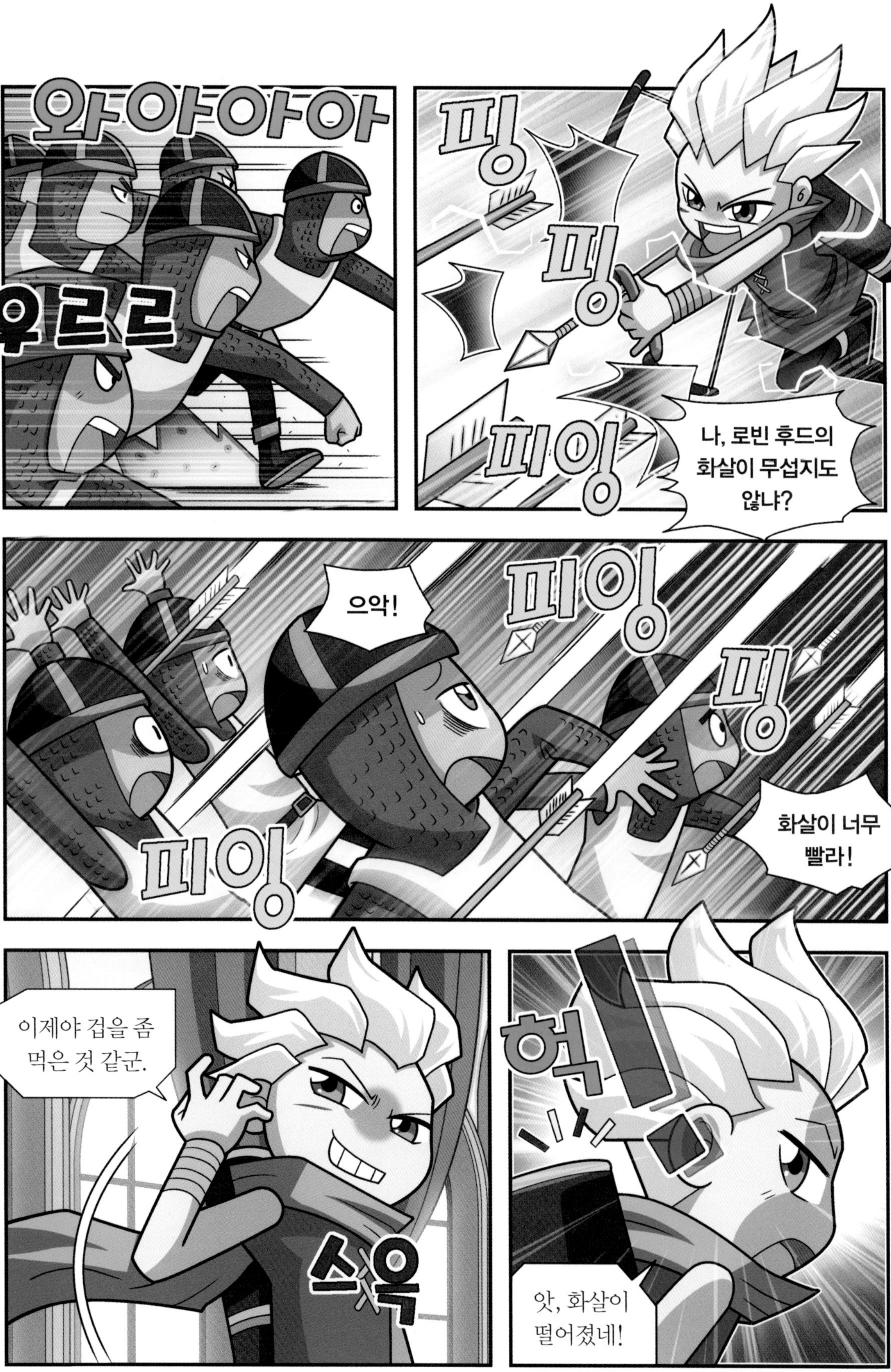

와아아아아
우르르
핑
핑
피잉
나, 로빈 후드의 화살이 무섭지도 않냐?
으악!
피잉
핑
피잉
화살이 너무 빨라!
이제야 겁을 좀 먹은 것 같군.
스윽
헉
앗, 화살이 떨어졌네!

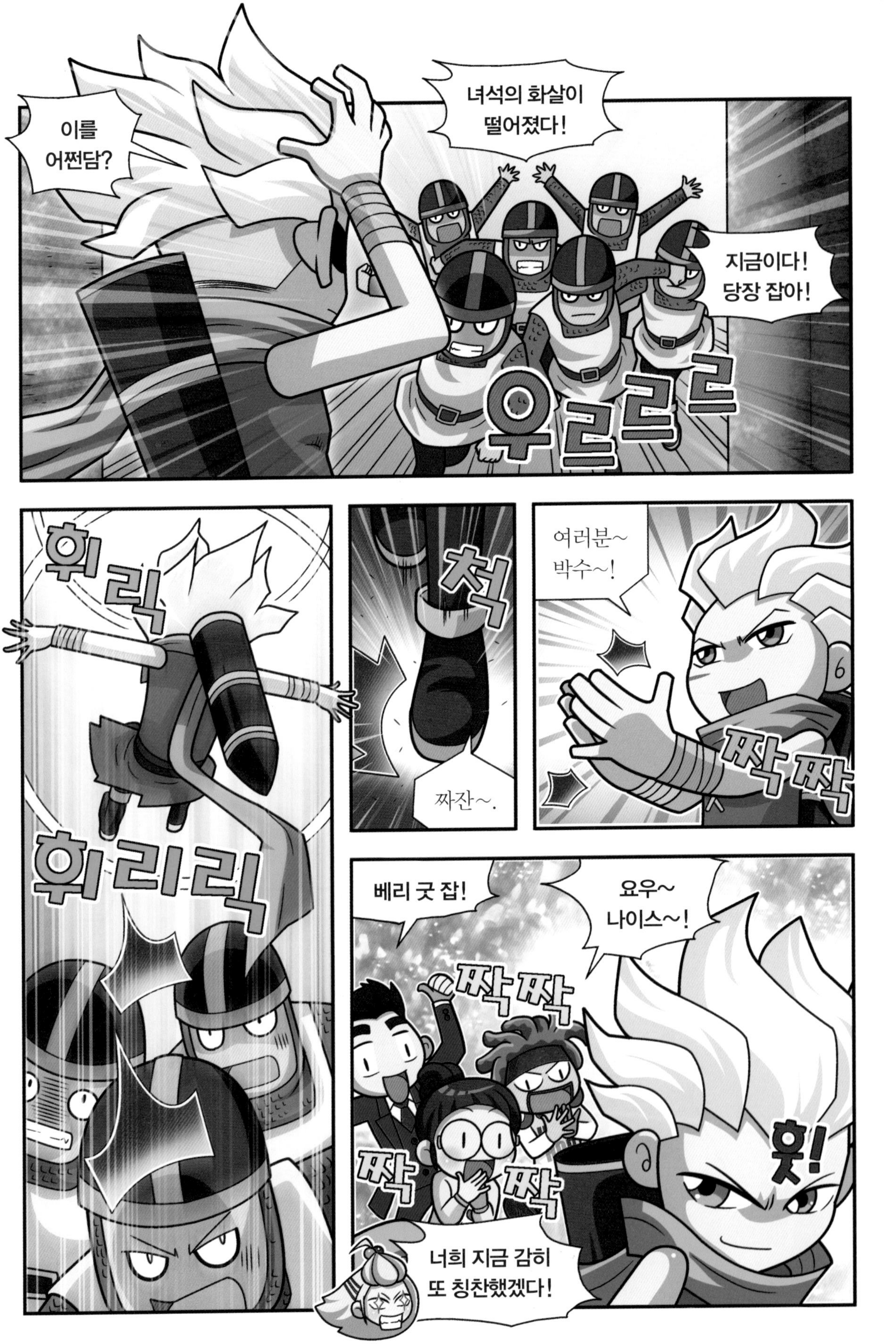
이를
어쩐담?
녀석의 화살이
떨어졌다!
지금이다!
당장 잡아!
우르르르
휘릭
휘리리릭
척
짜잔~.
여러분~
박수~!
짝짝
베리 굿 잡!
요우~
나이스~!
짝짝
짝
짝
훗!
너희 지금 감히
또 칭찬했겠다!

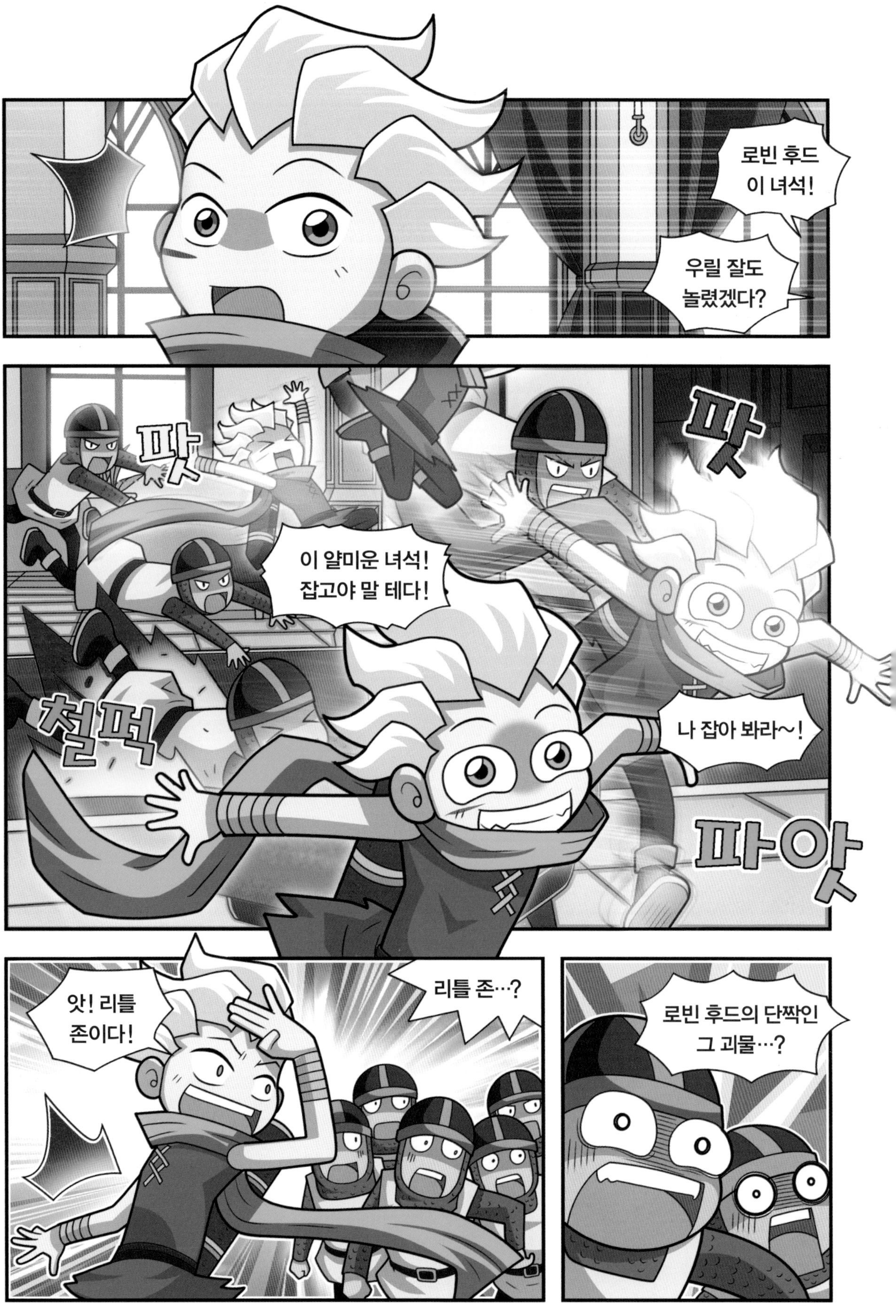
로빈 후드
이 녀석!
우릴 잘도
놀렸겠다?
팍
팍
이 얄미운 녀석!
잡고야 말 테다!
철퍽
나 잡아 봐라~!
파앗
앗! 리틀
존이다!
리틀 존…?
로빈 후드의 단짝인
그 괴물…?

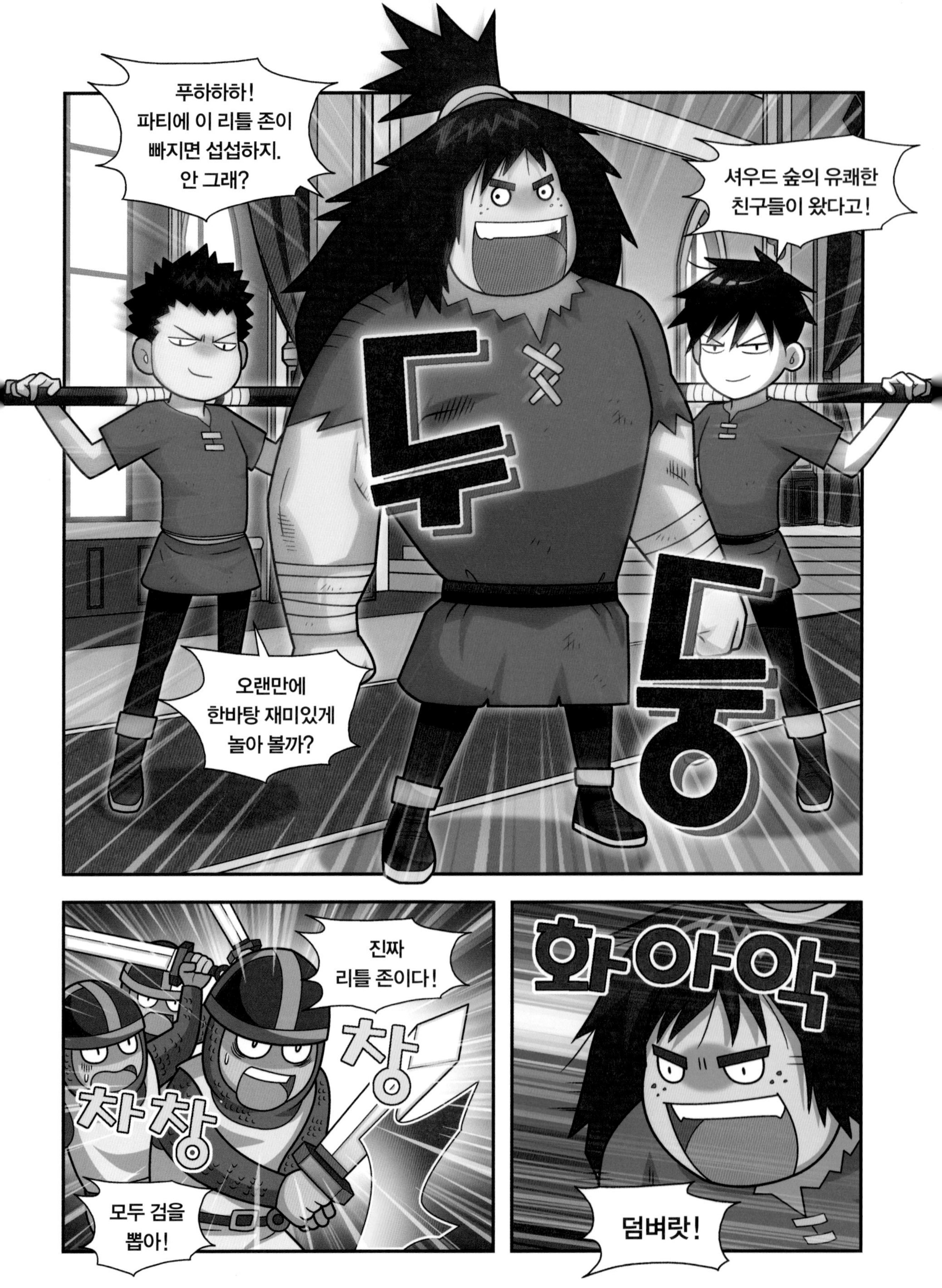

푸하하하!
파티에 이 리틀 존이
빠지면 섭섭하지.
안 그래?
셔우드 숲의 유쾌한
친구들이 왔다고!
두
둥
오랜만에
한바탕 재미있게
놀아 볼까?
진짜
리틀 존이다!
창
차창
모두 검을
뽑아!
화아악
덤벼랏!

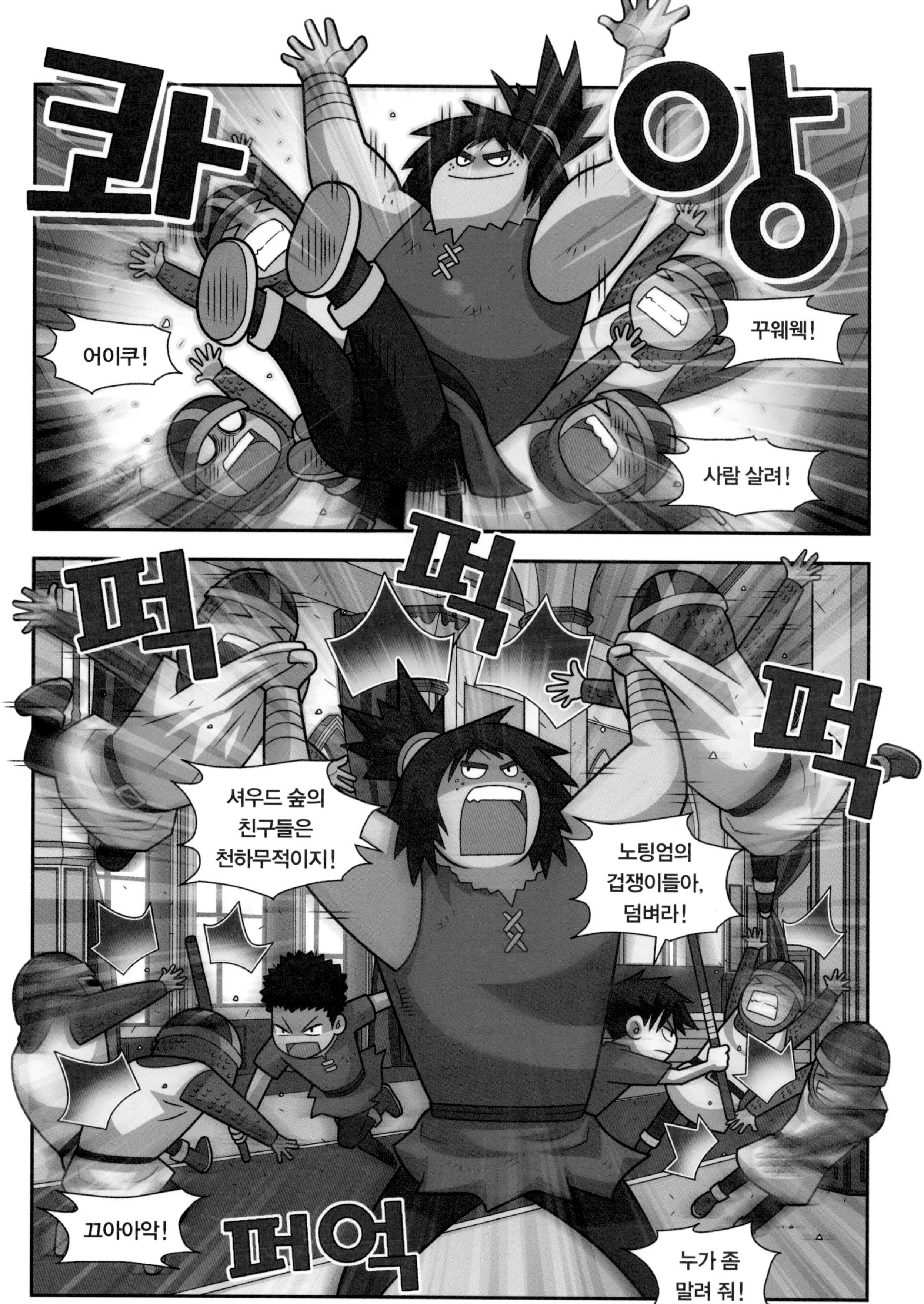
콰앙
어이쿠!
꾸웨웩!
사람 살려!
퍽
퍽
퍽
셔우드 숲의
친구들은
천하무적이지!
노팅엄의
겁쟁이들아,
덤벼라!
끄아아악!
퍼억
누가 좀
말려 줘!

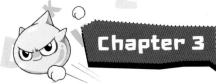

Chapter 3

셔우드 숲의 로빈 후드

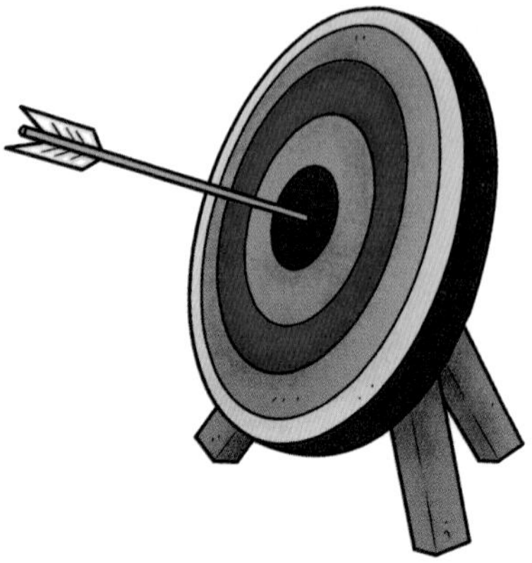

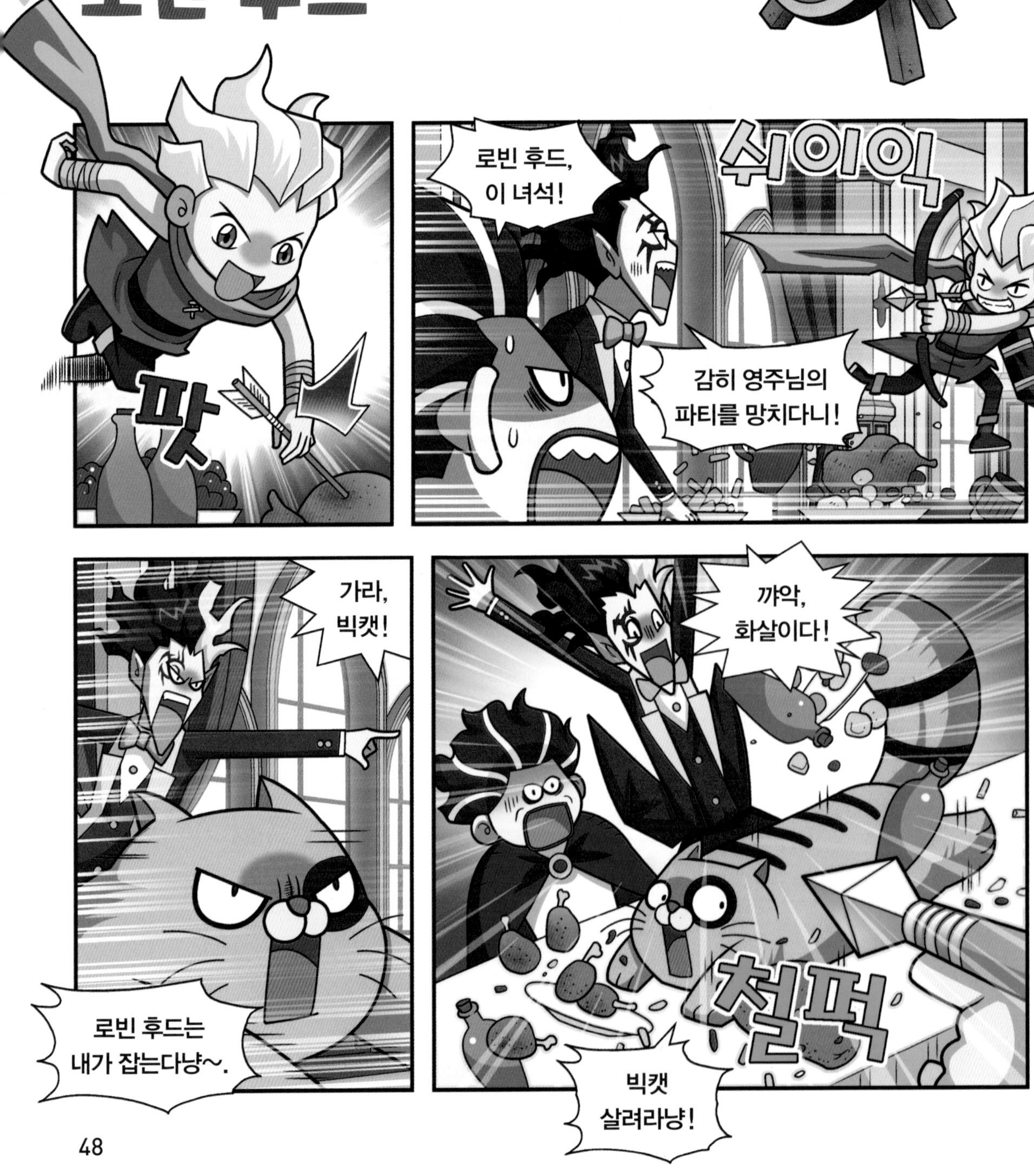
팟
로빈 후드, 이 녀석!
쉬이익
감히 영주님의 파티를 망치다니!
가라, 빅캣!
로빈 후드는 내가 잡는다냥~.
꺄악, 화살이다!
철퍽
빅캣 살려라냥!

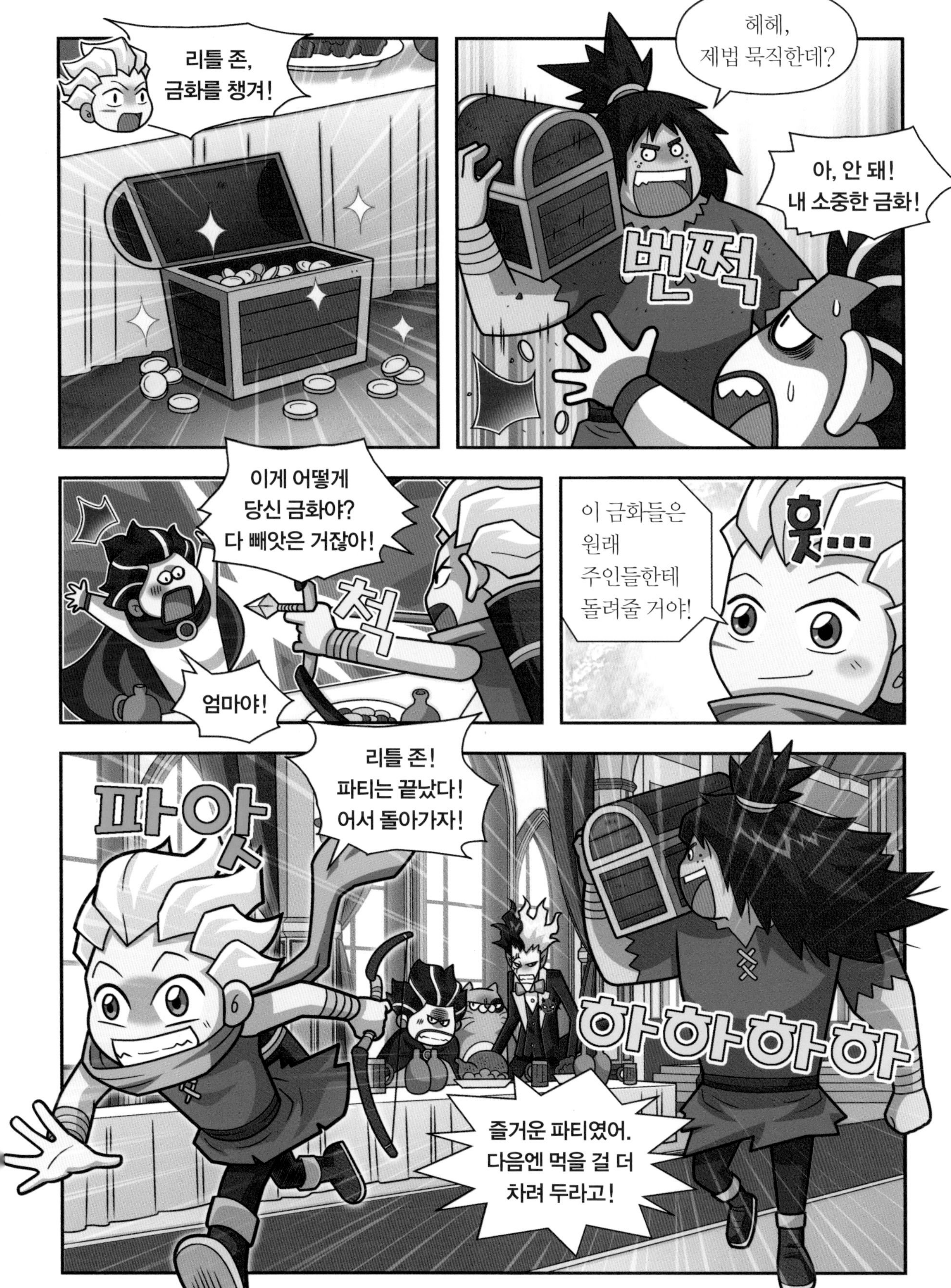
리틀 존, 금화를 챙겨!
헤헤, 제법 묵직한데?
아, 안 돼! 내 소중한 금화!
번쩍
이게 어떻게 당신 금화야? 다 빼앗은 거잖아!
척
엄마야!
훗…
이 금화들은 원래 주인들한테 돌려줄 거야!
리틀 존! 파티는 끝났다! 어서 돌아가자!
파앗
하하하하
즐거운 파티였어. 다음엔 먹을 걸 더 차려 두라고!

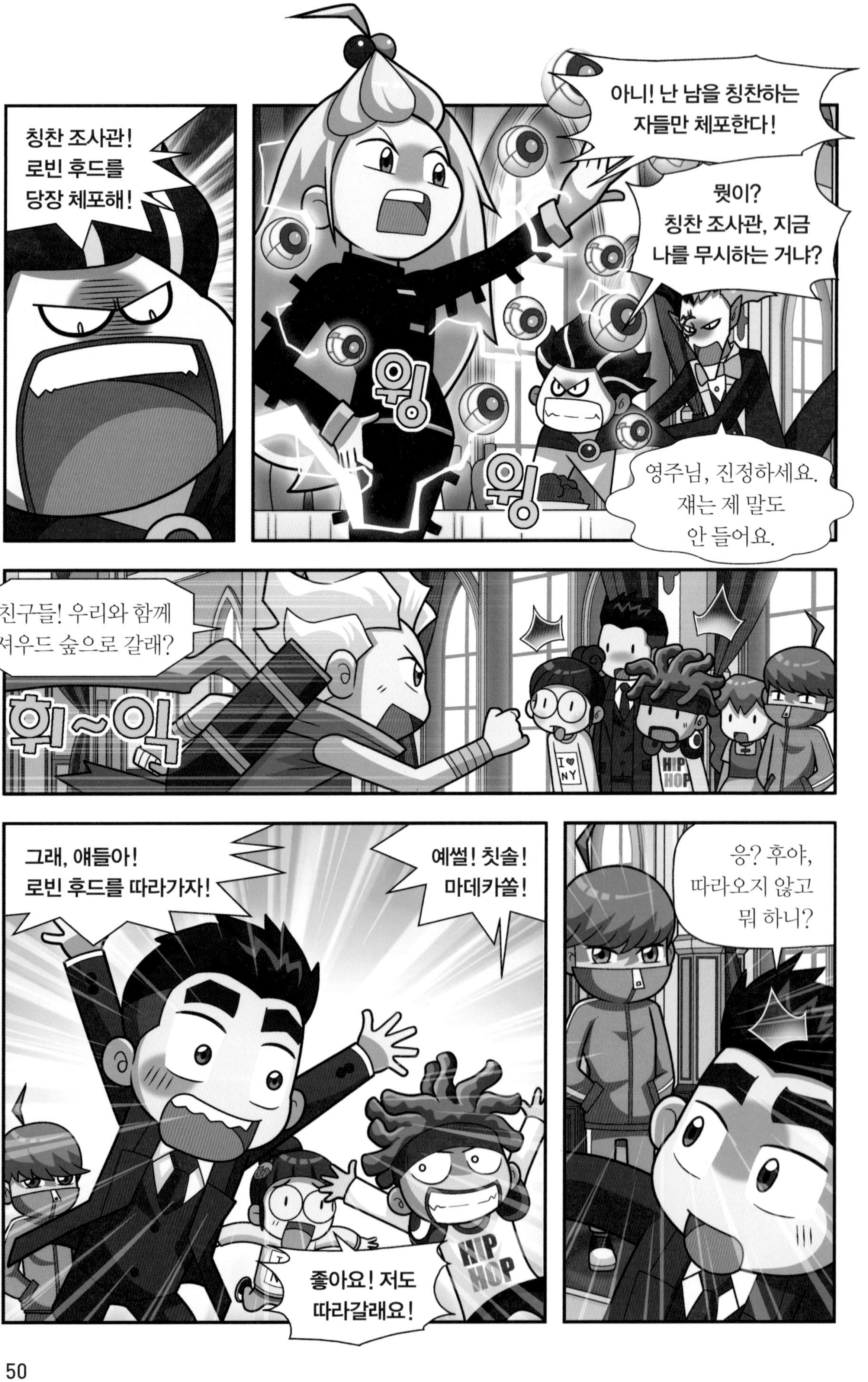
칭찬 조사관!
로빈 후드를
당장 체포해!
아니! 난 남을 칭찬하는
자들만 체포한다!
뭐이?
칭찬 조사관, 지금
나를 무시하는 거냐?
웅
웅
영주님, 진정하세요.
걔는 제 말도
안 들어요.
친구들! 우리와 함께
셔우드 숲으로 갈래?
휘~익
I ♥ NY
HIP HOP
그래, 얘들아!
로빈 후드를 따라가자!
예썰! 칫솔!
마데카쏠!
좋아요! 저도
따라갈래요!
HIP HOP
응? 후야,
따라오지 않고
뭐 하니?

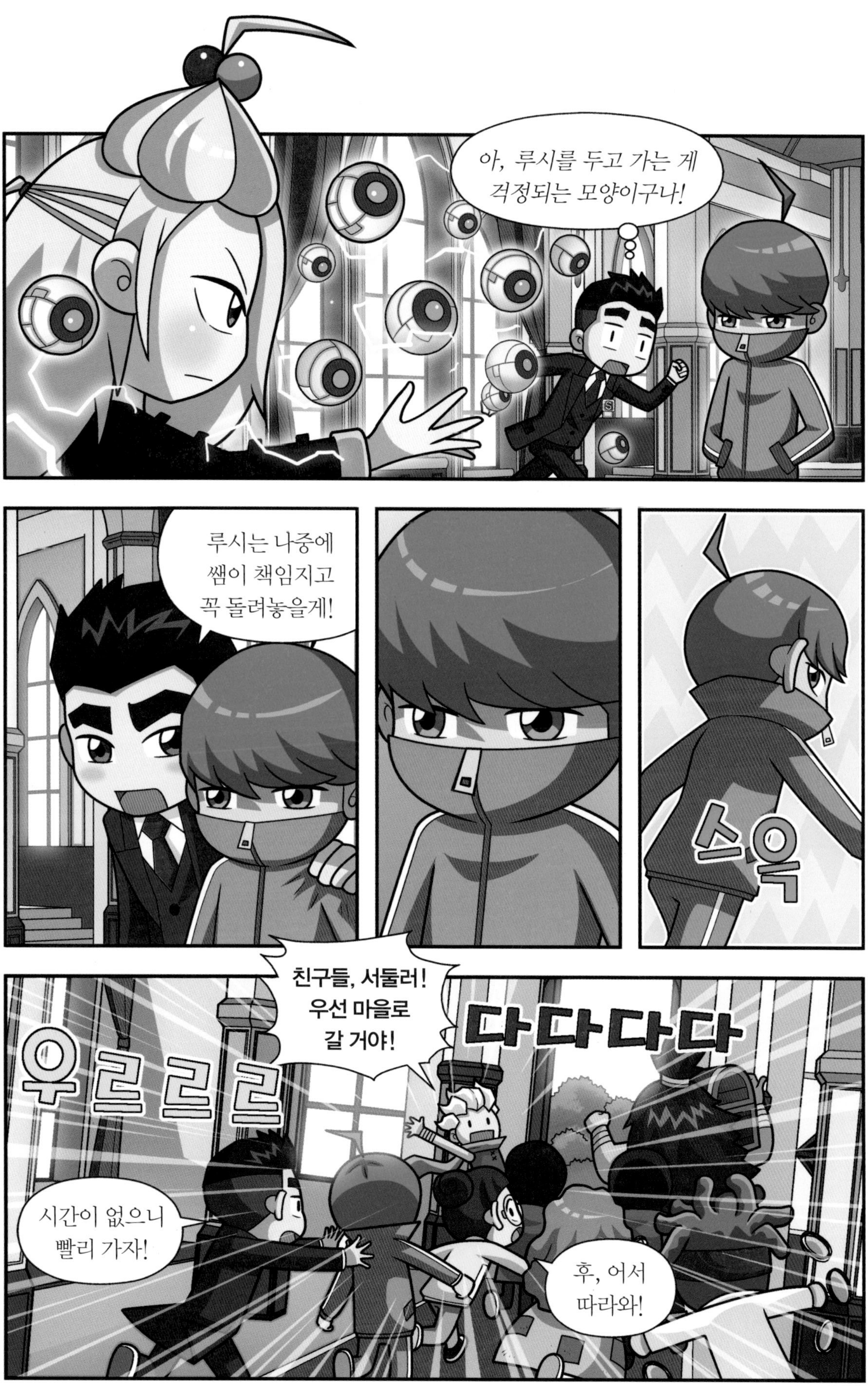

아, 루시를 두고 가는 게 걱정되는 모양이구나!
루시는 나중에 쌤이 책임지고 꼭 돌려놓을게!
스윽
친구들, 서둘러! 우선 마을로 갈 거야!
다다다다
우르르르
시간이 없으니 빨리 가자!
후, 어서 따라와!

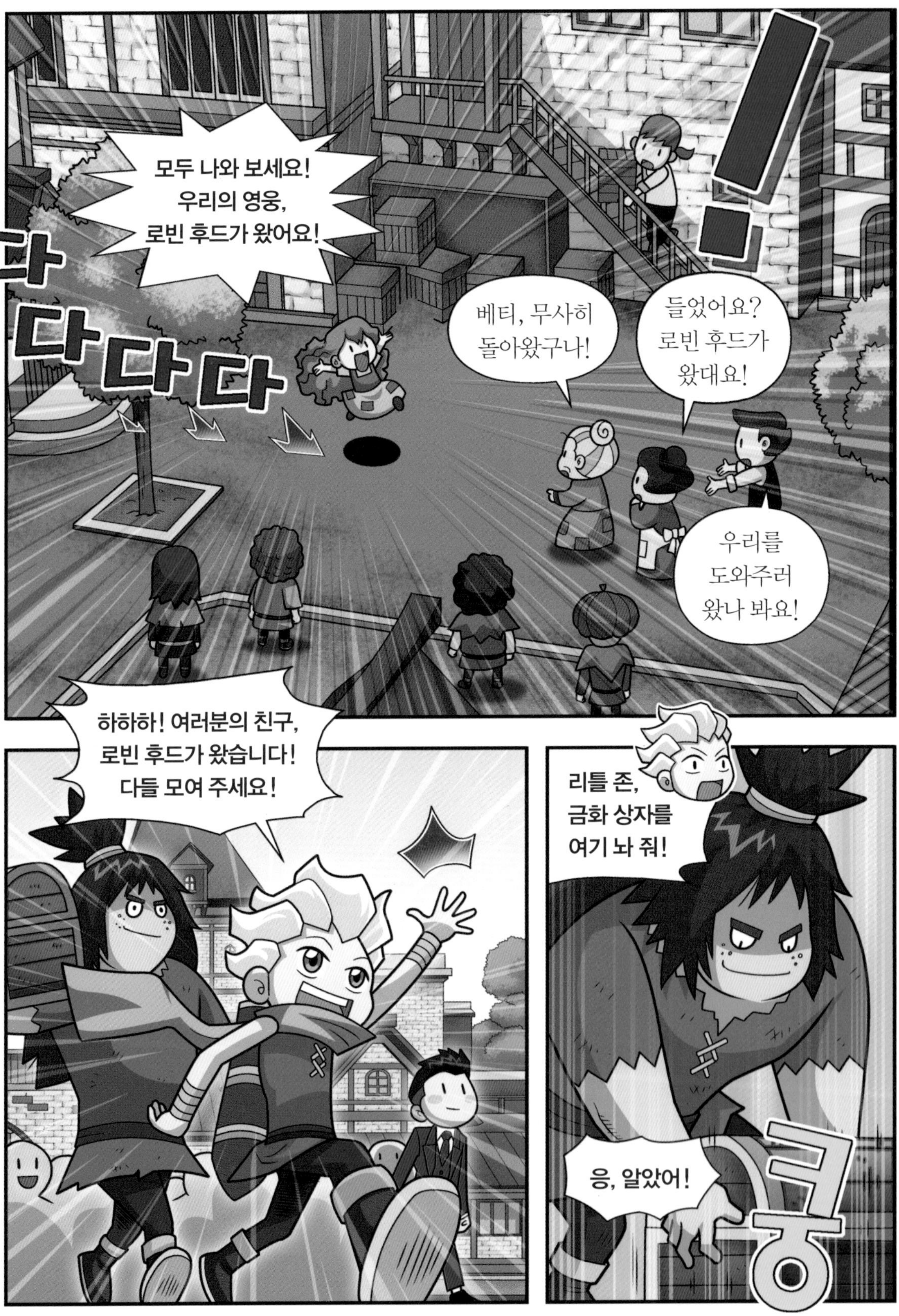
모두 나와 보세요! 우리의 영웅, 로빈 후드가 왔어요!
다 다다다다
!!
베티, 무사히 돌아왔구나!
들었어요? 로빈 후드가 왔대요!
우리를 도와주러 왔나 봐요!
하하하! 여러분의 친구, 로빈 후드가 왔습니다! 다들 모여 주세요!
리틀 존, 금화 상자를 여기 놔 줘!
응, 알았어!
쿵

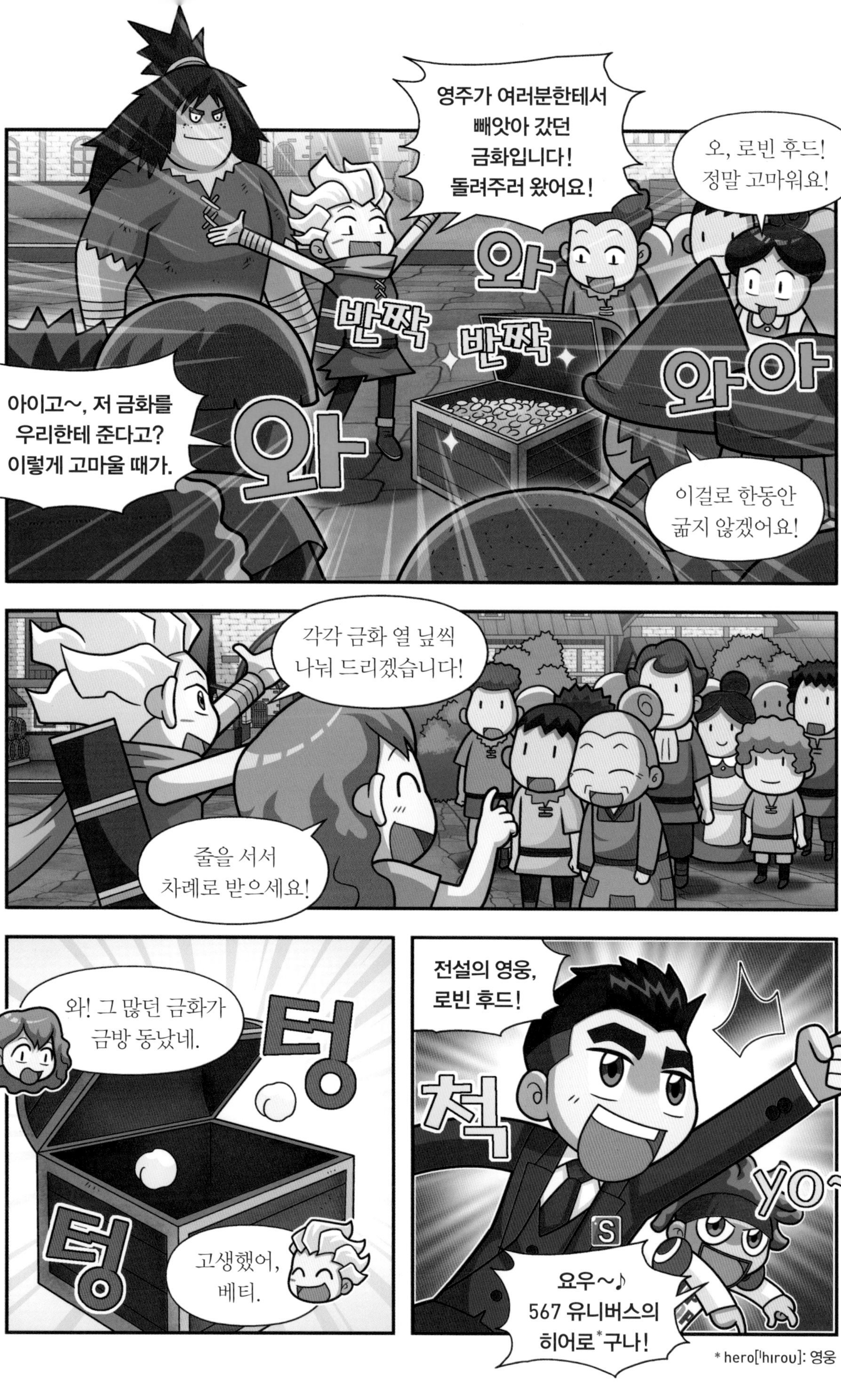
영주가 여러분한테서
빼앗아 갔던
금화입니다!
돌려주러 왔어요!
오, 로빈 후드!
정말 고마워요!
와
반짝
반짝
와아
아이고~, 저 금화를
우리한테 준다고?
이렇게 고마울 때가.
와
이걸로 한동안
굶지 않겠어요!
각각 금화 열 닢씩
나눠 드리겠습니다!
줄을 서서
차례로 받으세요!
와! 그 많던 금화가
금방 동났네.
텅
텅
고생했어,
베티.
전설의 영웅,
로빈 후드!
척
YO~
요우~♪
567 유니버스의
히어로*구나!

* hero[ˈhɪroʊ]: 영웅

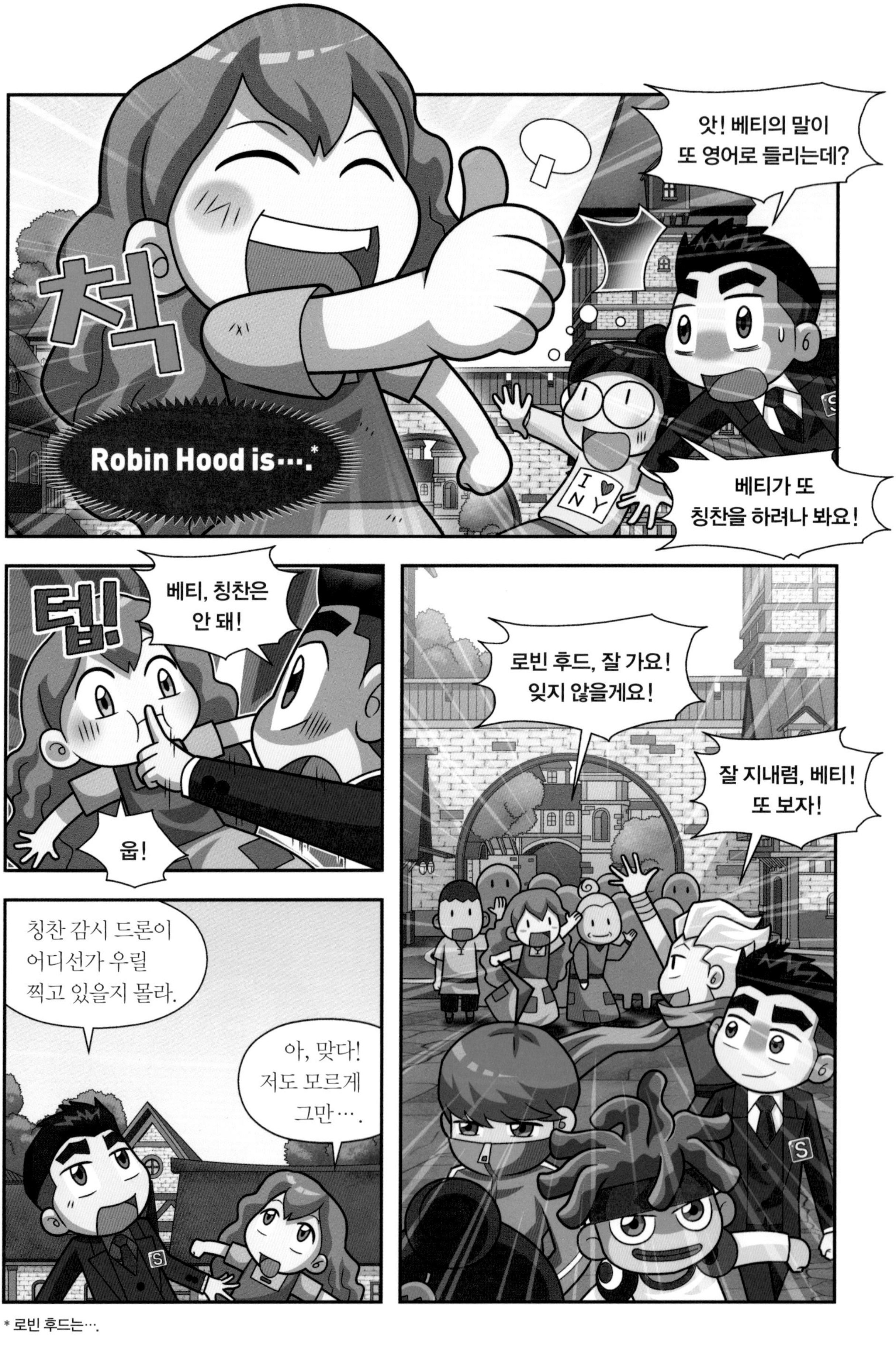
척
Robin Hood is….*
앗! 베티의 말이 또 영어로 들리는데?
베티가 또 칭찬을 하려나 봐요!
텁!
베티, 칭찬은 안 돼!
읍!
칭찬 감시 드론이 어디선가 우릴 찍고 있을지 몰라.
아, 맞다! 저도 모르게 그만….
로빈 후드, 잘 가요! 잊지 않을게요!
잘 지내렴, 베티! 또 보자!

* 로빈 후드는….

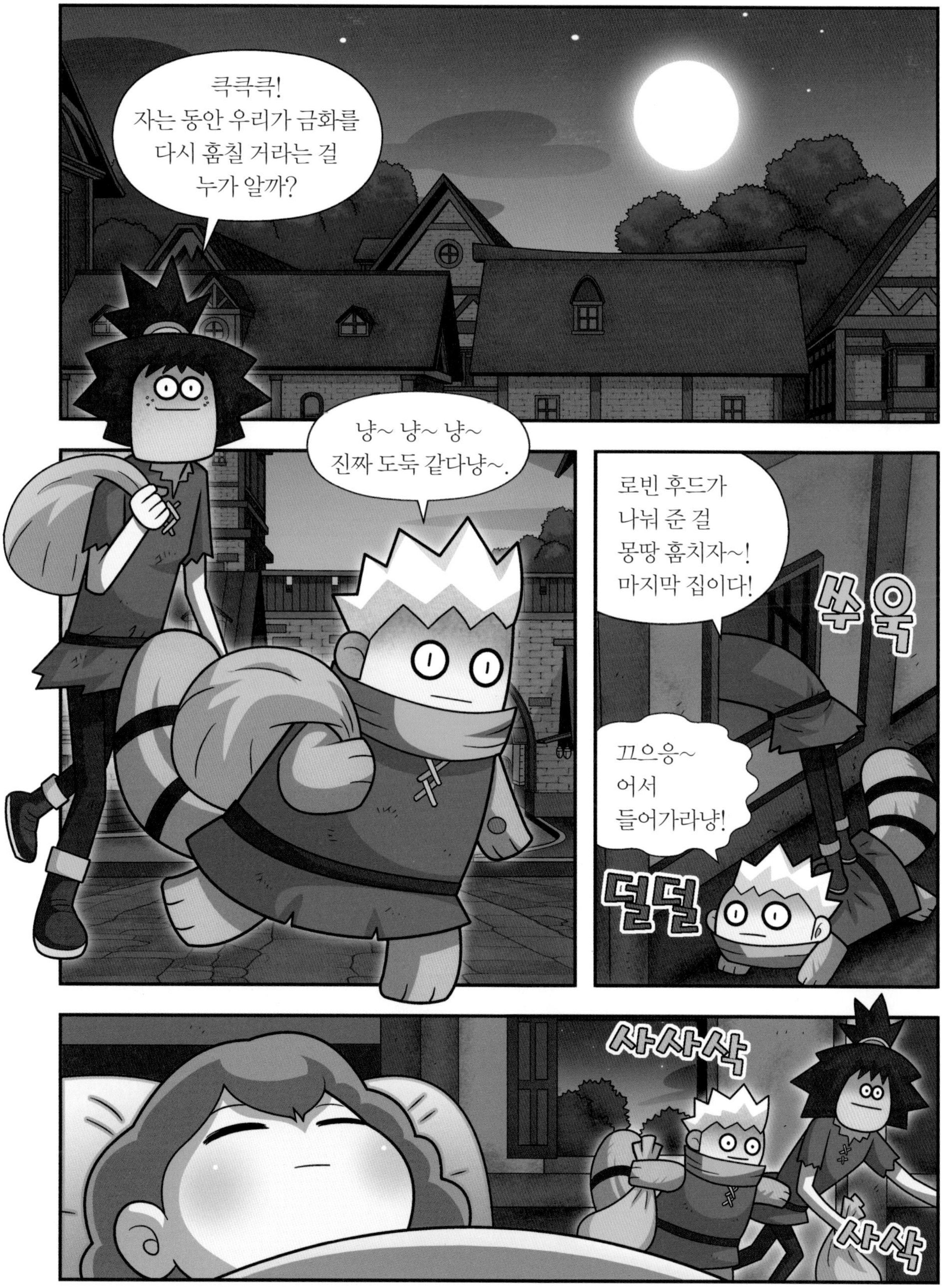

크크크!
자는 동안 우리가 금화를
다시 훔칠 거라는 걸
누가 알까?
냥~ 냥~ 냥~
진짜 도둑 같다냥~.
로빈 후드가
나눠 준 걸
몽땅 훔치자~!
마지막 집이다!
쑤욱
끄으응~
어서
들어가라냥!
덜덜
사사삭
사삭

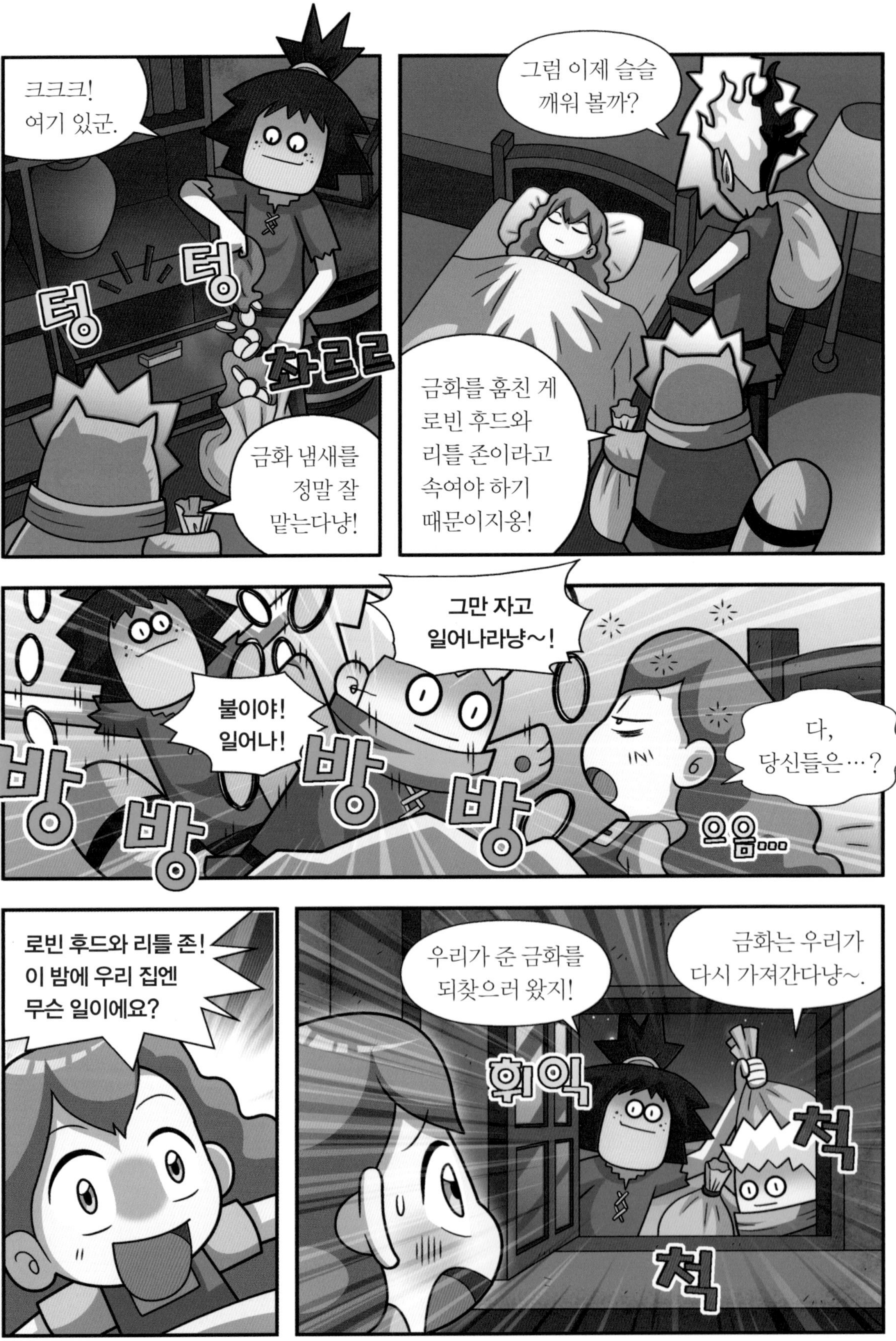
크크크! 여기 있군.
텅
텅
촤르르
금화 냄새를 정말 잘 맡는다냥!
그럼 이제 슬슬 깨워 볼까?
금화를 훔친 게 로빈 후드와 리틀 존이라고 속여야 하기 때문이지옹!
그만 자고 일어나라냥~!
불이야! 일어나!
방
방
방
방
다, 당신들은…?
으음…
로빈 후드와 리틀 존! 이 밤에 우리 집엔 무슨 일이에요?
우리가 준 금화를 되찾으러 왔지!
금화는 우리가 다시 가져간다냥~.
휘익
척
척

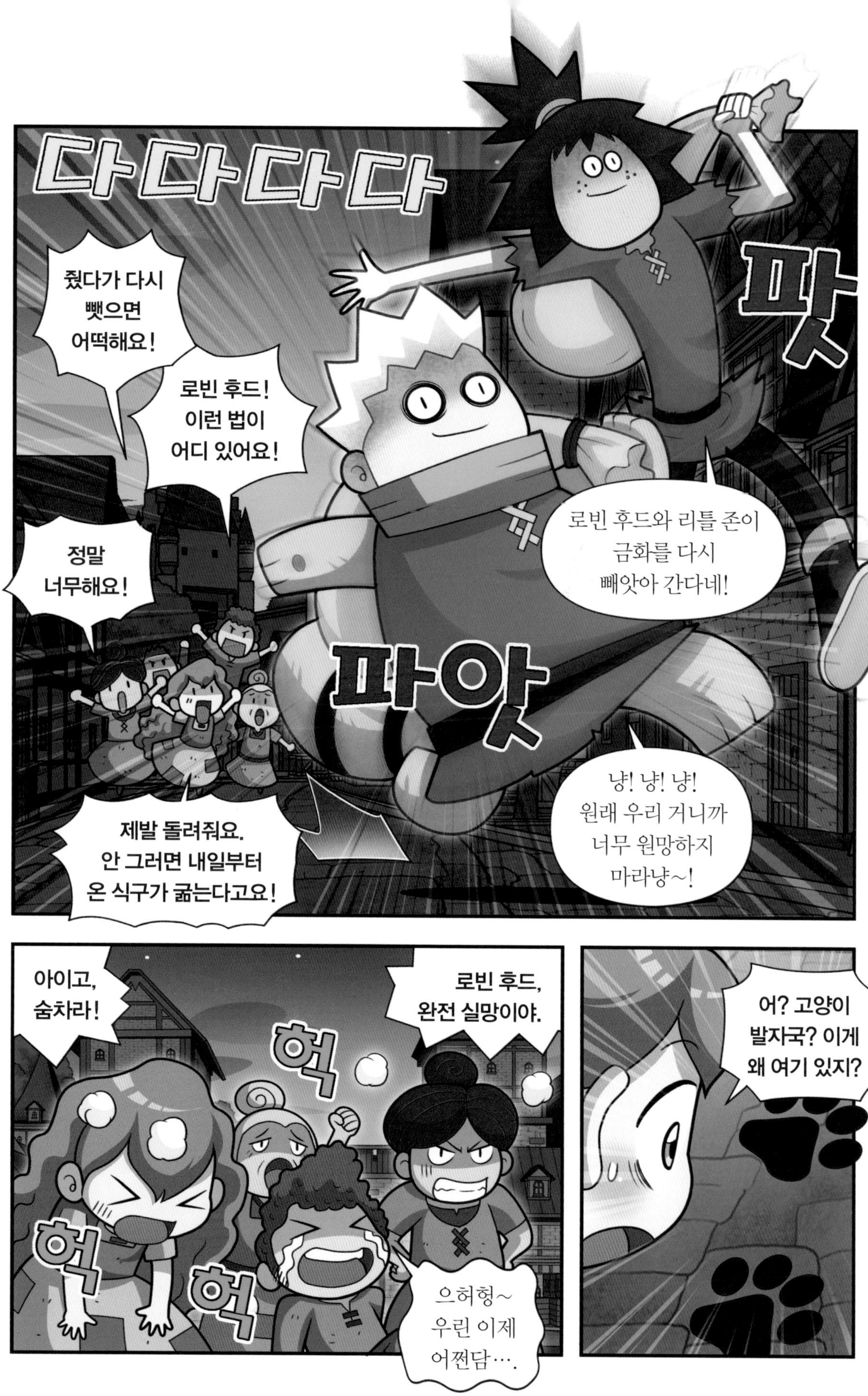
다다다다다
줬다가 다시 뺏으면 어떡해요!
로빈 후드! 이런 법이 어디 있어요!
팟
로빈 후드와 리틀 존이 금화를 다시 빼앗아 간다네!
정말 너무해요!
파앗
냥! 냥! 냥! 원래 우리 거니까 너무 원망하지 마라냥~!
제발 돌려줘요. 안 그러면 내일부터 온 식구가 굶는다고요!
아이고, 숨차라!
로빈 후드, 완전 실망이야.
헉
헉
헉
으허헝~ 우린 이제 어쩐담….
어? 고양이 발자국? 이게 왜 여기 있지?

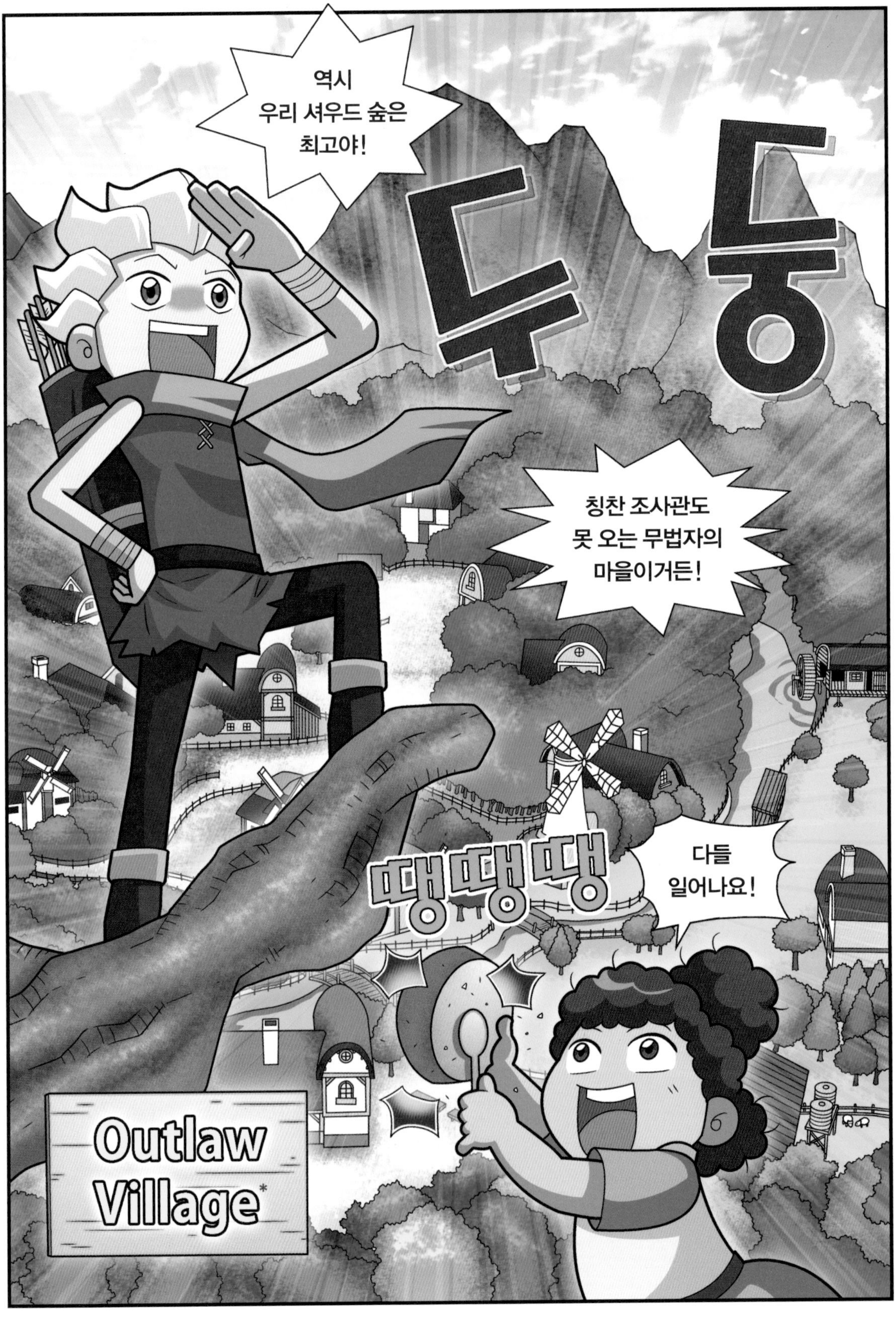
역시
우리 셔우드 숲은
최고야!
두둥
칭찬 조사관도
못 오는 무법자의
마을이거든!
땡땡땡
다들
일어나요!
Outlaw
Village*

* outlaw village[ˈaʊtlɔː ˈvɪlɪdʒ]: 무법자 마을

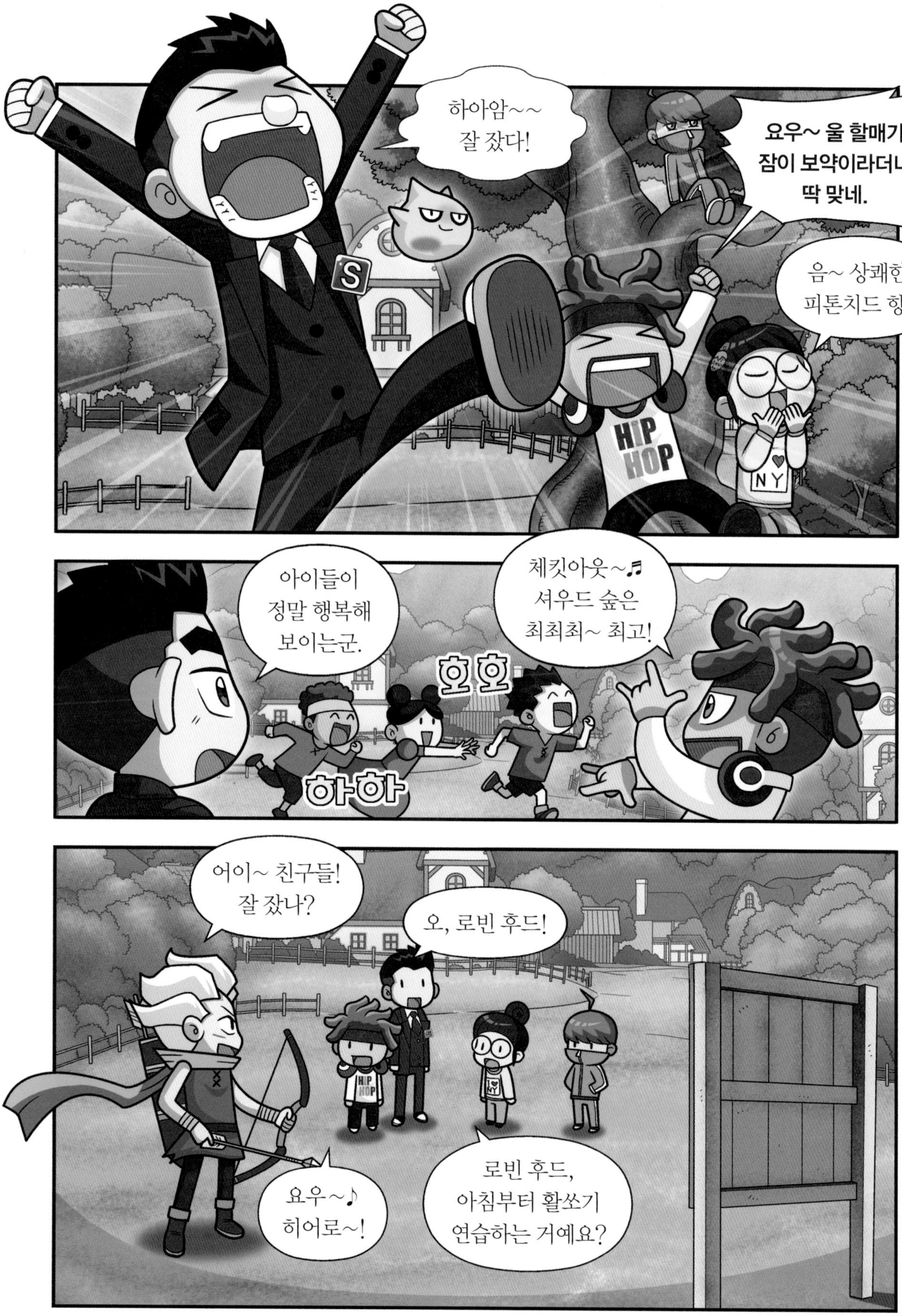
하아암~~ 잘 잤다!
요우~ 울 할매가 잠이 보약이라더니 딱 맞네.
음~ 상쾌한 피톤치드 향!
HIP HOP
NY
아이들이 정말 행복해 보이는군.
체킷아웃~♬ 셔우드 숲은 최최최~ 최고!
호호
하하
어이~ 친구들! 잘 잤나?
오, 로빈 후드!
요우~♪ 히어로~!
로빈 후드, 아침부터 활쏘기 연습하는 거예요?

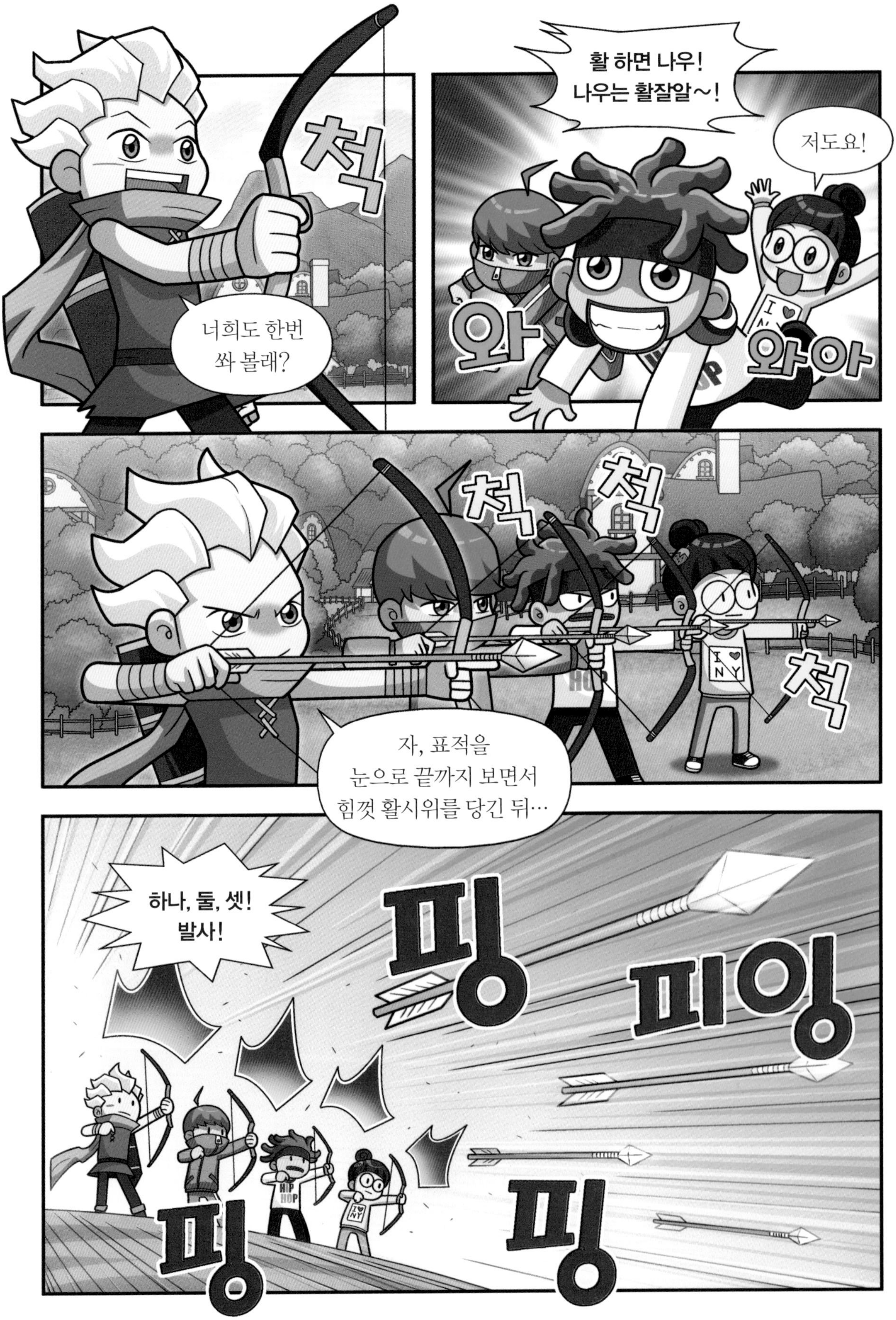

척
너희도 한번 쏴 볼래?
활 하면 나우! 나우는 활잘알~!
저도요!
와
와아
척
척
척
자, 표적을 눈으로 끝까지 보면서 힘껏 활시위를 당긴 뒤…
하나, 둘, 셋! 발사!
핑
피잉
핑
핑

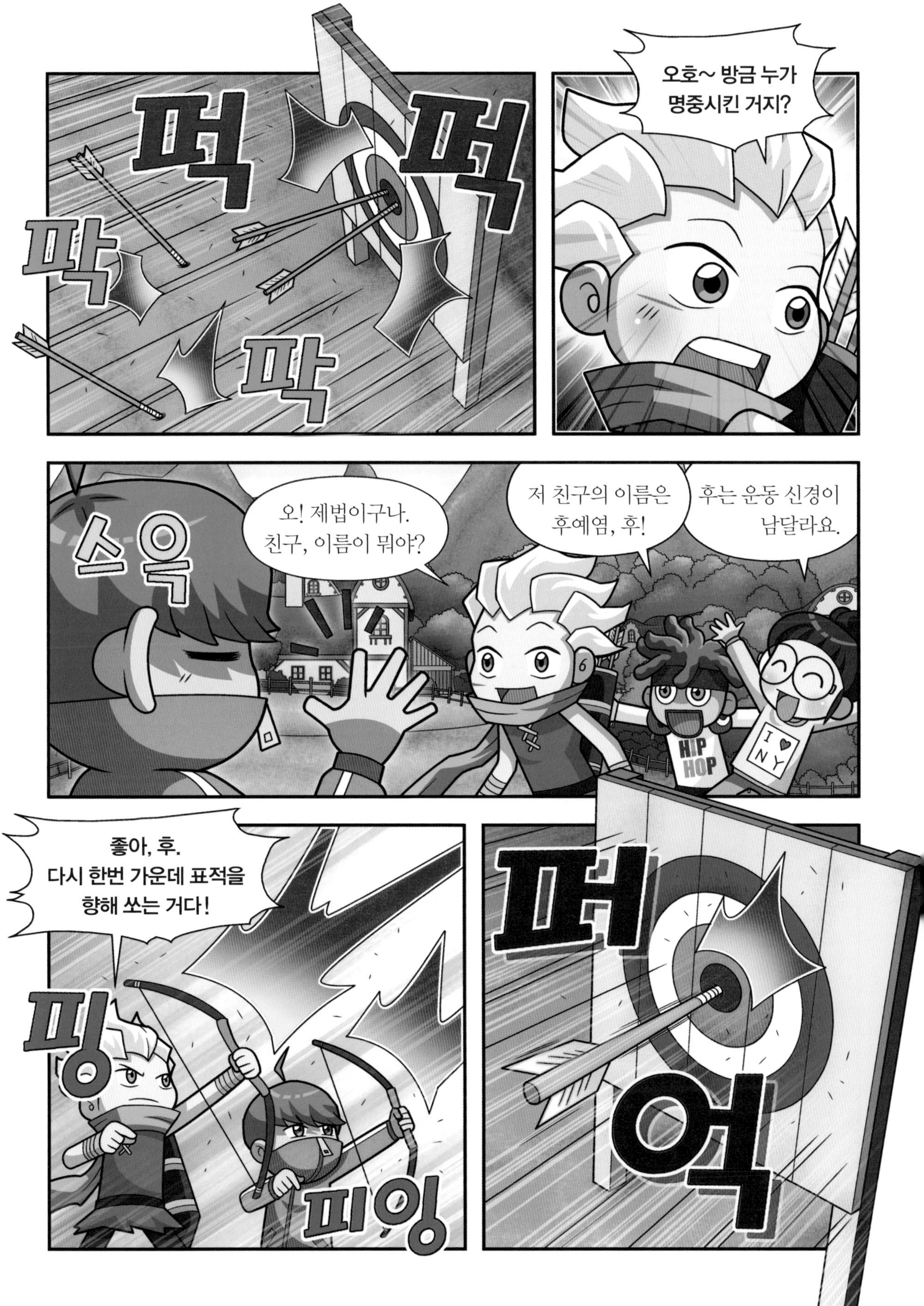
퍽
퍽
팍
팍
오호~ 방금 누가 명중시킨 거지?
스윽
오! 제법이구나. 친구, 이름이 뭐야?
저 친구의 이름은 후예염, 후!
후는 운동 신경이 남달라요.
HIP HOP
I ♥ NY
좋아, 후. 다시 한번 가운데 표적을 향해 쏘는 거다!
핑
피잉
퍼
억

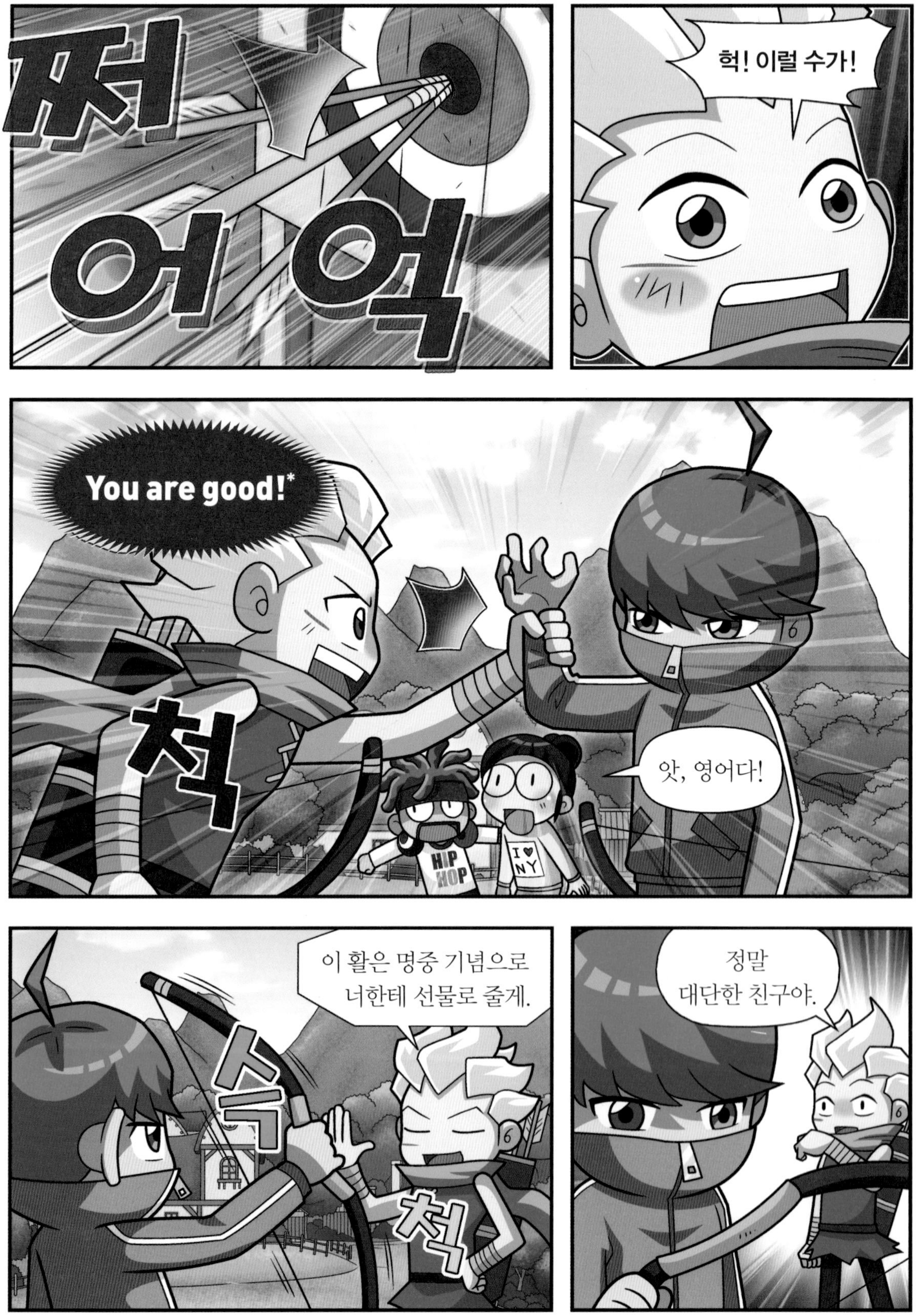
쩌어억
헉! 이럴 수가!
You are good!*
척
앗, 영어다!
HIP HOP
I ♥ NY
이 활은 명중 기념으로 너한테 선물로 줄게.
스윽
척
정말 대단한 친구야.

* 너는 잘하는구나!

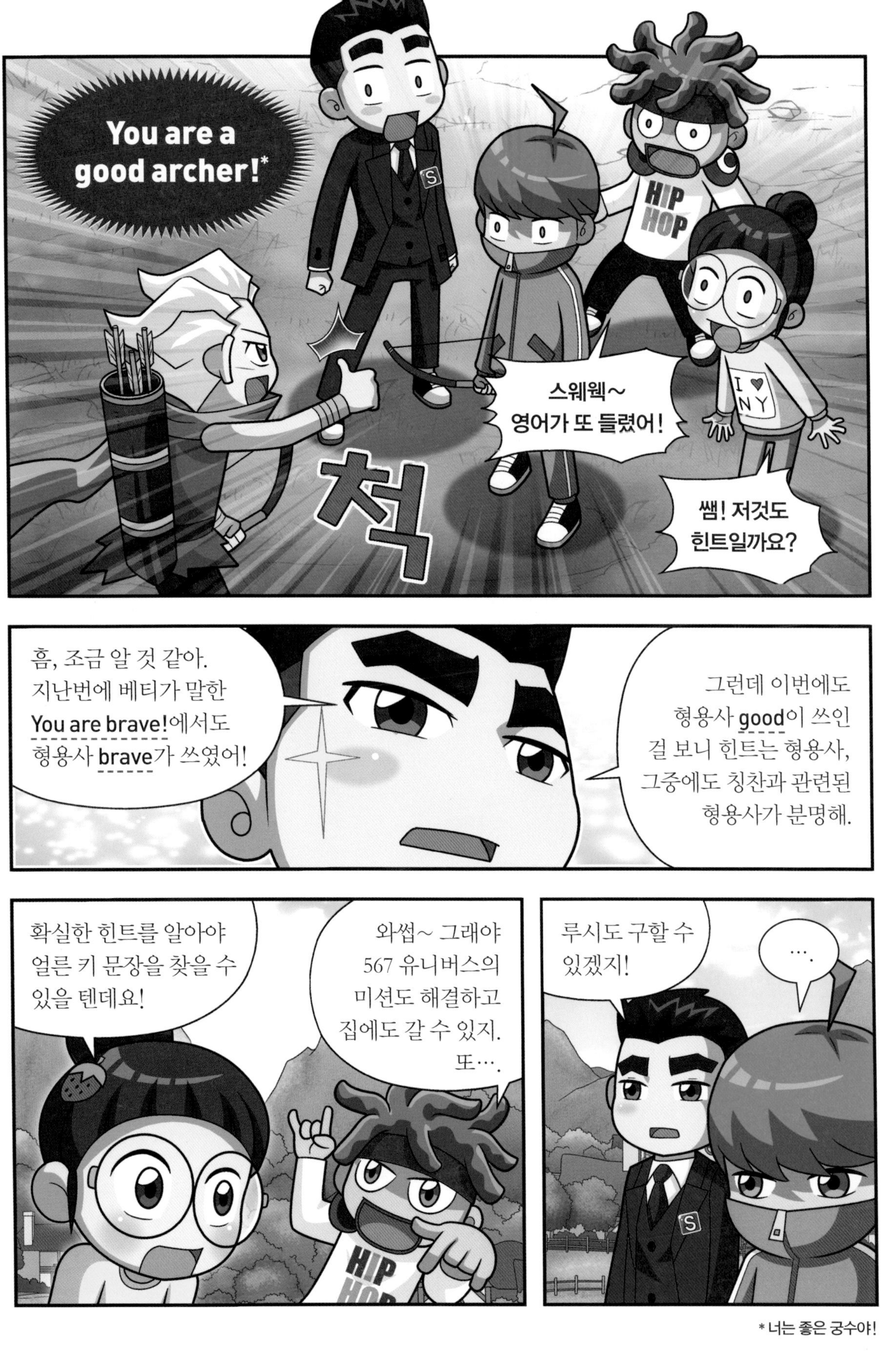
You are a good archer!*
척
스웨웩~ 영어가 또 들렸어!
쌤! 저것도 힌트일까요?
흠, 조금 알 것 같아. 지난번에 베티가 말한 You are brave!에서도 형용사 brave가 쓰였어!
그런데 이번에도 형용사 good이 쓰인 걸 보니 힌트는 형용사, 그중에도 칭찬과 관련된 형용사가 분명해.
확실한 힌트를 알아야 얼른 키 문장을 찾을 수 있을 텐데요!
와썹~ 그래야 567 유니버스의 미션도 해결하고 집에도 갈 수 있지. 또….
루시도 구할 수 있겠지!
….

* 너는 좋은 궁수야!

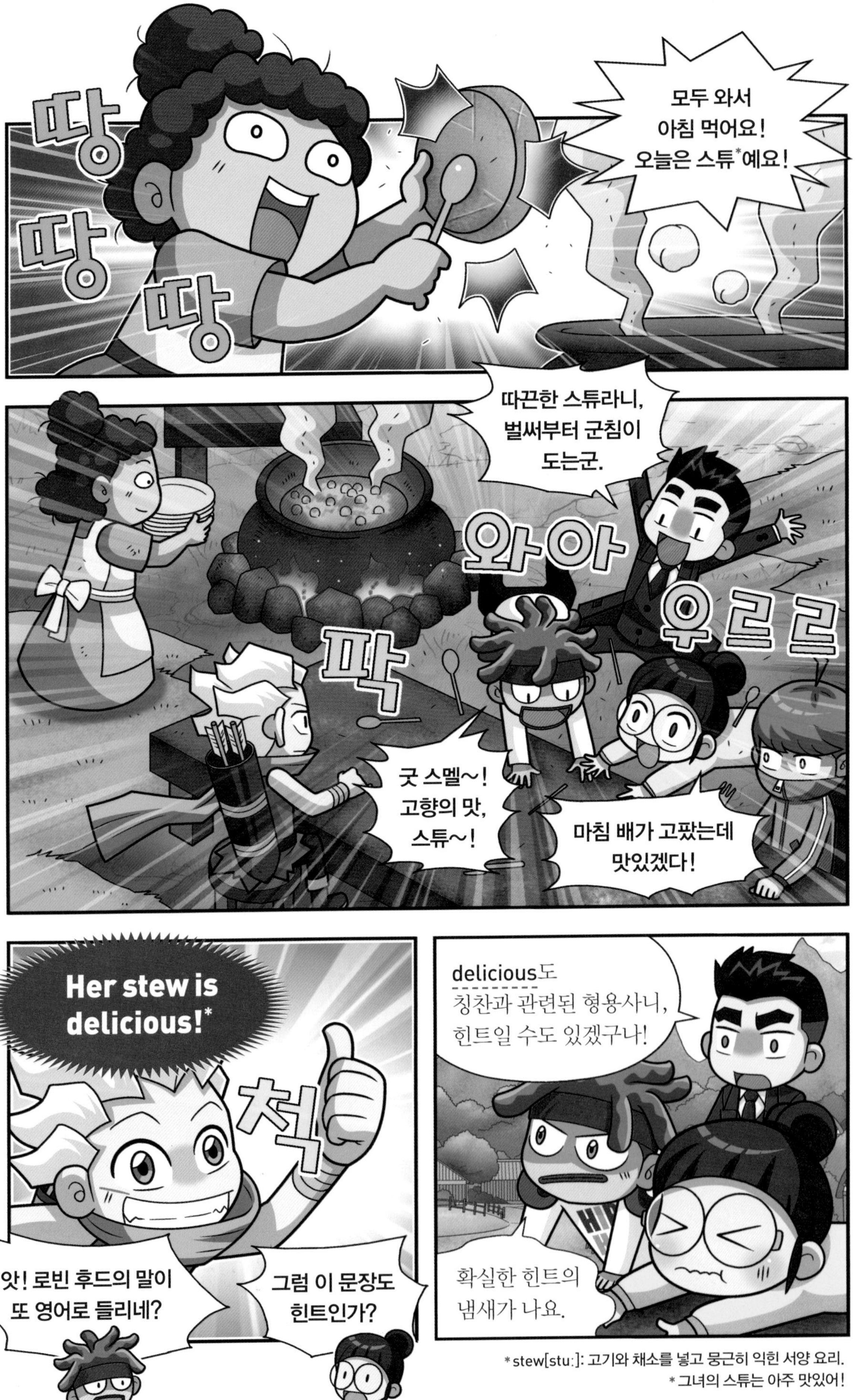

땅
땅
땅
모두 와서 아침 먹어요! 오늘은 스튜*예요!
따끈한 스튜라니, 벌써부터 군침이 도는군.
와아
우르르
팍
굿 스멜~! 고향의 맛, 스튜~!
마침 배가 고팠는데 맛있겠다!
Her stew is delicious!*
척
앗! 로빈 후드의 말이 또 영어로 들리네?
그럼 이 문장도 힌트인가?
delicious도 칭찬과 관련된 형용사니, 힌트일 수도 있겠구나!
확실한 힌트의 냄새가 나요.

* stew[stuː]: 고기와 채소를 넣고 뭉근히 익힌 서양 요리.
* 그녀의 스튜는 아주 맛있어!

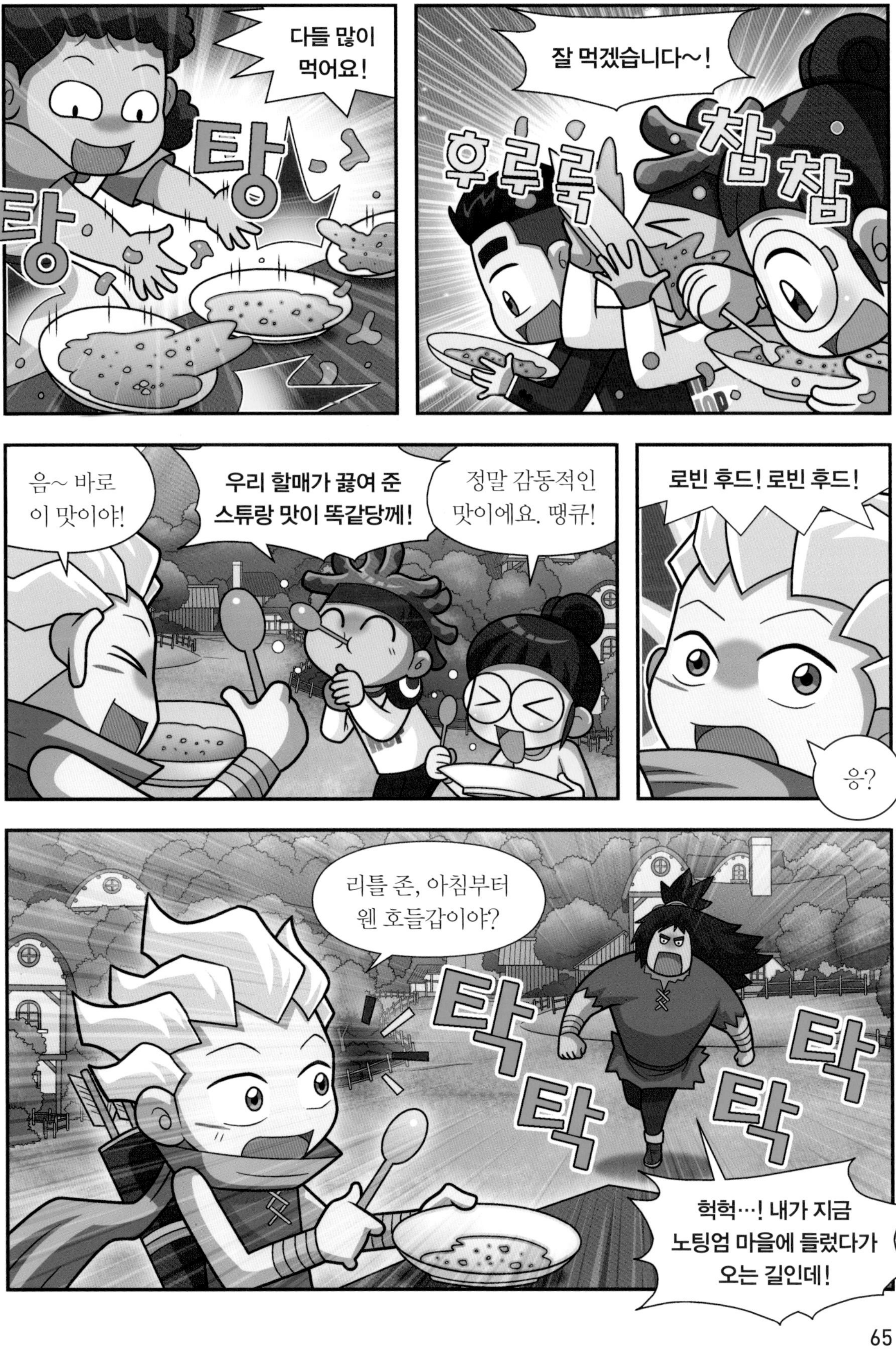
다들 많이 먹어요!
탕
탕
잘 먹겠습니다~!
후루룩
챱
챱
음~ 바로 이 맛이야!
우리 할매가 끓여 준 스튜랑 맛이 똑같당께!
정말 감동적인 맛이에요. 땡큐!
로빈 후드! 로빈 후드!
응?
리틀 존, 아침부터 웬 호들갑이야?
탁
탁
탁
탁
헉헉…! 내가 지금 노팅엄 마을에 들렀다가 오는 길인데!

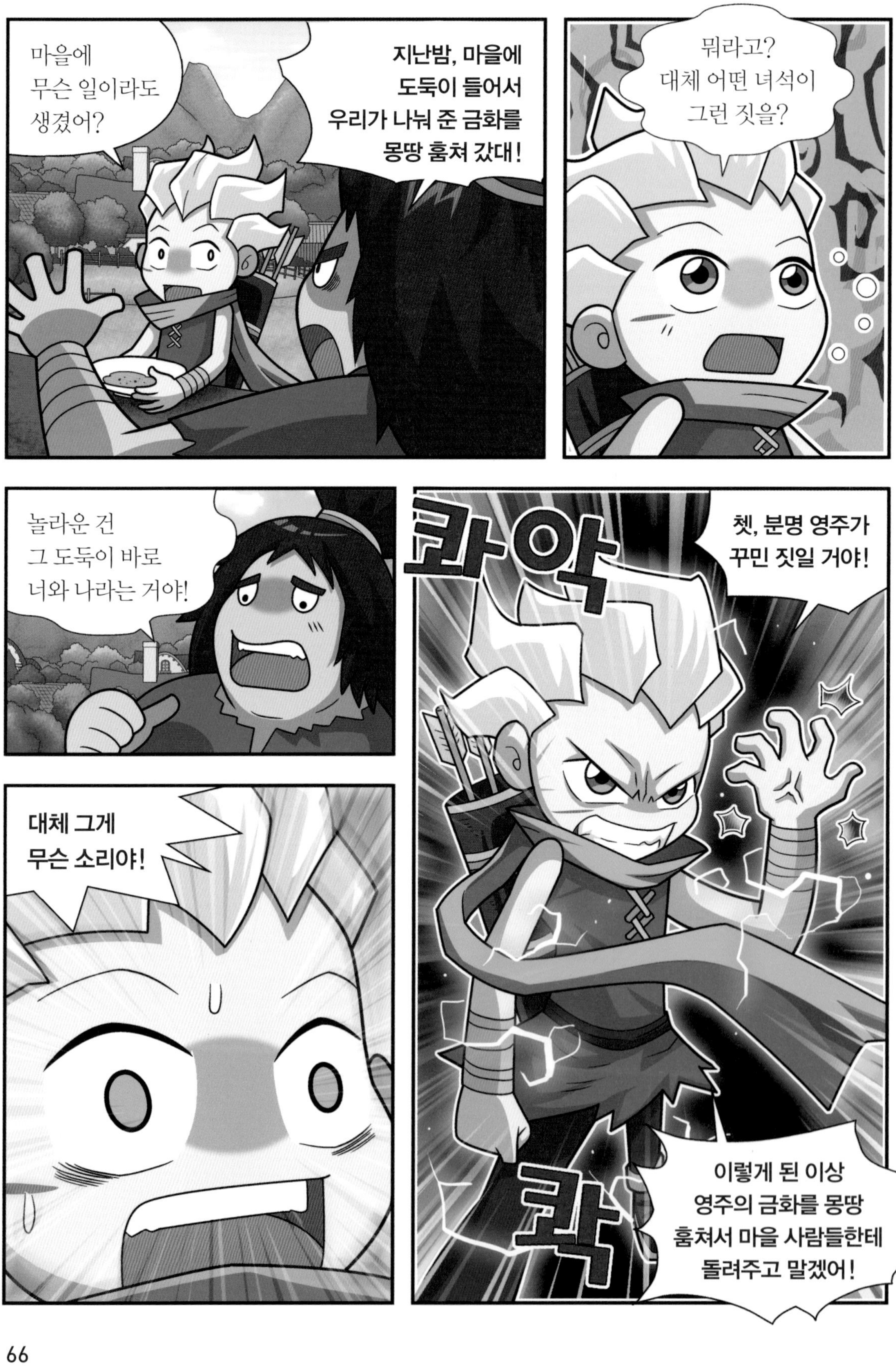

마을에 무슨 일이라도 생겼어?
지난밤, 마을에 도둑이 들어서 우리가 나눠 준 금화를 몽땅 훔쳐 갔대!
뭐라고? 대체 어떤 녀석이 그런 짓을?
놀라운 건 그 도둑이 바로 너와 나라는 거야!
대체 그게 무슨 소리야!
콰악
쳇, 분명 영주가 꾸민 짓일 거야!
콱
이렇게 된 이상 영주의 금화를 몽땅 훔쳐서 마을 사람들한테 돌려주고 말겠어!

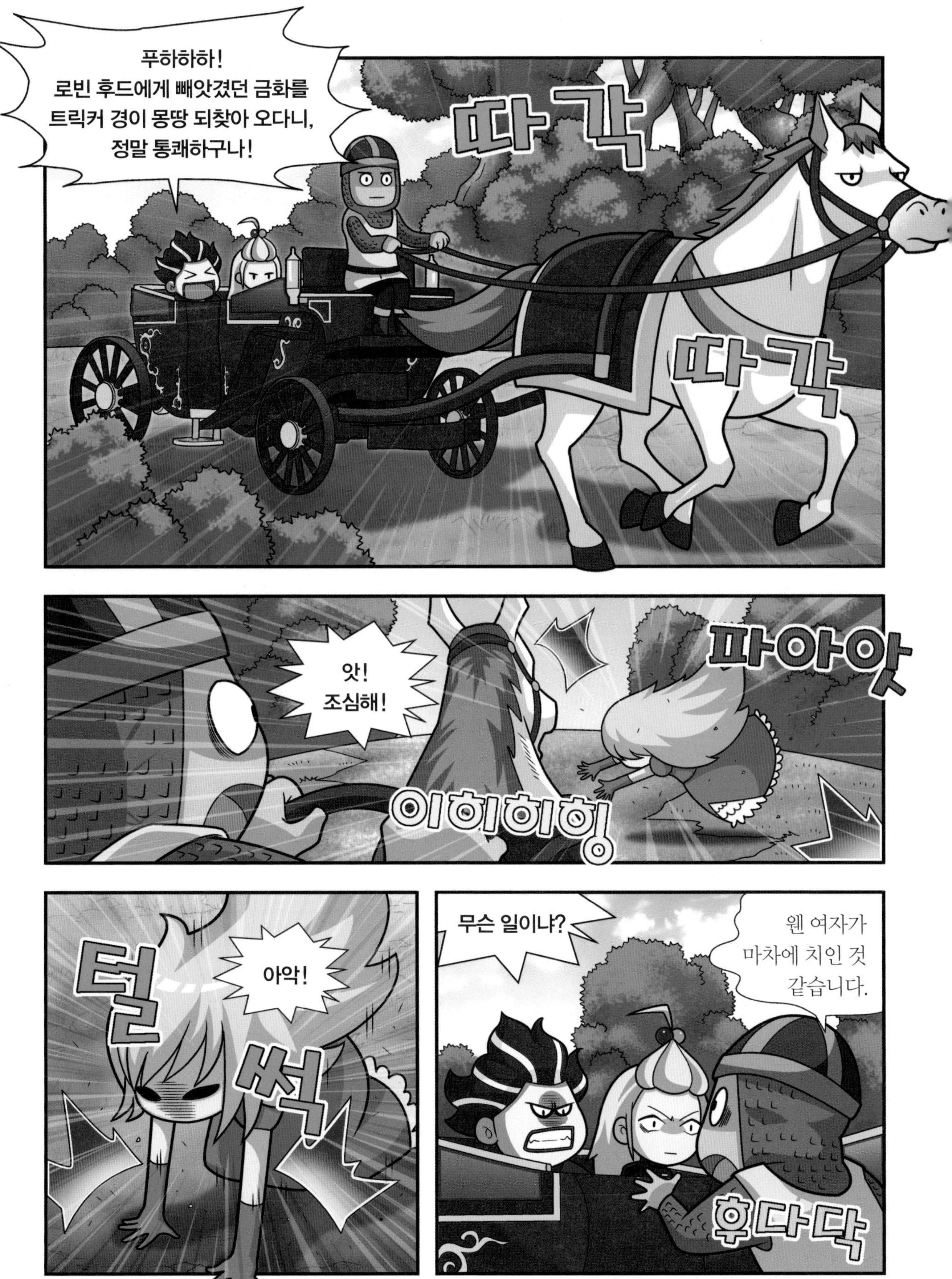
푸하하하!
로빈 후드에게 빼앗겼던 금화를
트릭커 경이 몽땅 되찾아 오다니,
정말 통쾌하구나!
따각
따각
앗!
조심해!
파아앗
이히히힝
털
아악!
썩
무슨 일이냐?
웬 여자가
마차에 치인 것
같습니다.
후다닥

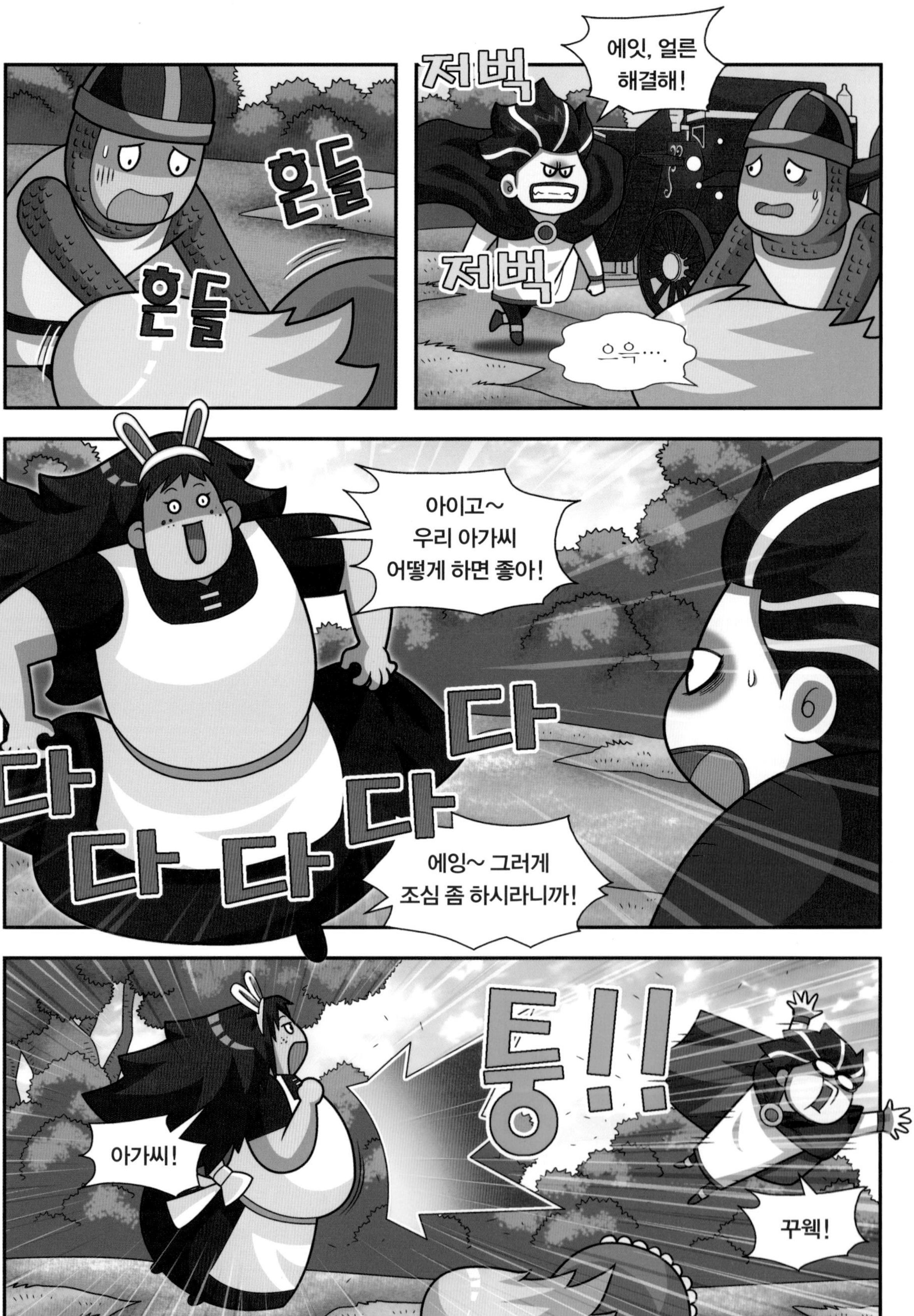

흔들
흔들
에잇, 얼른 해결해!
저벅
저벅
으윽….
아이고~ 우리 아가씨 어떻게 하면 좋아!
다
다
다
다
다
에잉~ 그러게 조심 좀 하시라니까!
아가씨!
퉁!!
꾸웩!

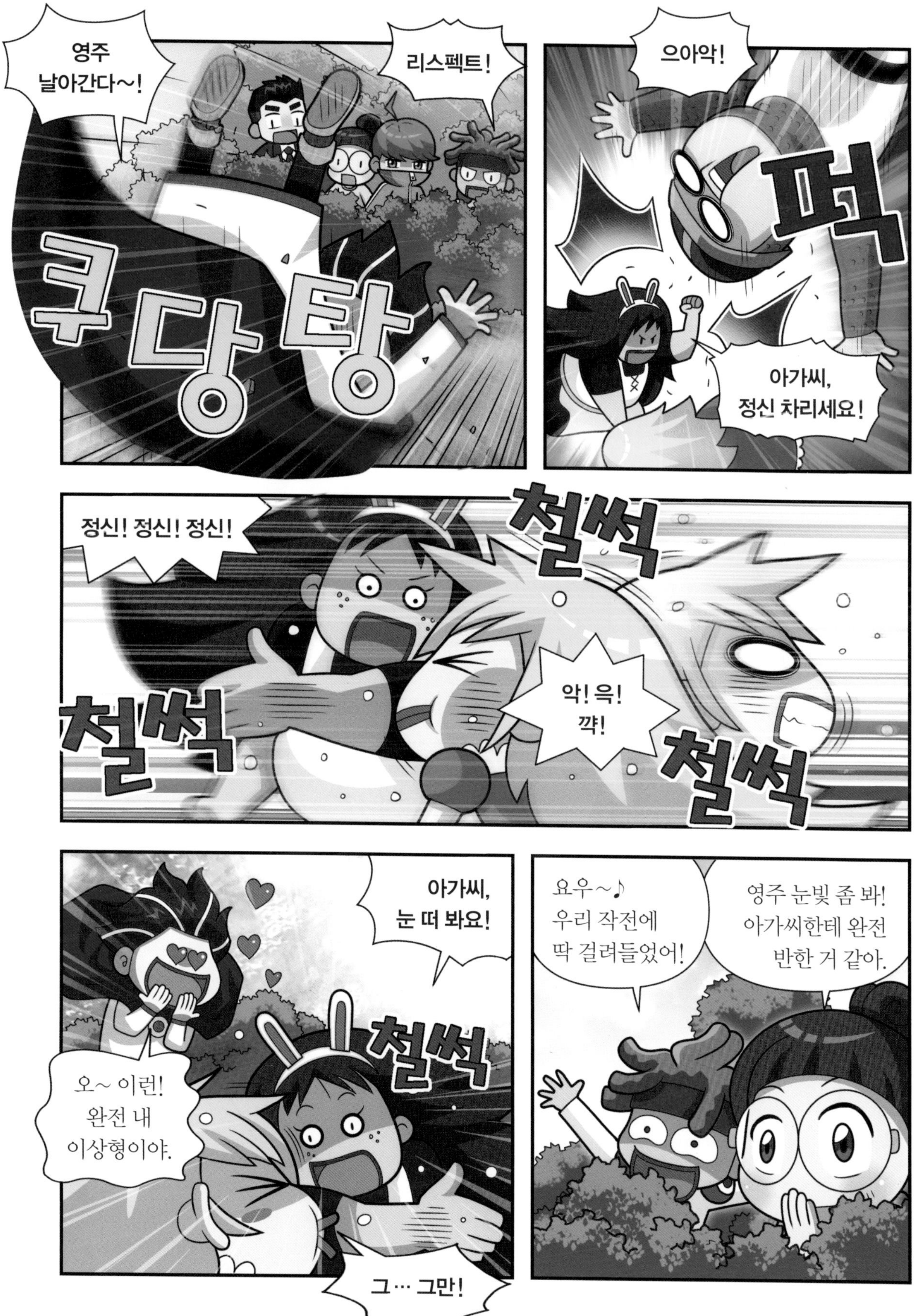
영주 날아간다~!
리스펙트!
쿠당탕
으아악!
퍽
아가씨, 정신 차리세요!
정신! 정신! 정신!
철썩
철썩
악! 윽! 꺅!
철썩
아가씨, 눈 떠 봐요!
철썩
오~ 이런! 완전 내 이상형이야.
그… 그만!
요우~♪ 우리 작전에 딱 걸려들었어!
영주 눈빛 좀 봐! 아가씨한테 완전 반한 거 같아.

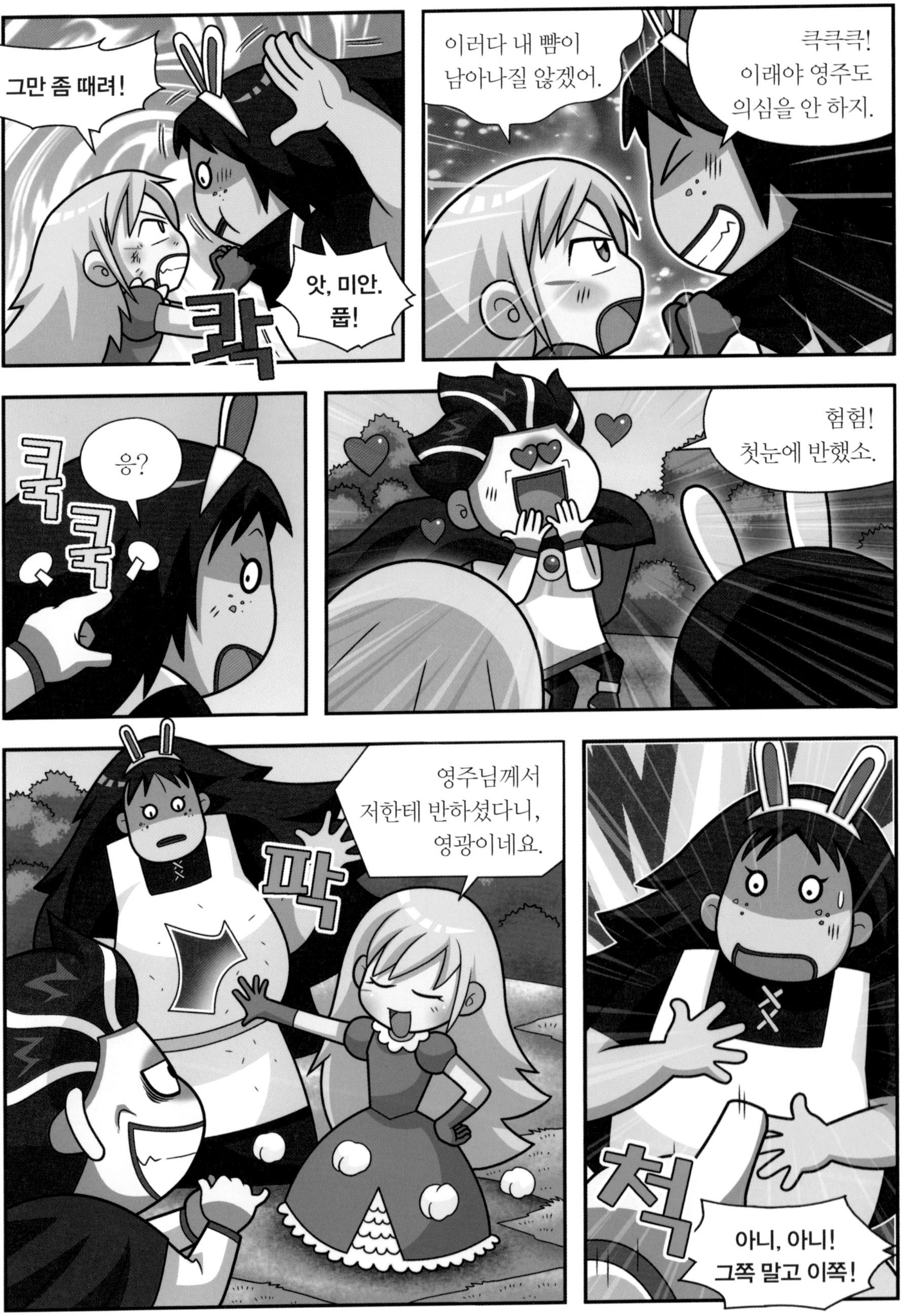

그만 좀 때려!
앗, 미안. 픕!
콱
이러다 내 빰이 남아나질 않겠어.
크크크! 이래야 영주도 의심을 안 하지.
쿡
쿡
쿡
응?
험험! 첫눈에 반했소.
영주님께서 저한테 반하셨다니, 영광이네요.
팍
척
아니, 아니! 그쪽 말고 이쪽!

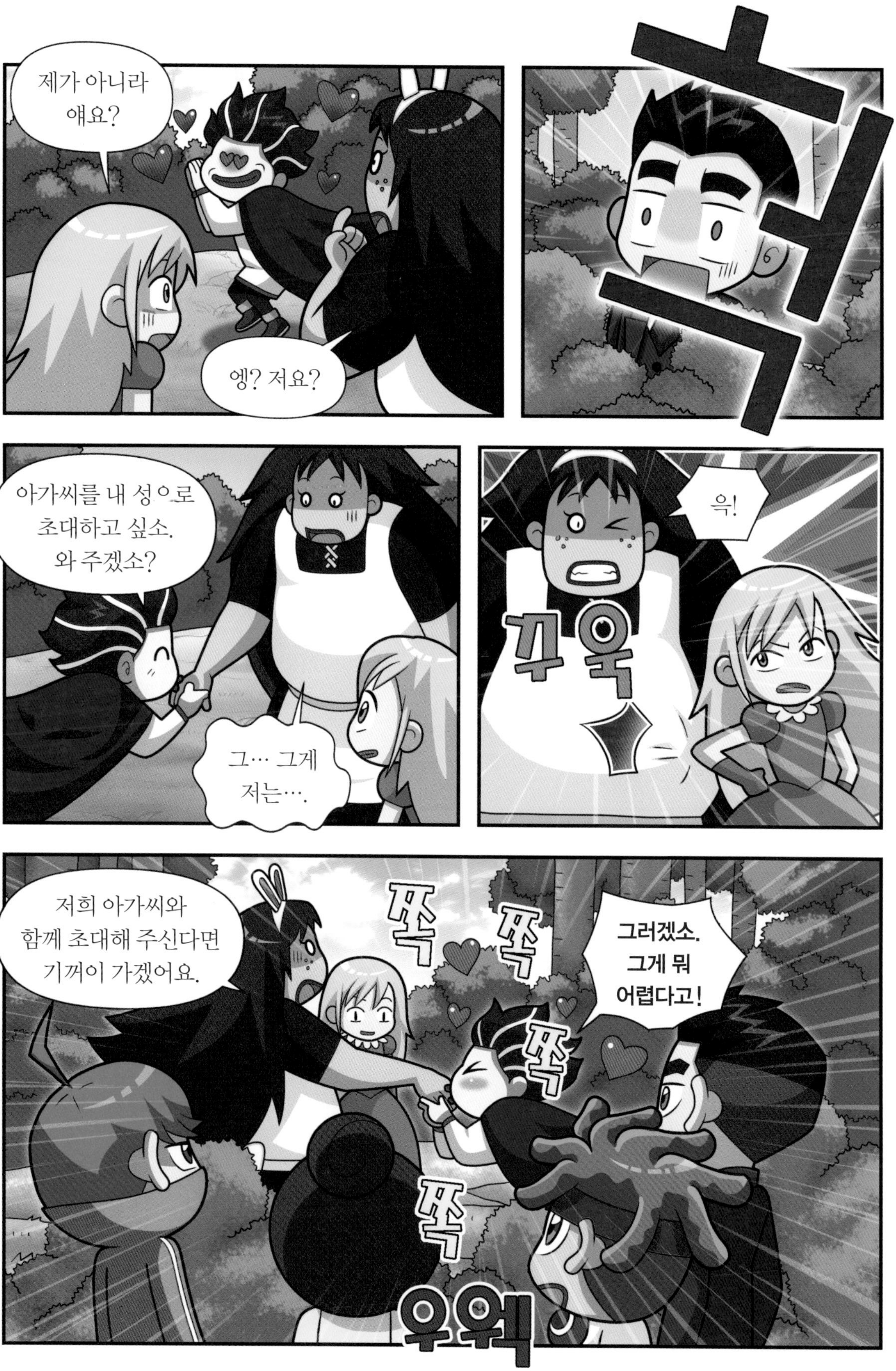
제가 아니라
얘요?
엥? 저요?
헉
아가씨를 내 성으로
초대하고 싶소.
와 주겠소?
그… 그게
저는….
윽!
꾸욱
저희 아가씨와
함께 초대해 주신다면
기꺼이 가겠어요.
쪽
쪽
그러겠소.
그게 뭐
어렵다고!
쪽
쪽
우웩

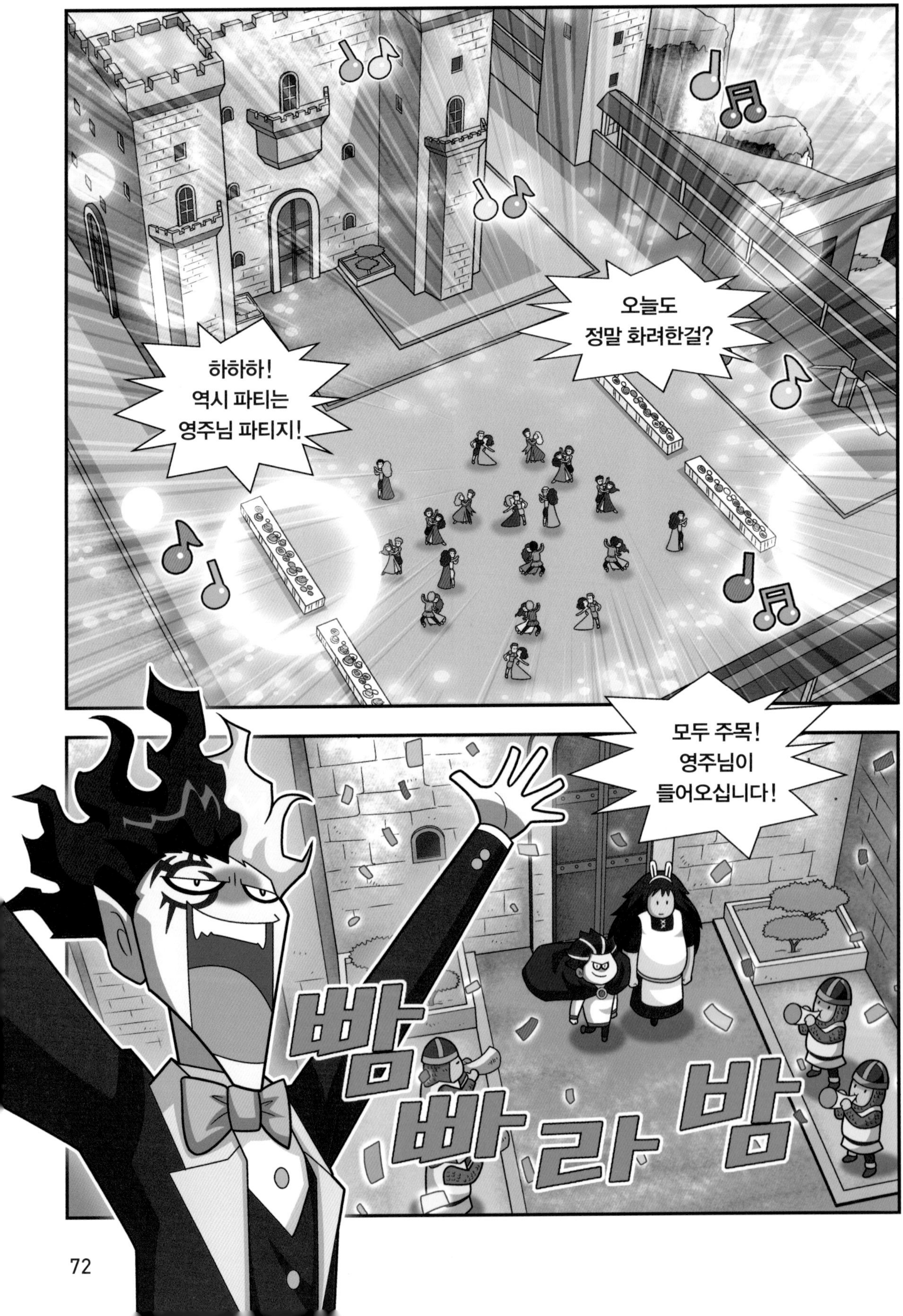

오늘도 정말 화려한걸?
하하하! 역시 파티는 영주님 파티지!
모두 주목! 영주님이 들어오십니다!
빰 빠라 밤

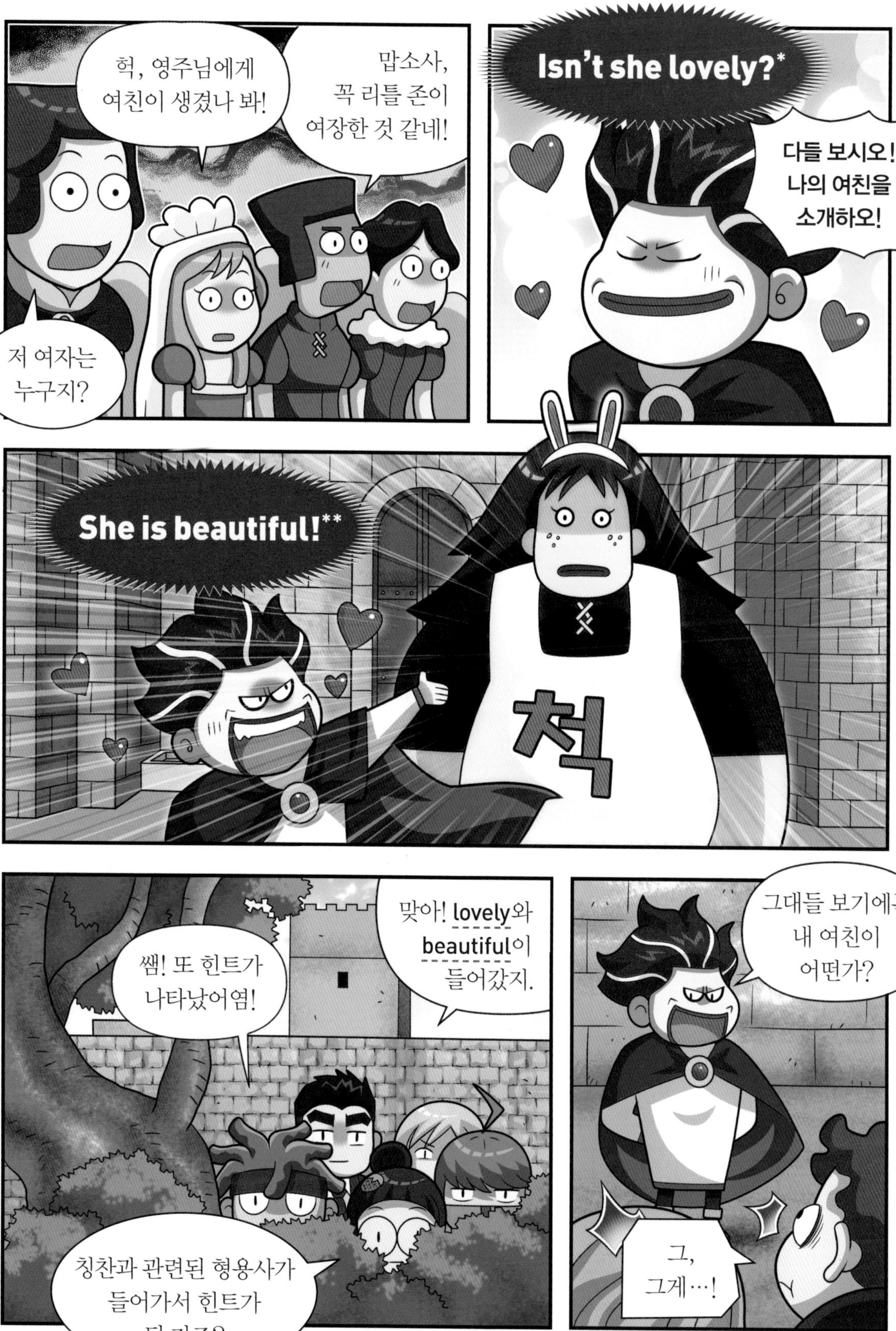
헉, 영주님에게 여친이 생겼나 봐!
맙소사, 꼭 리틀 존이 여장한 것 같네!
저 여자는 누구지?
Isn't she lovely?*
다들 보시오! 나의 여친을 소개하오!
She is beautiful!**
척
맞아! lovely와 beautiful이 들어갔지.
쌤! 또 힌트가 나타났어염!
칭찬과 관련된 형용사가 들어가서 힌트가 된 거죠?
그대들 보기에는 내 여친이 어떤가?
그, 그게…!

* 그녀가 사랑스럽지 않은가?

** 그녀는 아름답다!

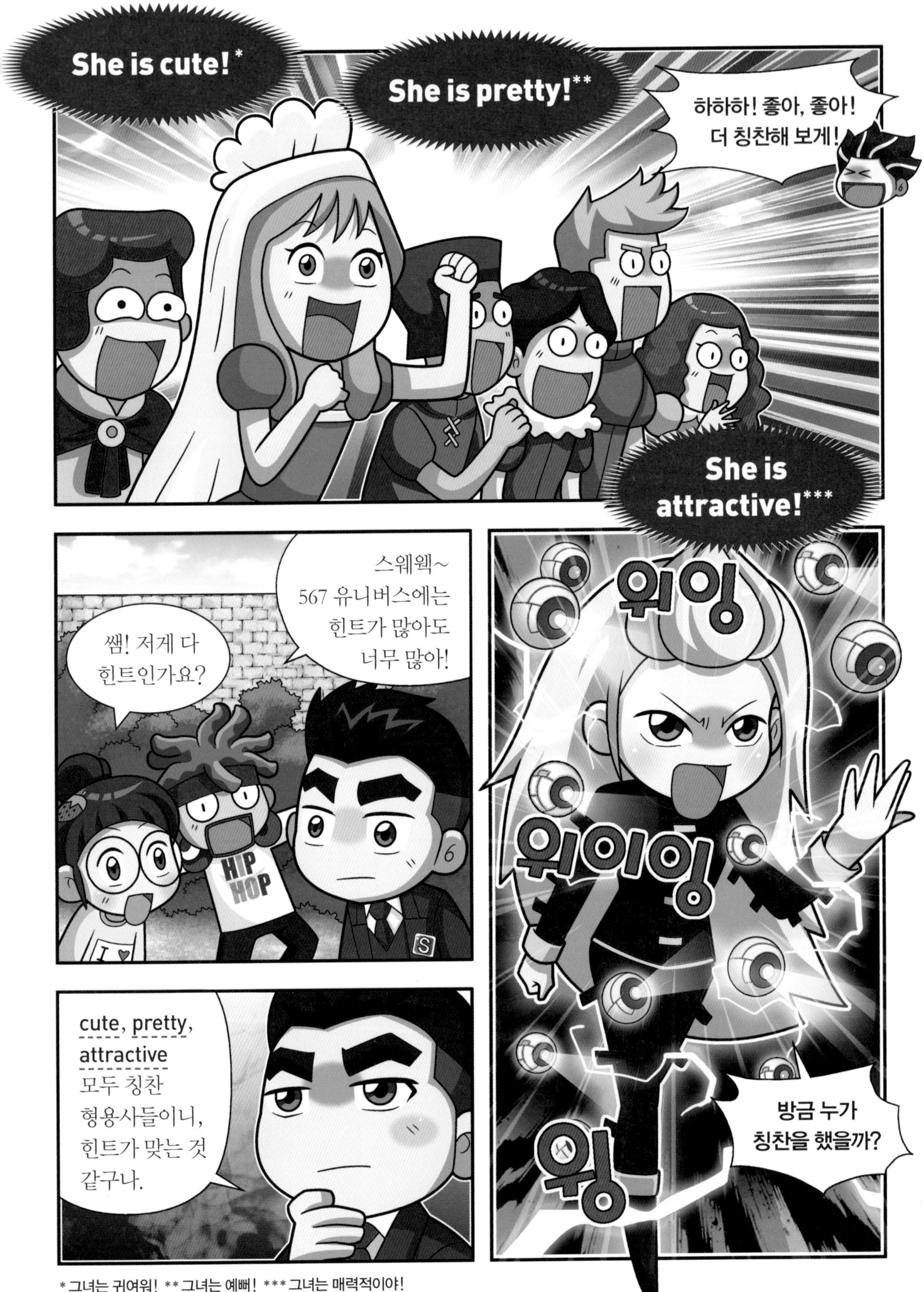

She is cute!*
She is pretty!**
하하하! 좋아, 좋아! 더 칭찬해 보게!
She is attractive!***
스웨웩~ 567 유니버스에는 힌트가 많아도 너무 많아!
쌤! 저게 다 힌트인가요?
HIP HOP
cute, pretty, attractive 모두 칭찬 형용사들이니, 힌트가 맞는 것 같구나.
위잉
위이잉
윙
방금 누가 칭찬을 했을까?

* 그녀는 귀여워! ** 그녀는 예뻐! *** 그녀는 매력적이야!

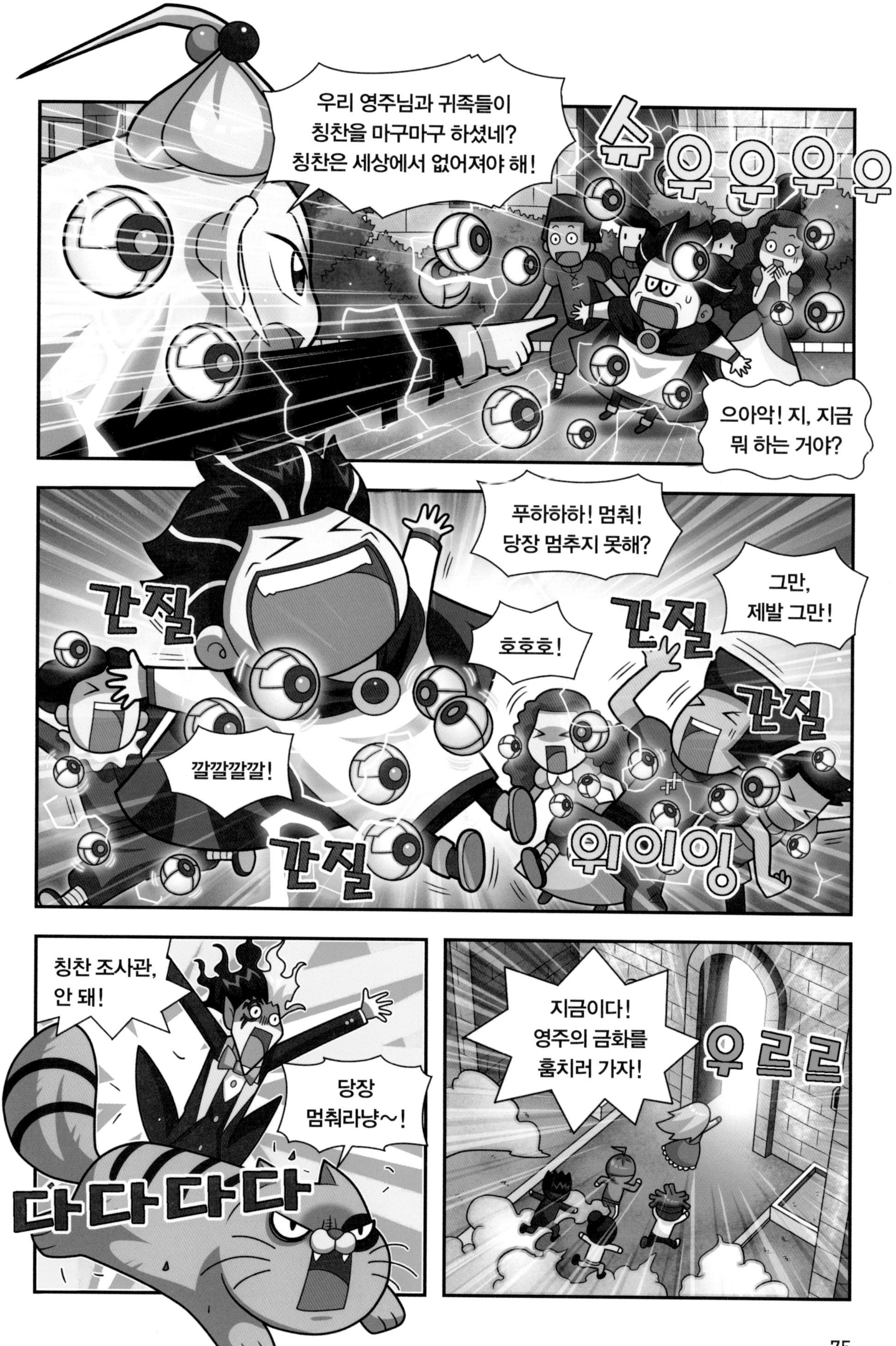

우리 영주님과 귀족들이
칭찬을 마구마구 하셨네?
칭찬은 세상에서 없어져야 해!
슈우우우우
으아악! 지, 지금
뭐 하는 거야?
푸하하하! 멈춰!
당장 멈추지 못해?
그만,
제발 그만!
호호호!
간질
간질
간질
깔깔깔깔!
간질
위이잉
칭찬 조사관,
안 돼!
당장
멈춰라냥~!
다다다다다
지금이다!
영주의 금화를
훔치러 가자!
우르르

Chapter 4

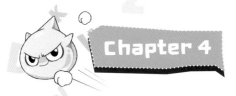

트릭커의 계략

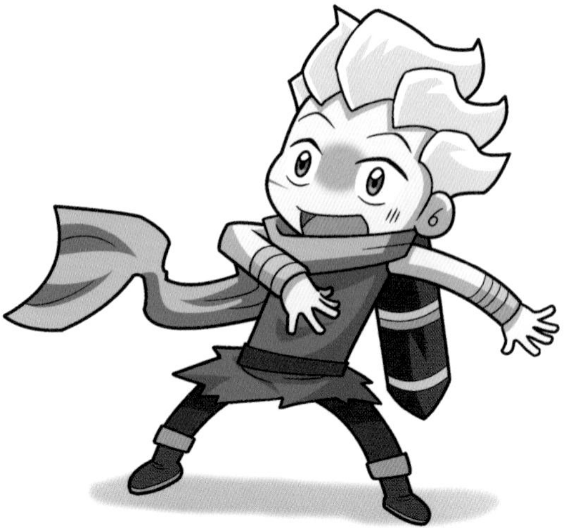

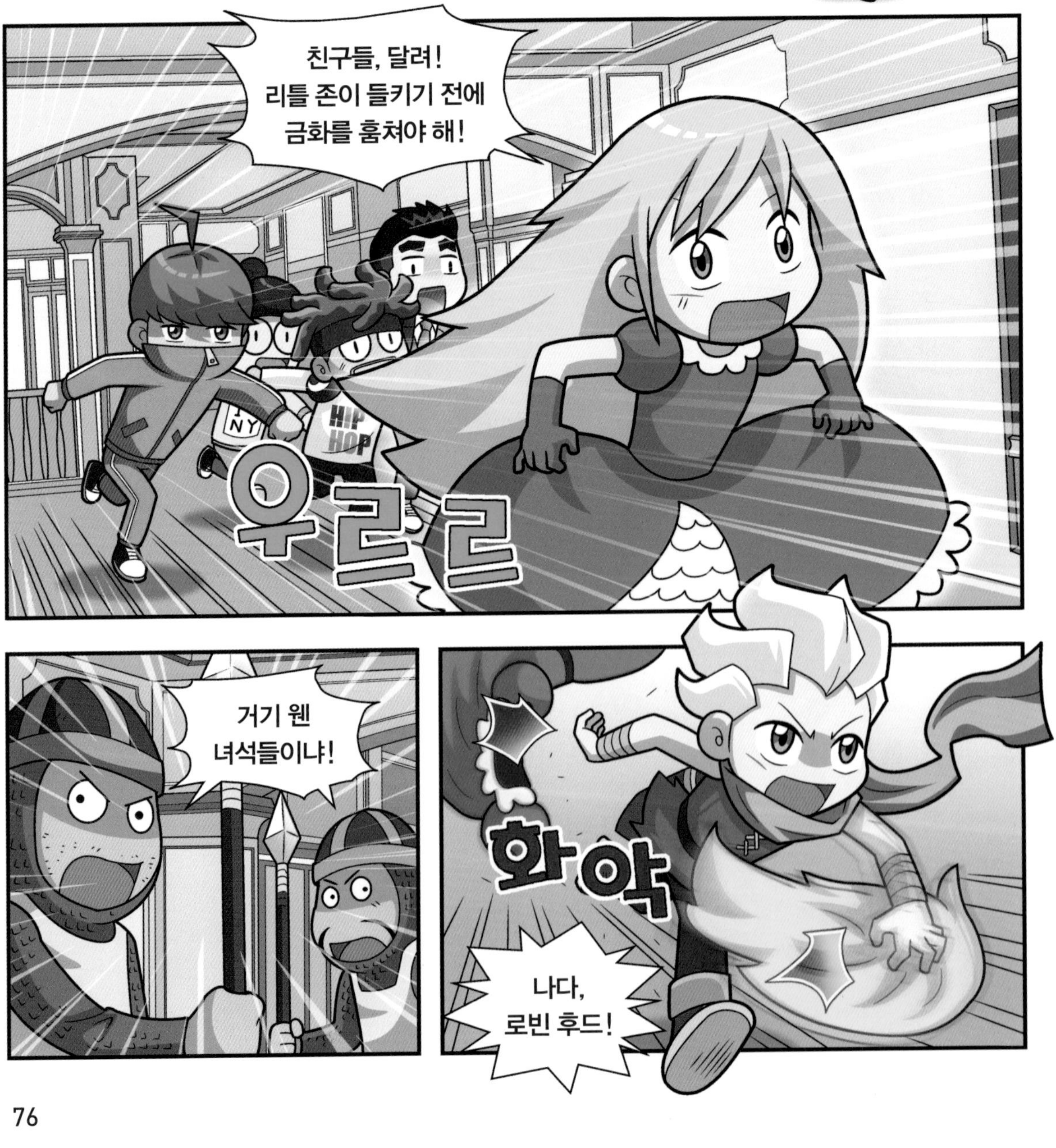
친구들, 달려!
리틀 존이 들키기 전에
금화를 훔쳐야 해!
우르르
거기 웬
녀석들이냐!
화악
나다,
로빈 후드!

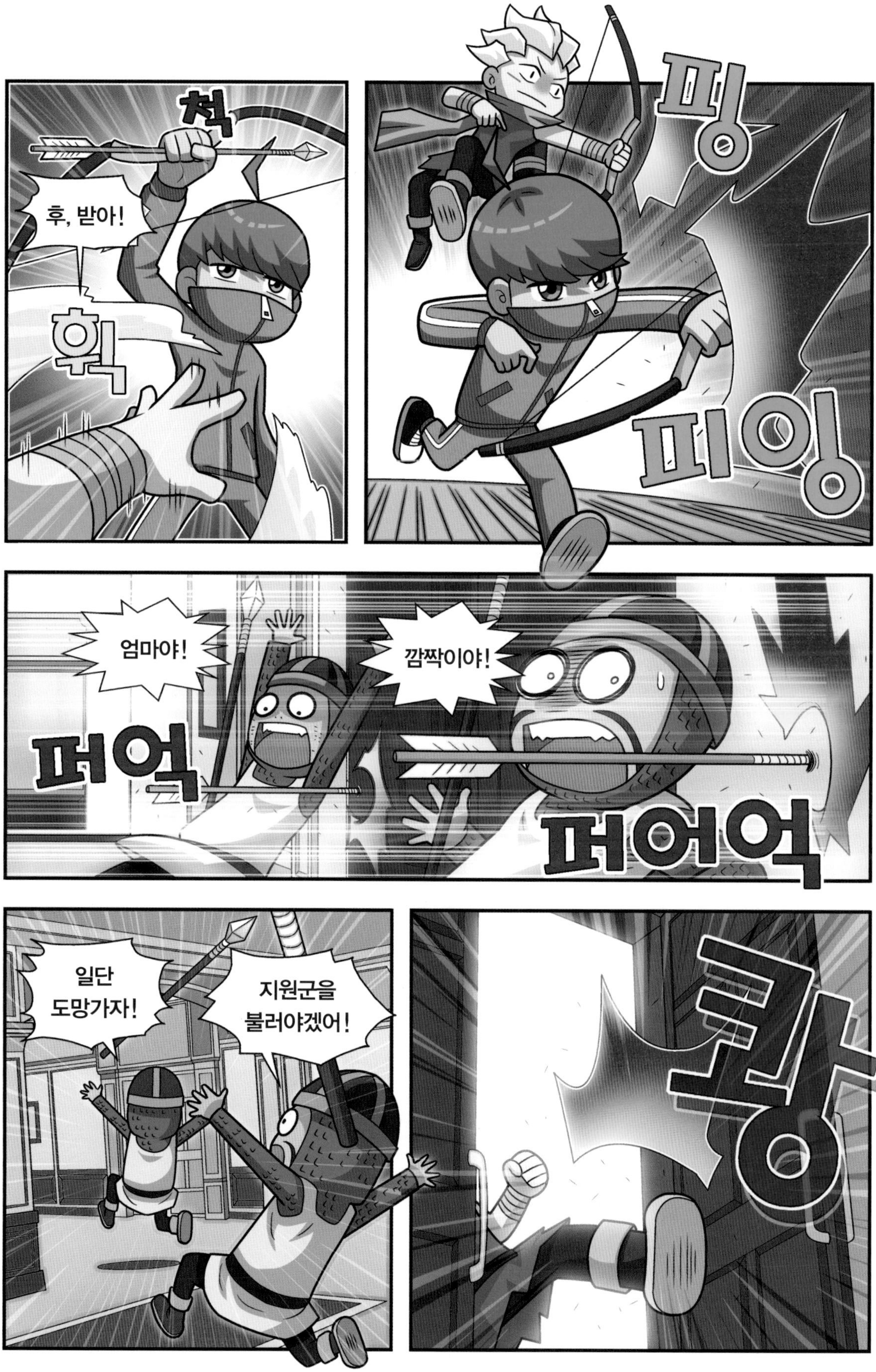
척
후, 받아!
휙
핑
피잉
엄마야!
깜짝이야!
퍼억
퍼어억
일단
도망가자!
지원군을
불러야겠어!
쾅

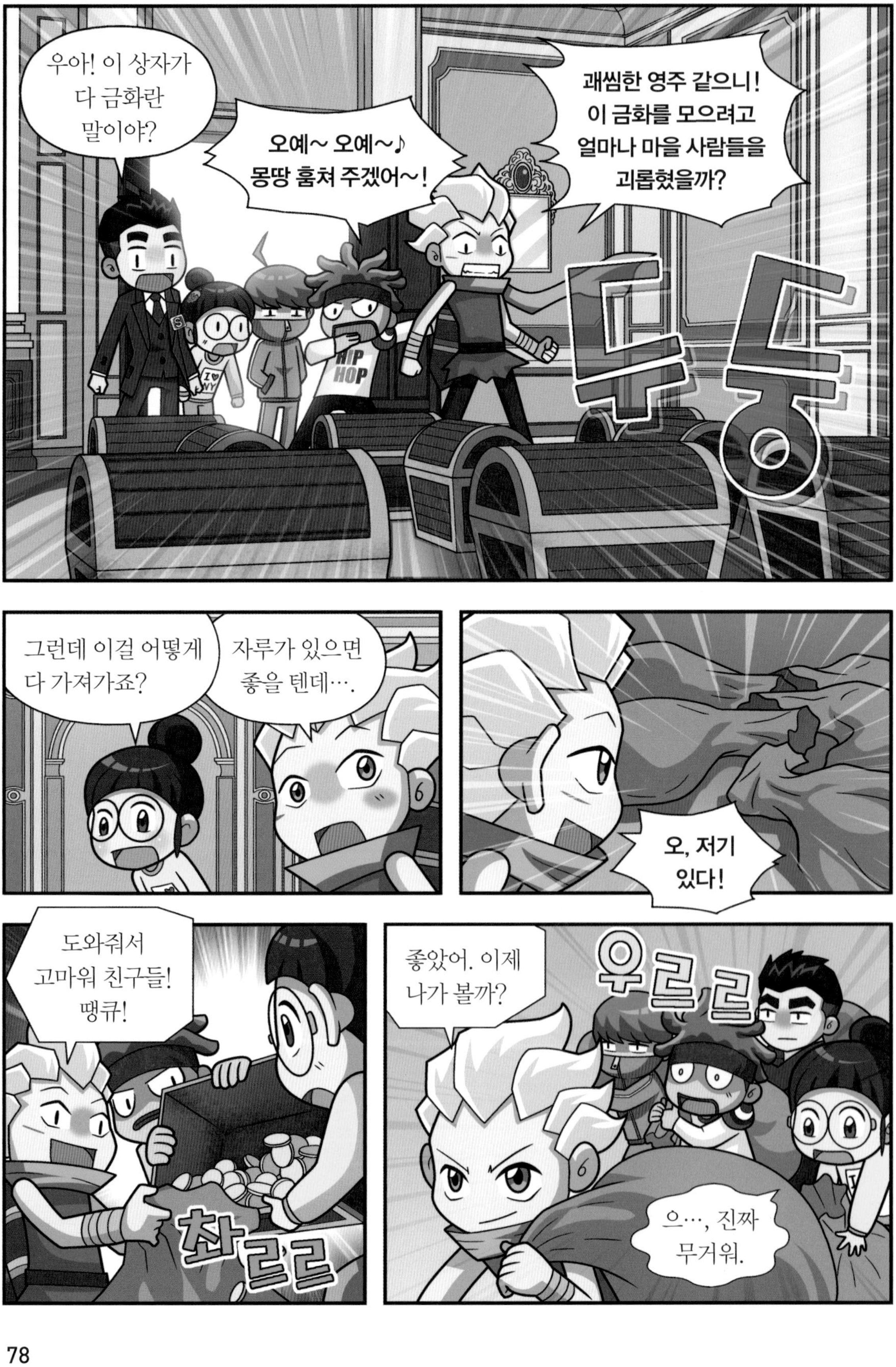
우아! 이 상자가 다 금화란 말이야?
오예~ 오예~♪ 몽땅 훔쳐 주겠어~!
괘씸한 영주 같으니! 이 금화를 모으려고 얼마나 마을 사람들을 괴롭혔을까?
두둥
HIP HOP
그런데 이걸 어떻게 다 가져가죠?
자루가 있으면 좋을 텐데….
오, 저기 있다!
도와줘서 고마워 친구들! 땡큐!
촤르르
좋았어. 이제 나가 볼까?
우르르
으…, 진짜 무거워.

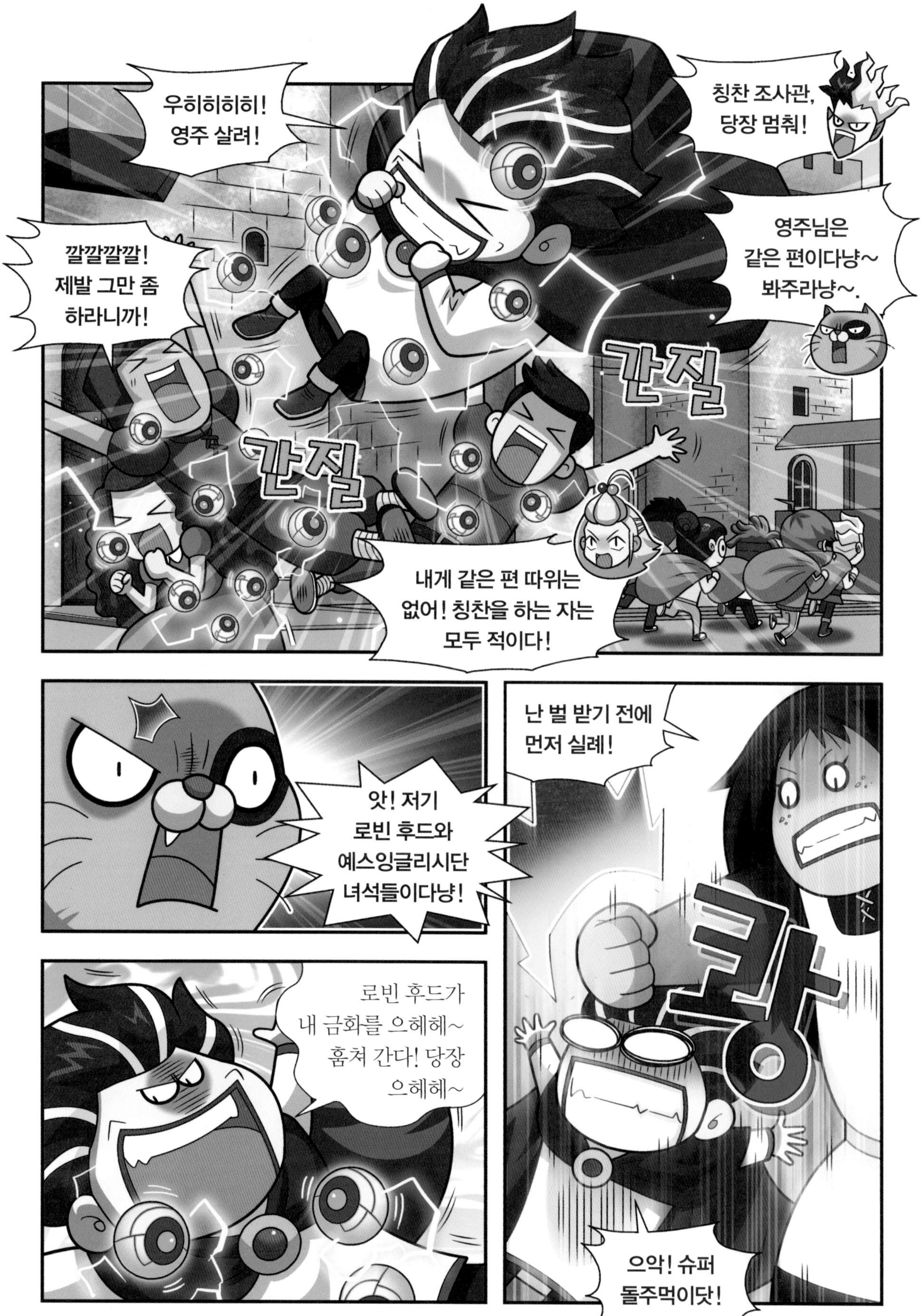

우히히히히! 영주 살려!
칭찬 조사관, 당장 멈춰!
깔깔깔깔! 제발 그만 좀 하라니까!
영주님은 같은 편이다냥~ 봐주라냥~.
간질
간질
내게 같은 편 따위는 없어! 칭찬을 하는 자는 모두 적이다!
앗! 저기 로빈 후드와 예스잉글리시단 녀석들이다냥!
로빈 후드가 내 금화를 으헤헤~ 훔쳐 간다! 당장 으헤헤~
난 벌 받기 전에 먼저 실례!
쾅
으악! 슈퍼 돌주먹이닷!

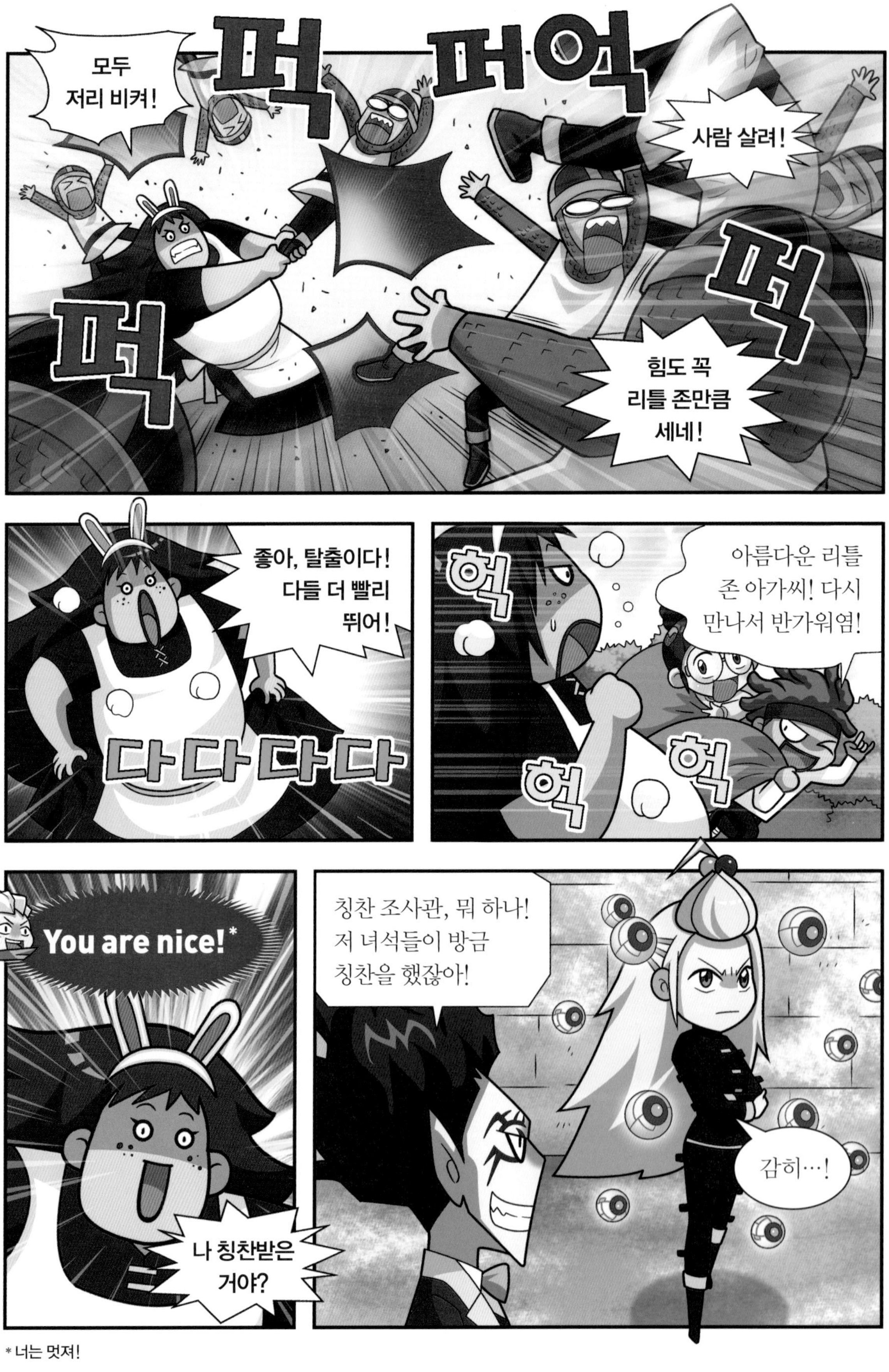

모두 저리 비켜!
퍽
퍼억
사람 살려!
퍽
퍽
힘도 꼭 리틀 존만큼 세네!
좋아, 탈출이다! 다들 더 빨리 뛰어!
다다다다다
헉
아름다운 리틀 존 아가씨! 다시 만나서 반가워염!
헉
헉
You are nice!*
나 칭찬받은 거야?
칭찬 조사관, 뭐 하나! 저 녀석들이 방금 칭찬을 했잖아!
감히…!

* 너는 멋져!

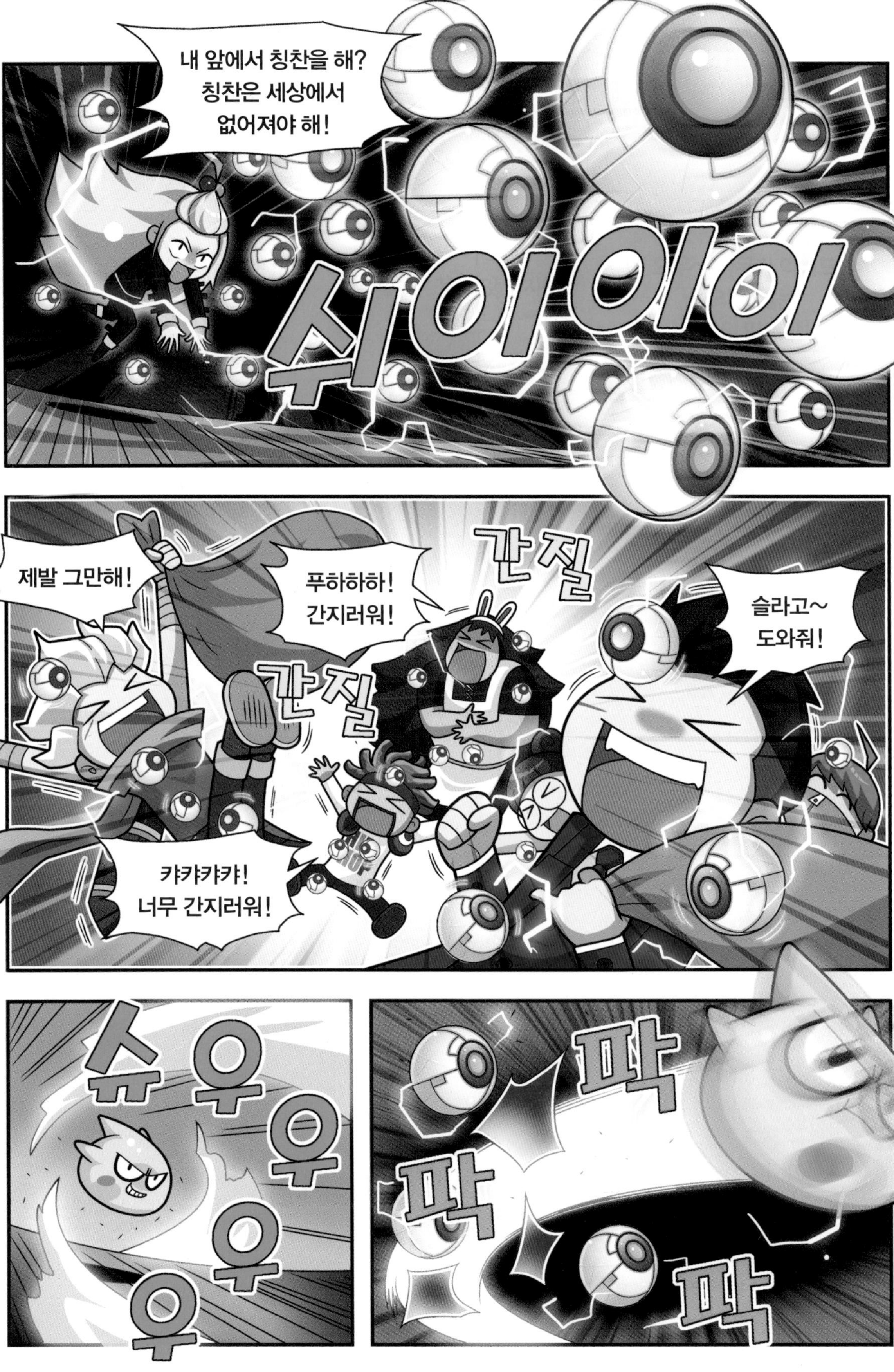
내 앞에서 칭찬을 해?
칭찬은 세상에서
없어져야 해!
쉬이이이
제발 그만해!
푸하하하!
간지러워!
간질
간질
슬라고~
도와줘!
캬캬캬캬!
너무 간지러워!
슈우우우우
팍
팍
팍

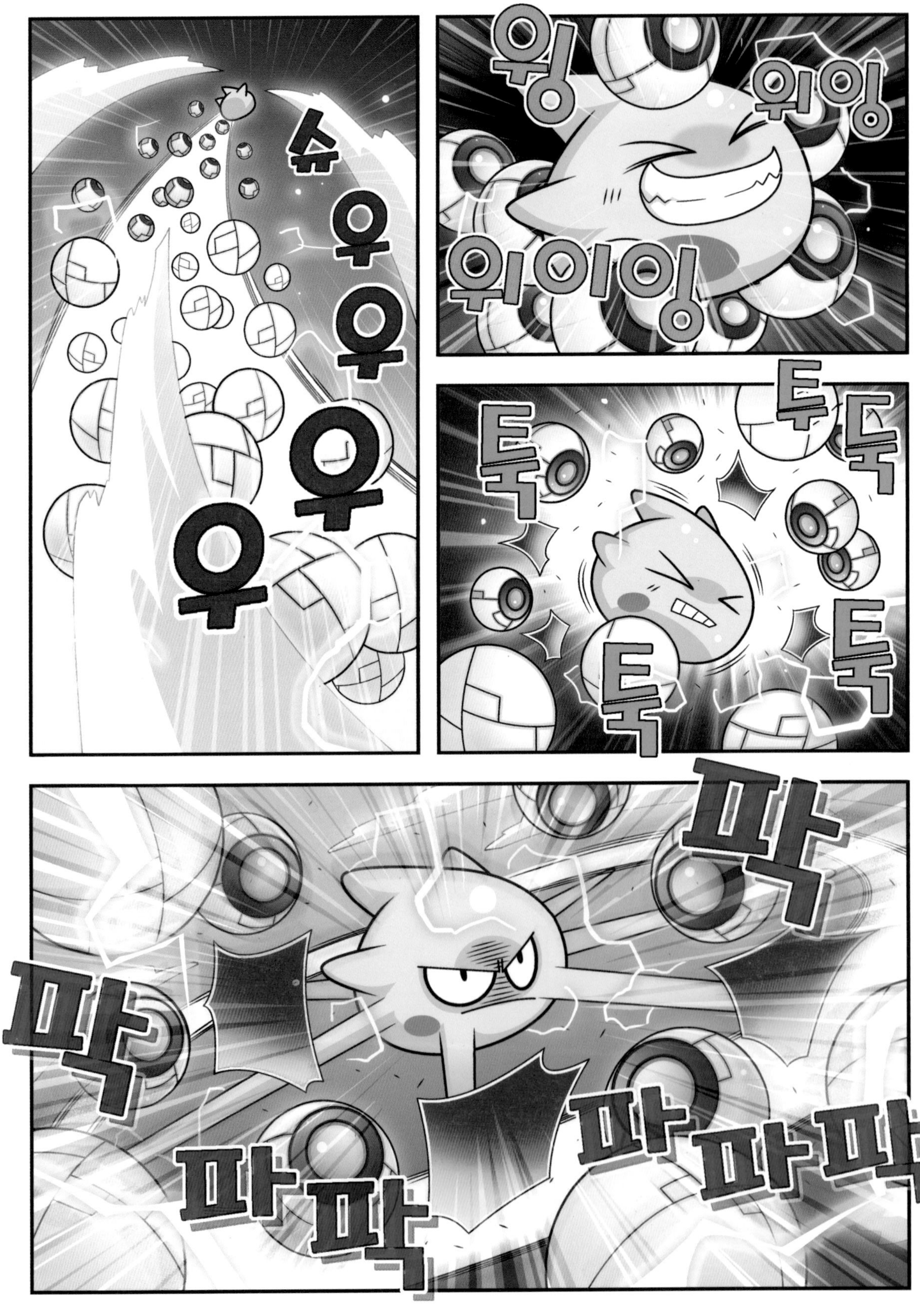
슈
우
우
우
우
윙
위잉
위이잉
투
둑
툭
툭
툭
파
파
파
파
파
파파파

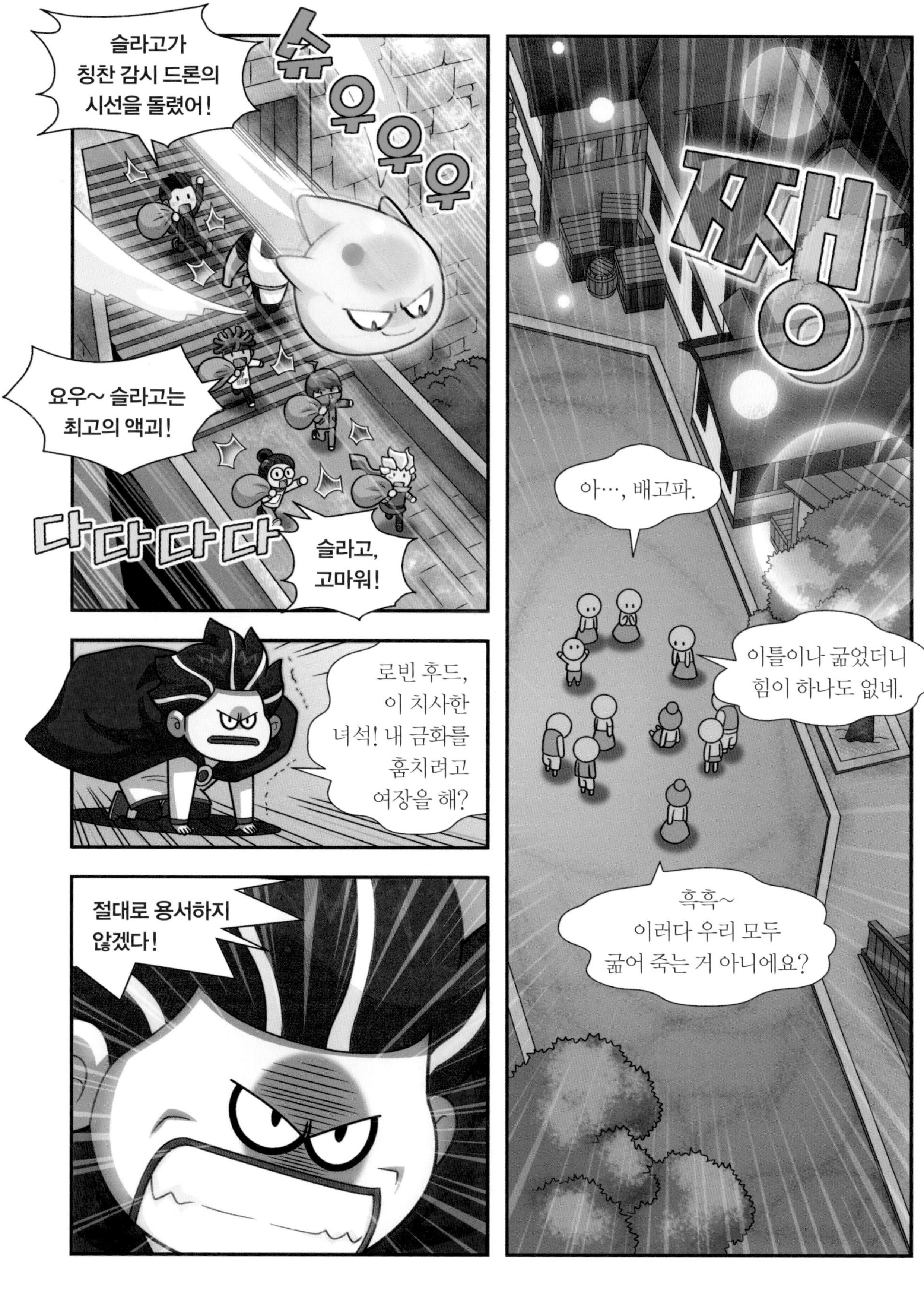
슬라고가 칭찬 감시 드론의 시선을 돌렸어!
슈우우우
요우~ 슬라고는 최고의 액괴!
다다다다
슬라고, 고마워!
로빈 후드, 이 치사한 녀석! 내 금화를 훔치려고 여장을 해?
절대로 용서하지 않겠다!
쨍
아…, 배고파.
이틀이나 굶었더니 힘이 하나도 없네.
흑흑~ 이러다 우리 모두 굶어 죽는 거 아니에요?

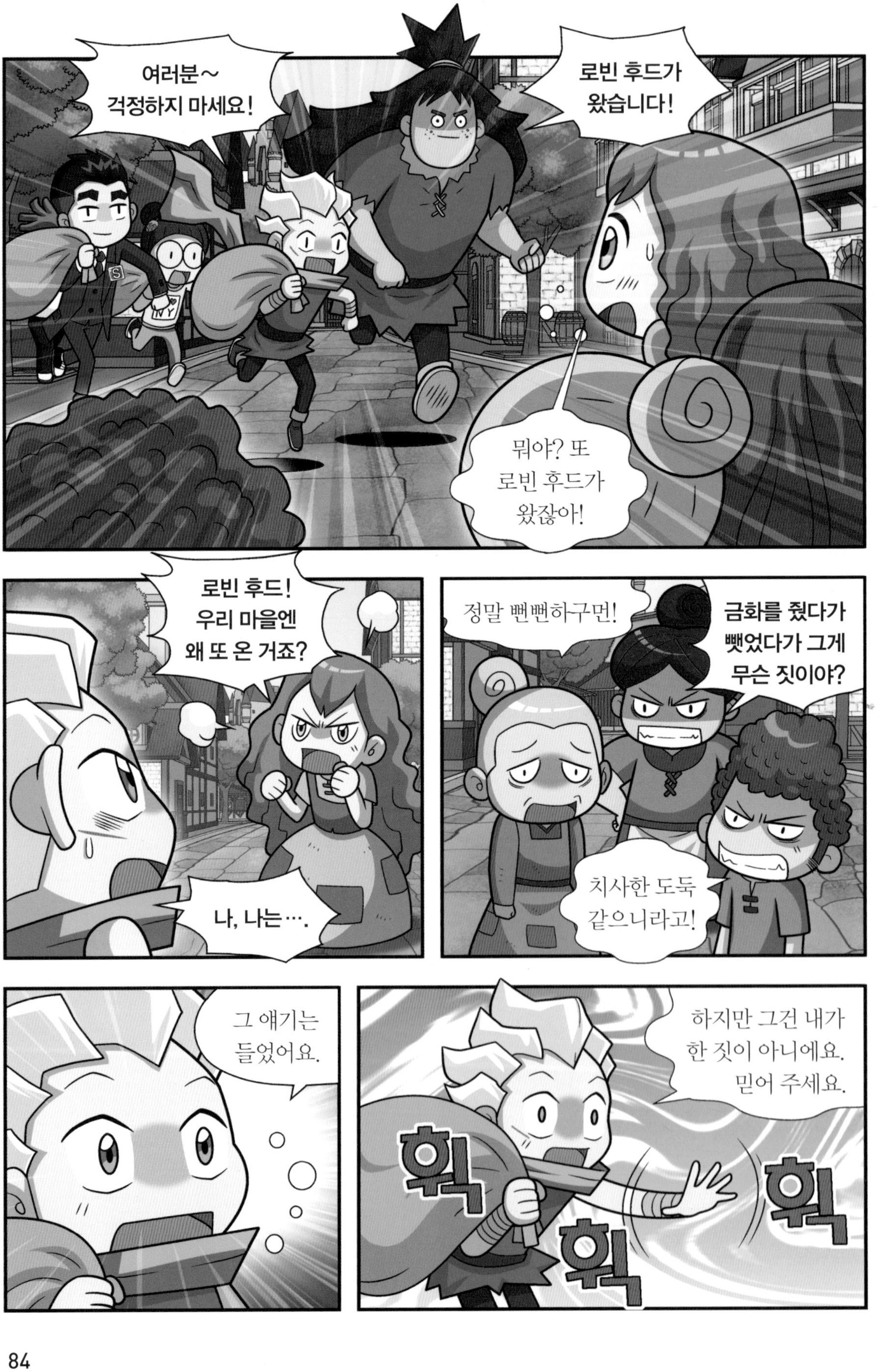
여러분~ 걱정하지 마세요!
로빈 후드가 왔습니다!
뭐야? 또 로빈 후드가 왔잖아!
로빈 후드! 우리 마을엔 왜 또 온 거죠?
나, 나는….
정말 뻔뻔하구먼!
금화를 줬다가 뺏었다가 그게 무슨 짓이야?
치사한 도둑 같으니라고!
그 얘기는 들었어요.
하지만 그건 내가 한 짓이 아니에요. 믿어 주세요.
휙
휙
휙

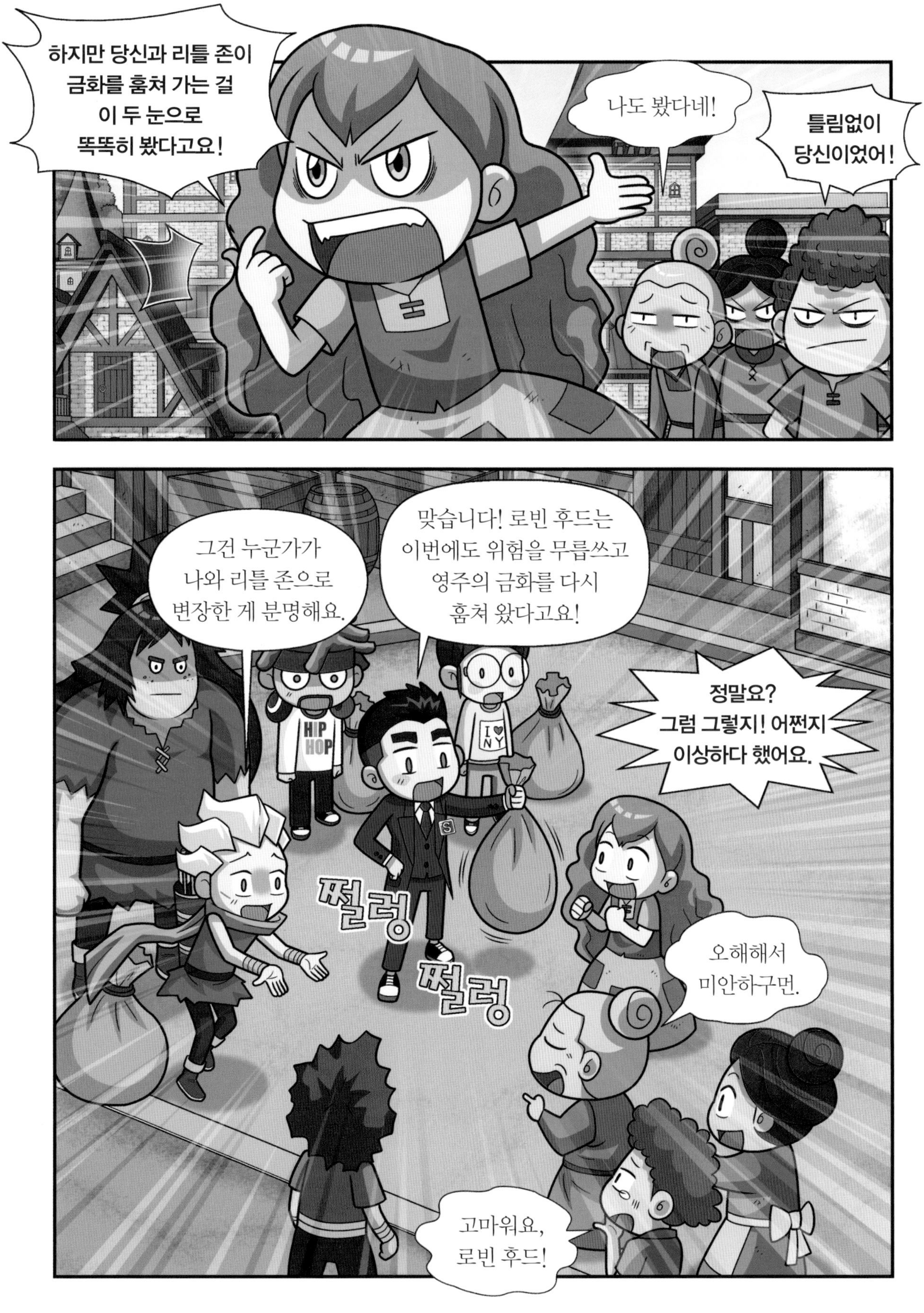
하지만 당신과 리틀 존이 금화를 훔쳐 가는 걸 이 두 눈으로 똑똑히 봤다고요!
나도 봤다네!
틀림없이 당신이었어!
그건 누군가가 나와 리틀 존으로 변장한 게 분명해요.
맞습니다! 로빈 후드는 이번에도 위험을 무릅쓰고 영주의 금화를 다시 훔쳐 왔다고요!
정말요? 그럼 그렇지! 어쩐지 이상하다 했어요.
쩔렁
쩔렁
오해해서 미안하구먼.
고마워요, 로빈 후드!

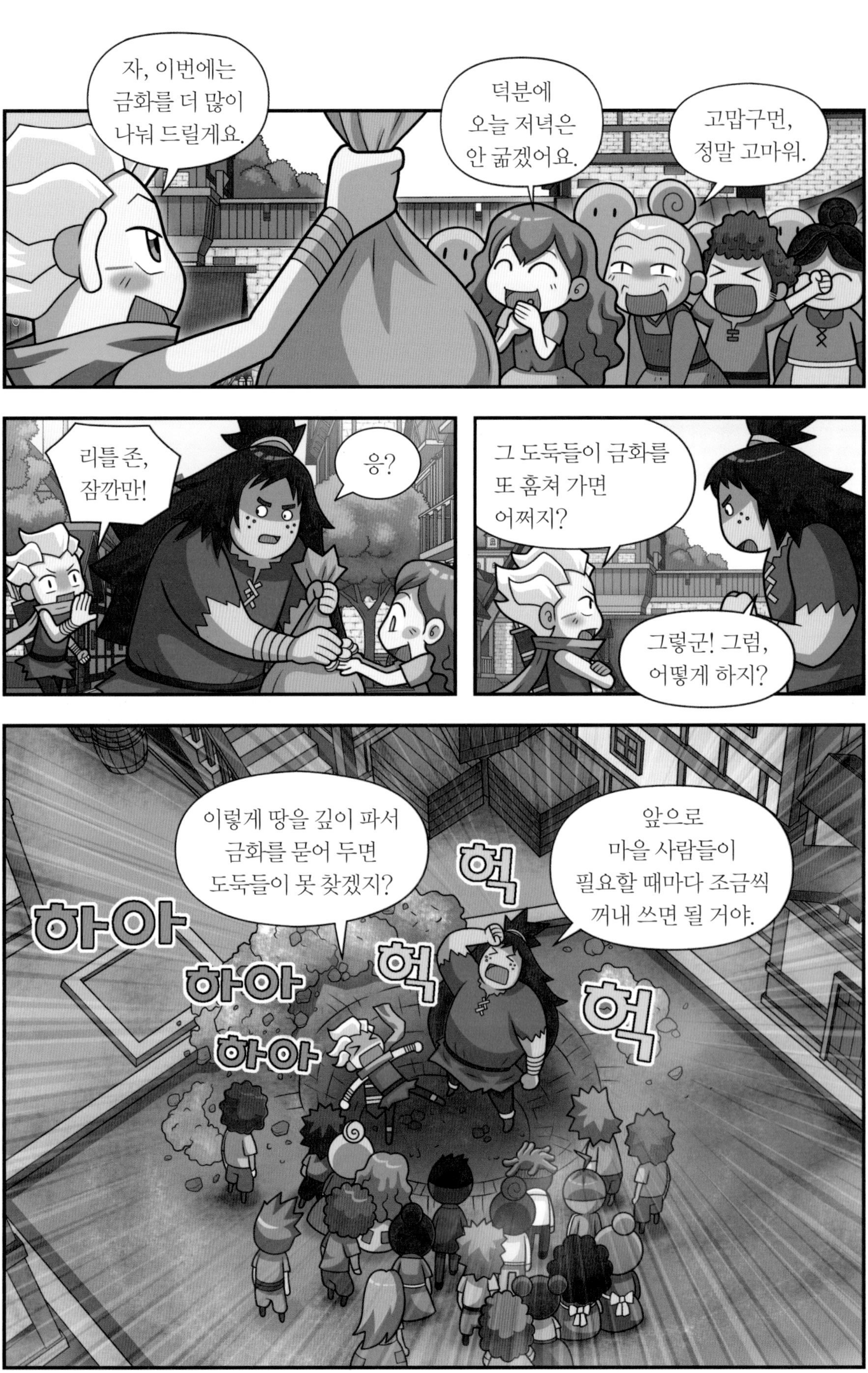

자, 이번에는 금화를 더 많이 나눠 드릴게요.
덕분에 오늘 저녁은 안 굶겠어요.
고맙구먼, 정말 고마워.
리틀 존, 잠깐만!
응?
그 도둑들이 금화를 또 훔쳐 가면 어쩌지?
그렇군! 그럼, 어떻게 하지?
이렇게 땅을 깊이 파서 금화를 묻어 두면 도둑들이 못 찾겠지?
앞으로 마을 사람들이 필요할 때마다 조금씩 꺼내 쓰면 될 거야.
헉
헉
헉
하아
하아
하아

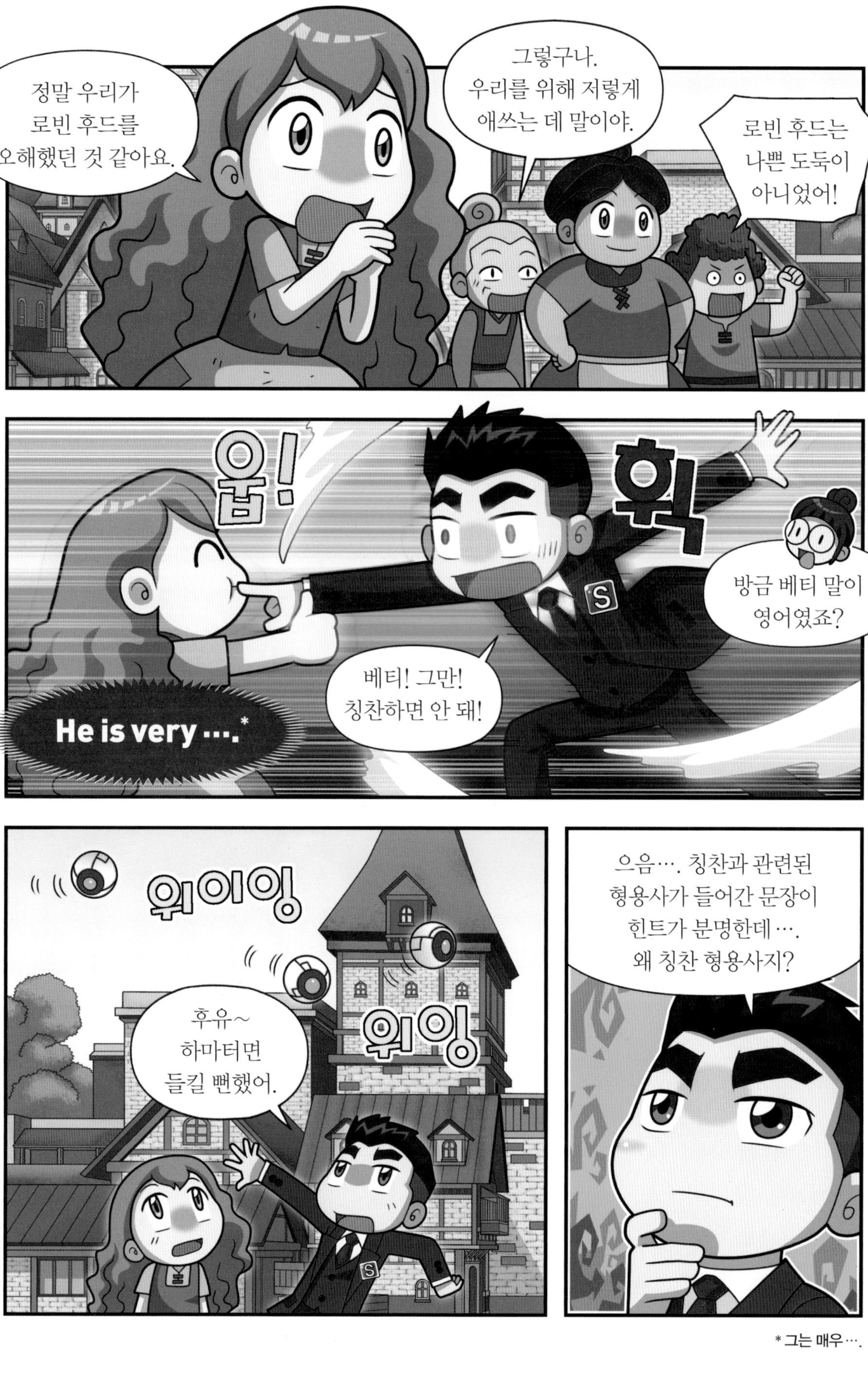
정말 우리가
로빈 후드를
오해했던 것 같아요.
그렇구나.
우리를 위해 저렇게
애쓰는 데 말이야.
로빈 후드는
나쁜 도둑이
아니었어!
읍!
휙
He is very ….*
베티! 그만!
칭찬하면 안 돼!
방금 베티 말이
영어였죠?
위이잉
위잉
후유~
하마터면
들킬 뻔했어.
으음…. 칭찬과 관련된
형용사가 들어간 문장이
힌트가 분명한데….
왜 칭찬 형용사지?

* 그는 매우….

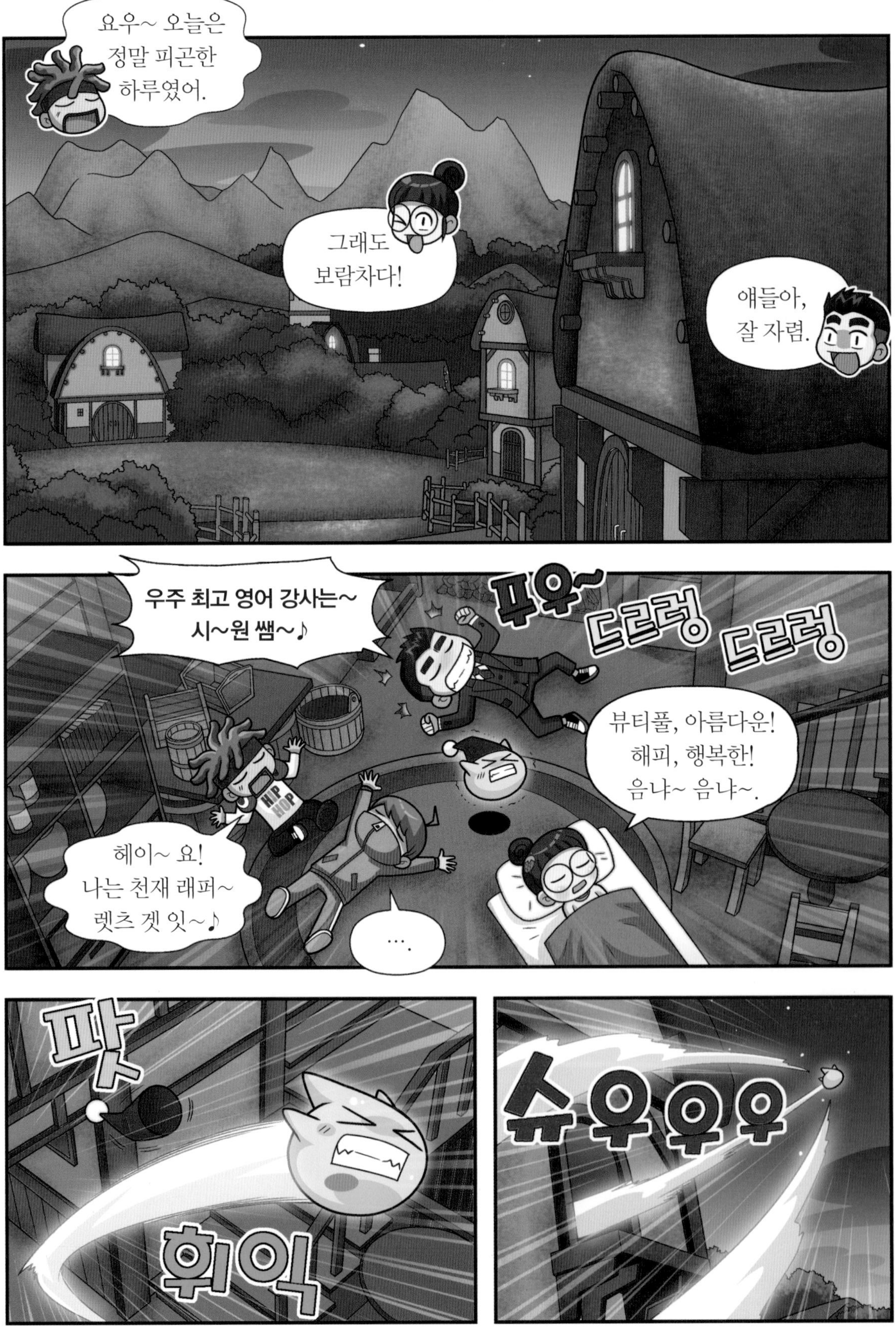

요우~ 오늘은 정말 피곤한 하루였어.
그래도 보람차다!
애들아, 잘 자렴.
우주 최고 영어 강사는~ 시~원 쌤~♪
푸우~
드르렁 드르렁
뷰티풀, 아름다운! 해피, 행복한! 음냐~ 음냐~.
헤이~ 요! 나는 천재 래퍼~ 렛츠 겟 잇~♪
….
팟
휘익
슈우우우

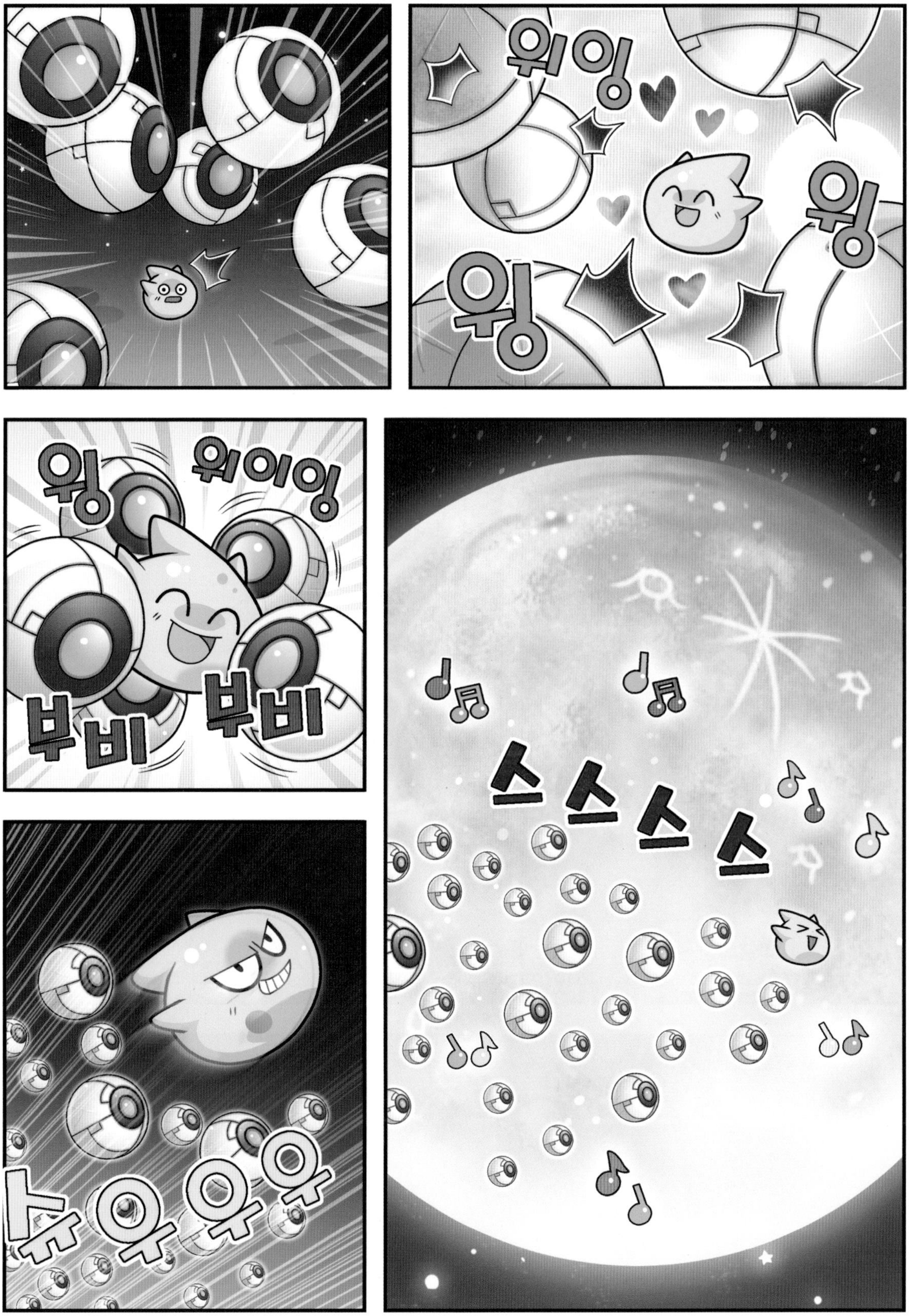
위잉
윙
윙
윙
위이잉
부비
부비
슈우우우
스스스스

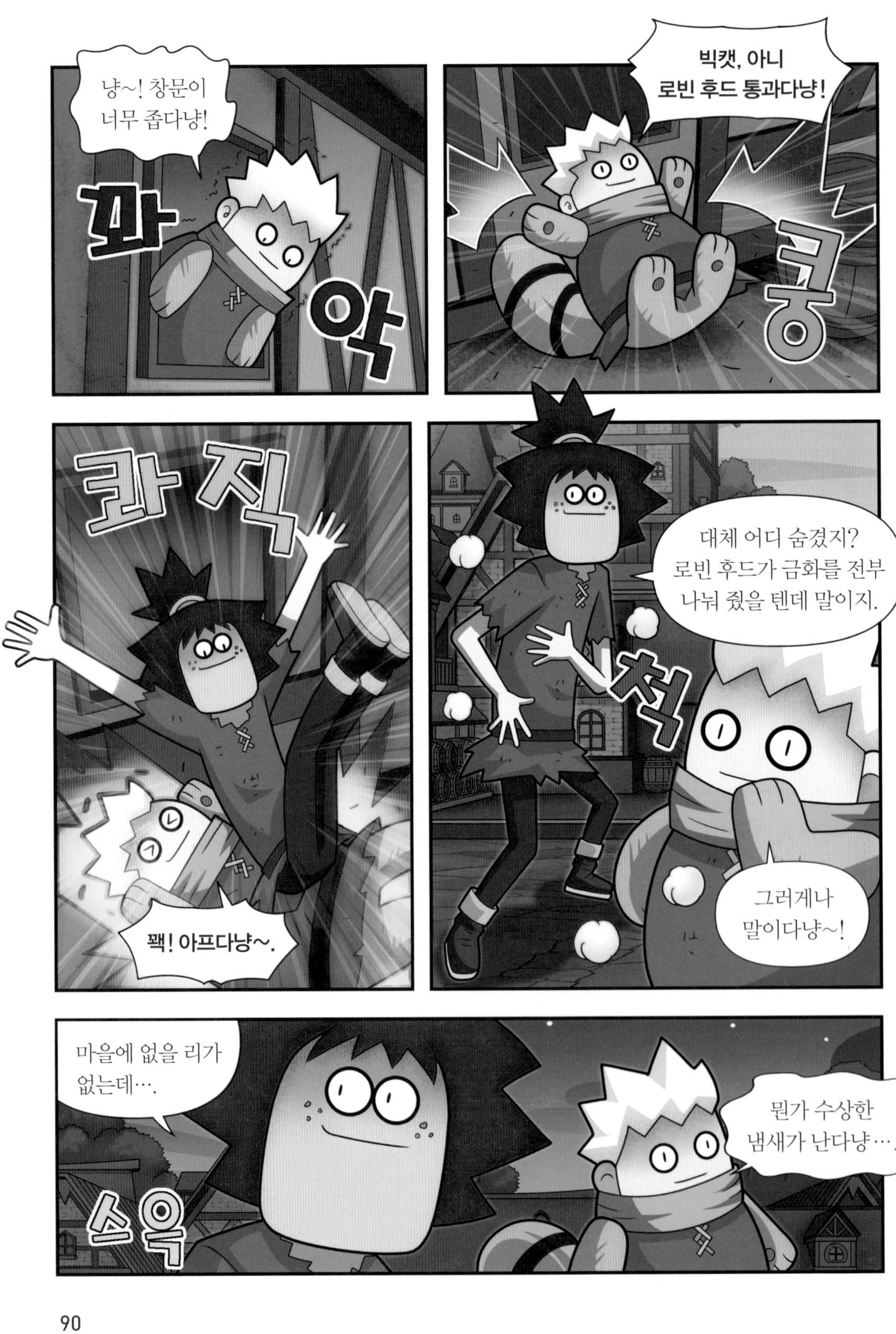

냥~! 창문이
너무 좁다냥!
꽈
악
빅캣, 아니
로빈 후드 통과다냥!
쿵
콰 직
꽥! 아프다냥~.
대체 어디 숨겼지?
로빈 후드가 금화를 전부
나눠 줬을 텐데 말이지.
척
그러게나
말이다냥~!
마을에 없을 리가
없는데….
뭔가 수상한
냄새가 난다냥….
스윽

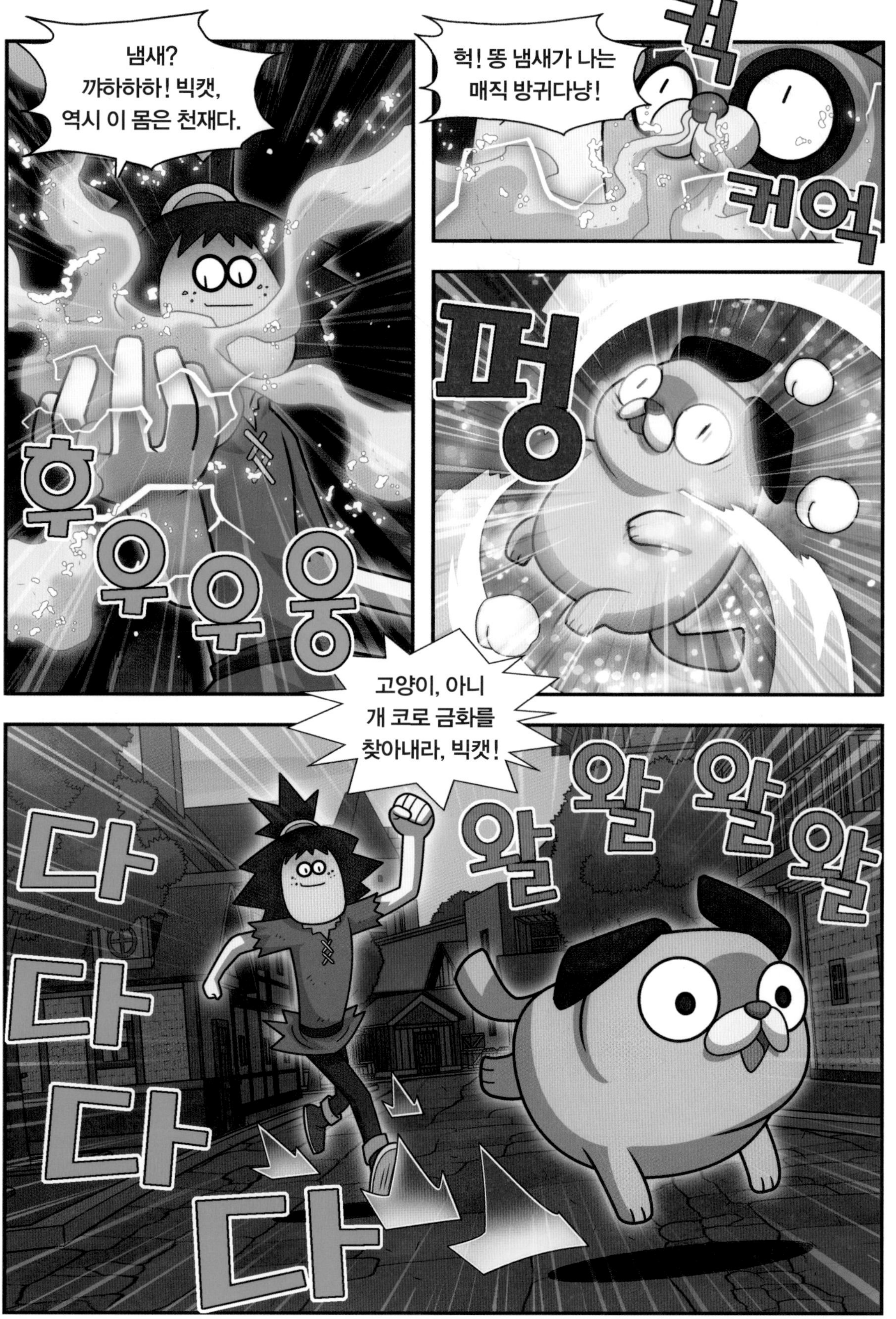
냄새?
까하하하! 빅캣,
역시 이 몸은 천재다.
후우우웅
헉! 똥 냄새가 나는
매직 방귀다냥!
컥
커억
펑
고양이, 아니
개 코로 금화를
찾아내라, 빅캣!
다다다다
왈왈왈왈왈왈

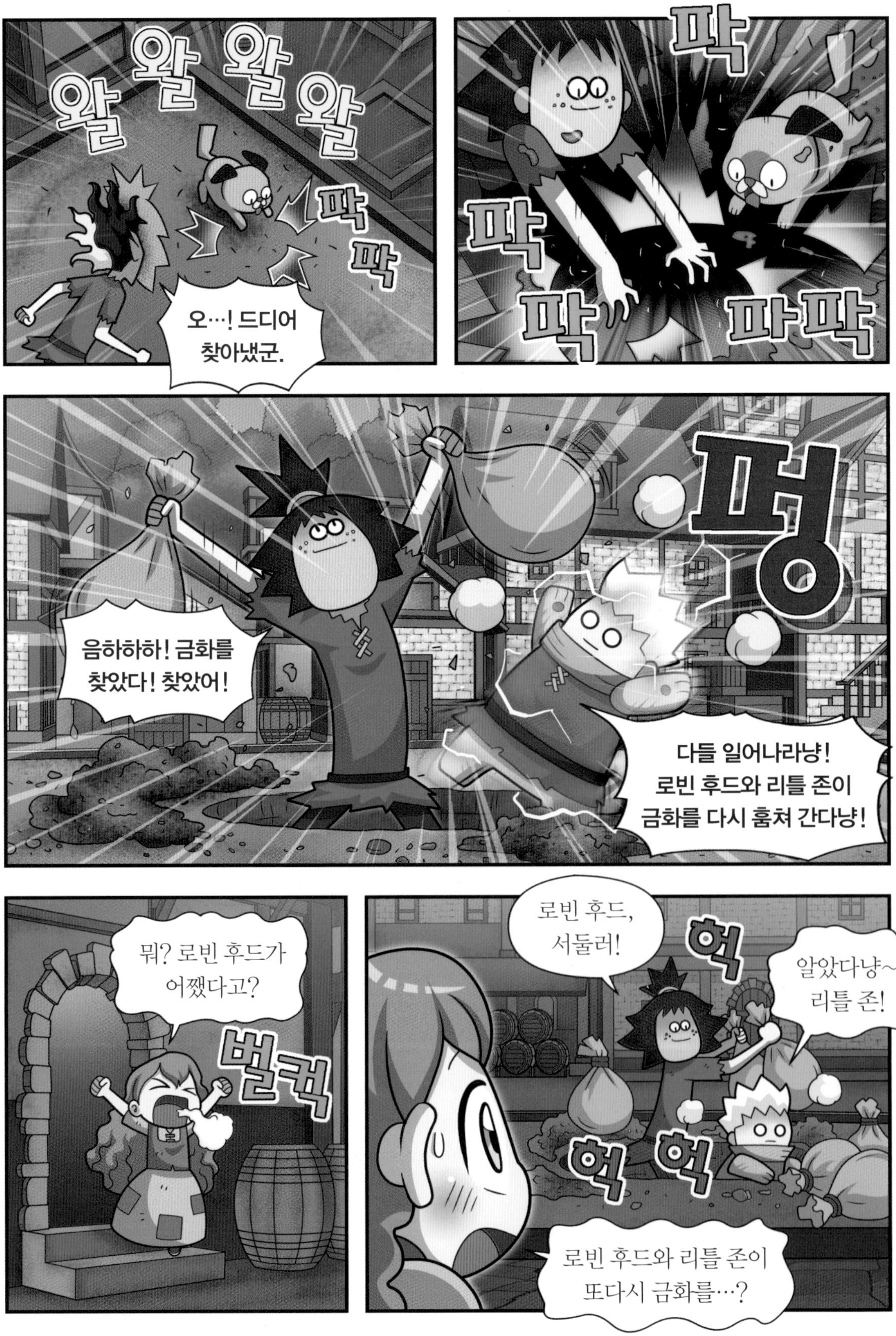
왈 왈 왈 왈
팍 팍
오…! 드디어 찾아냈군.
팍 팍 팍 파팍
음하하하! 금화를 찾았다! 찾았어!
펑
다들 일어나라냥! 로빈 후드와 리틀 존이 금화를 다시 훔쳐 간다냥!
뭐? 로빈 후드가 어쨌다고?
벌컥
로빈 후드, 서둘러!
헉
알았다냥~ 리틀 존!
헉 헉
로빈 후드와 리틀 존이 또다시 금화를…?

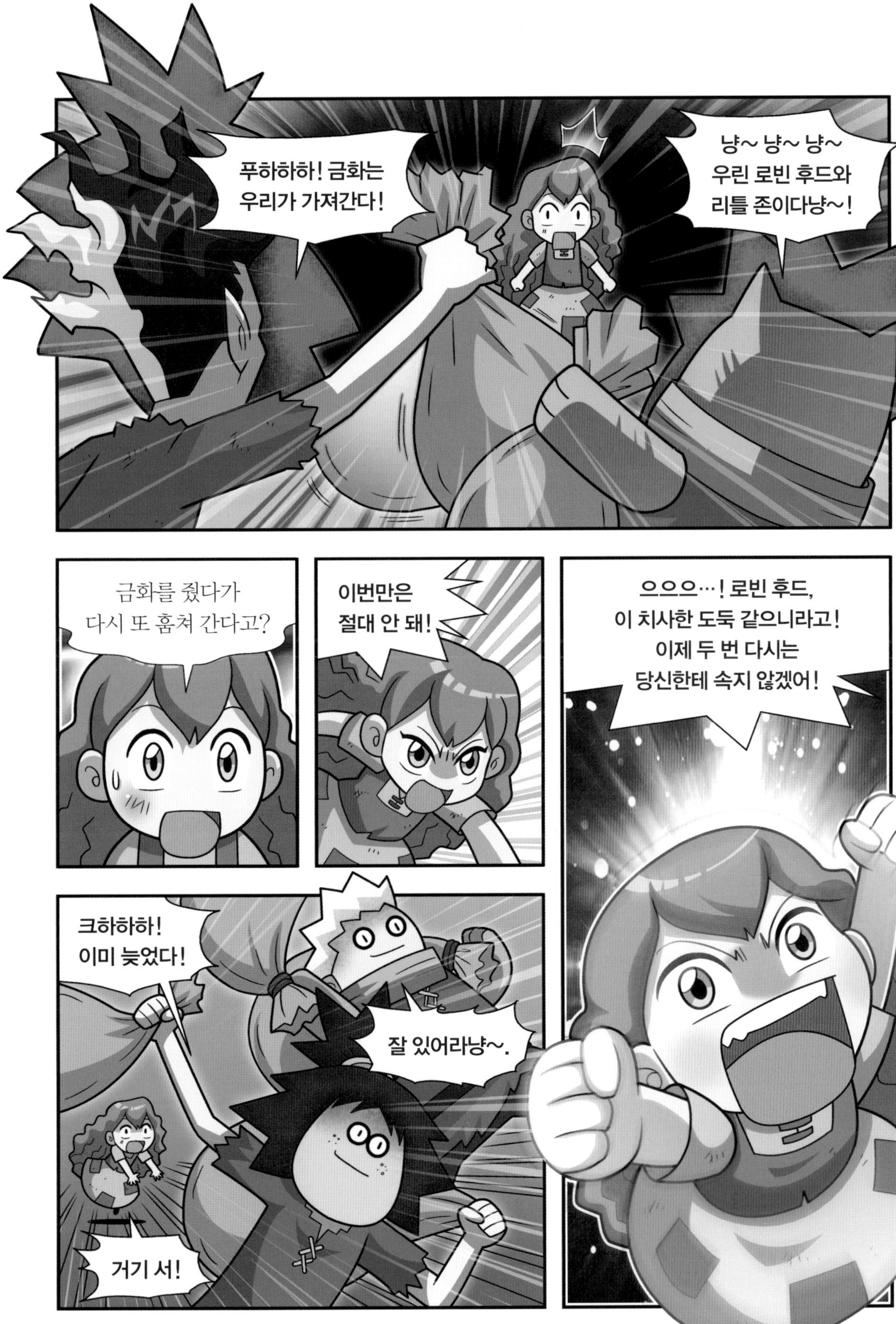
푸하하하! 금화는 우리가 가져간다!
냥~ 냥~ 냥~ 우린 로빈 후드와 리틀 존이다냥~!
금화를 줬다가 다시 또 훔쳐 간다고?
이번만은 절대 안 돼!
으으으…! 로빈 후드, 이 치사한 도둑 같으니라고! 이제 두 번 다시는 당신한테 속지 않겠어!
크하하하! 이미 늦었다!
잘 있어라냥~.
거기 서!

Chapter 5
위험천만 활쏘기 대회

짱

으하하하! 속 시원하다!

다시 내 금화를 찾아오다니, 정말 고맙소, 트릭커 경.

마을 사람들은 이번에도 로빈 후드와 리틀 존이 훔쳐 간 걸로 알 겁니다.

냥~ 냥~ 냥~ 로빈 후드를 원망하는 소리가 들린다냥~.

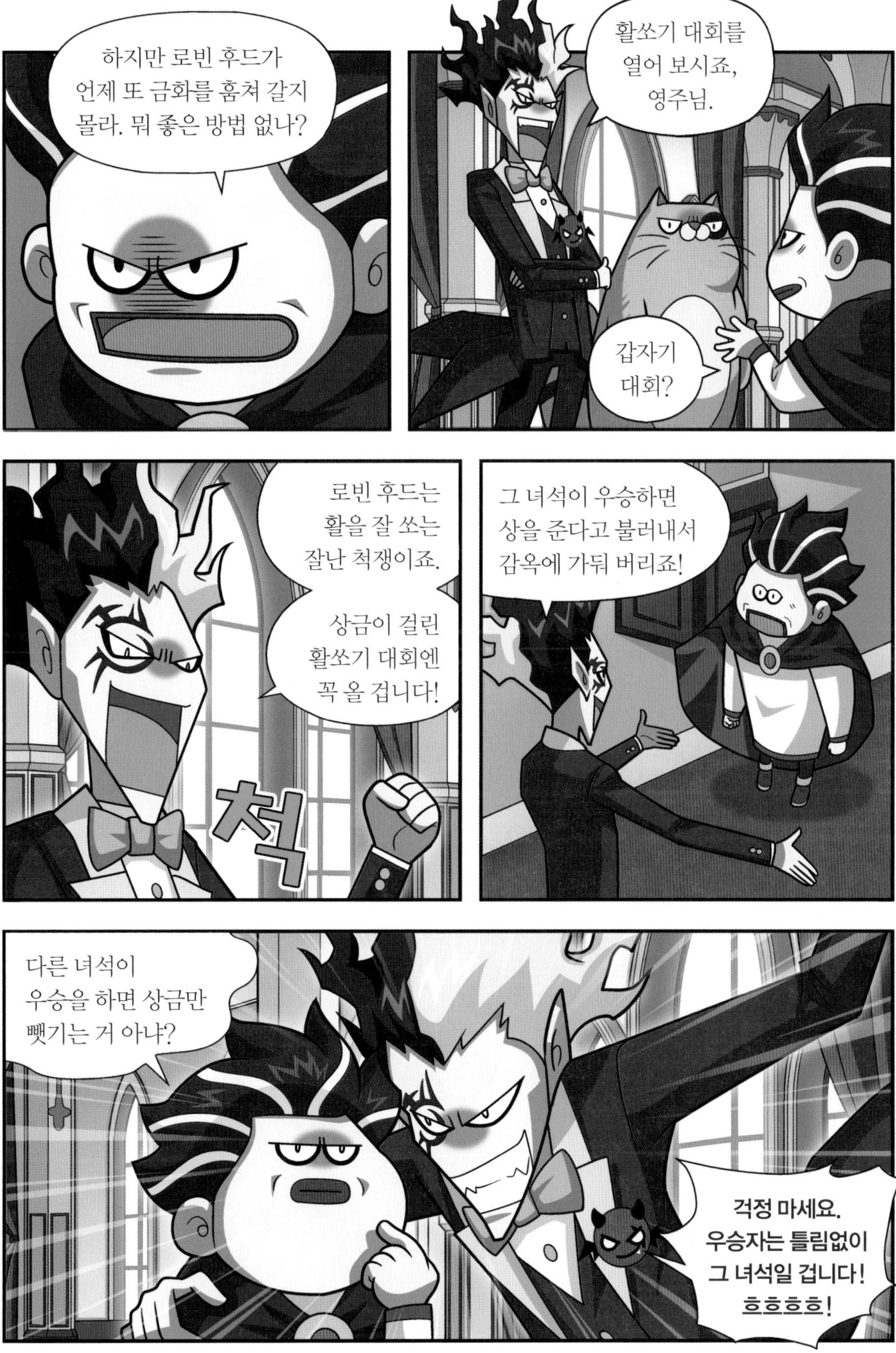

하지만 로빈 후드가 언제 또 금화를 훔쳐 갈지 몰라. 뭐 좋은 방법 없나?
활쏘기 대회를 열어 보시죠, 영주님.
갑자기 대회?
로빈 후드는 활을 잘 쏘는 잘난 척쟁이죠.
상금이 걸린 활쏘기 대회엔 꼭 올 겁니다!
척
그 녀석이 우승하면 상을 준다고 불러내서 감옥에 가둬 버리죠!
다른 녀석이 우승을 하면 상금만 뺏기는 거 아냐?
걱정 마세요. 우승자는 틀림없이 그 녀석일 겁니다! 흐흐흐흐!

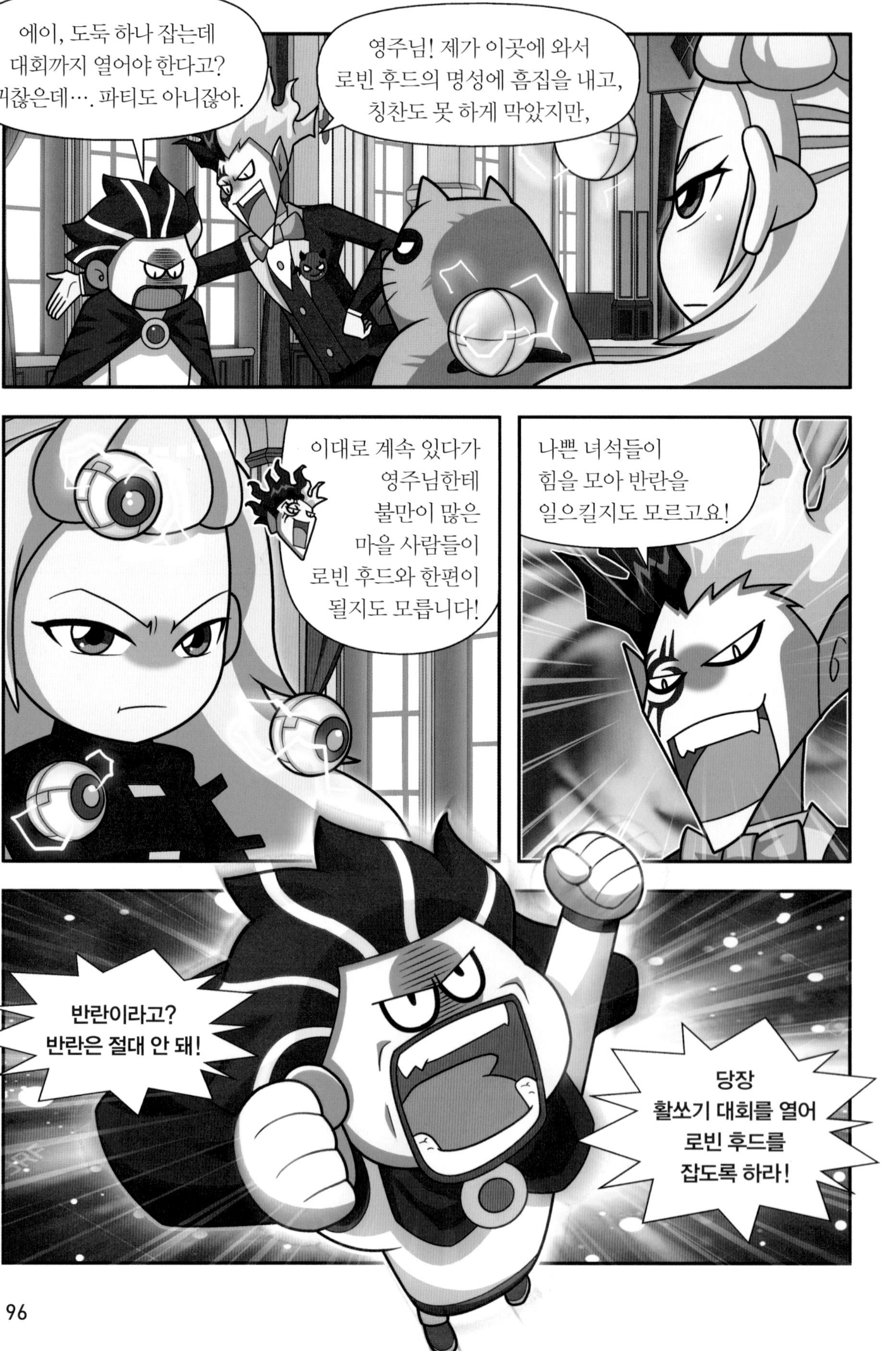

에이, 도둑 하나 잡는데 대회까지 열어야 한다고? 귀찮은데…. 파티도 아니잖아.
영주님! 제가 이곳에 와서 로빈 후드의 명성에 흠집을 내고, 칭찬도 못 하게 막았지만,
이대로 계속 있다가 영주님한테 불만이 많은 마을 사람들이 로빈 후드와 한편이 될지도 모릅니다!
나쁜 녀석들이 힘을 모아 반란을 일으킬지도 모르고요!
반란이라고? 반란은 절대 안 돼!
당장 활쏘기 대회를 열어 로빈 후드를 잡도록 하라!

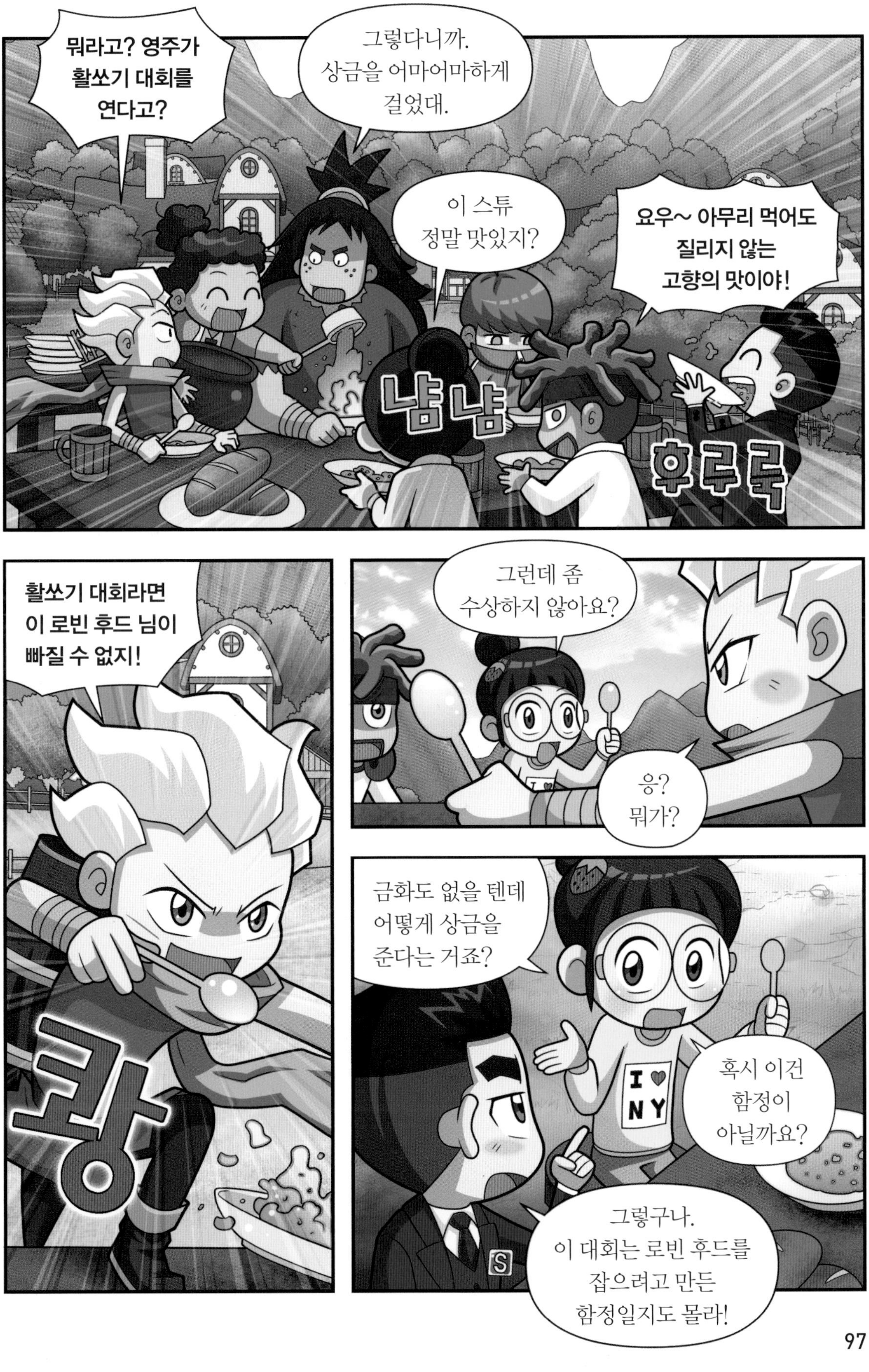
뭐라고? 영주가 활쏘기 대회를 연다고?
그렇다니까. 상금을 어마어마하게 걸었대.
이 스튜 정말 맛있지?
요우~ 아무리 먹어도 질리지 않는 고향의 맛이야!
냠냠
후루룩
활쏘기 대회라면 이 로빈 후드 님이 빠질 수 없지!
쾅
그런데 좀 수상하지 않아요?
응? 뭐가?
금화도 없을 텐데 어떻게 상금을 준다는 거죠?
혹시 이건 함정이 아닐까요?
그렇구나. 이 대회는 로빈 후드를 잡으려고 만든 함정일지도 몰라!

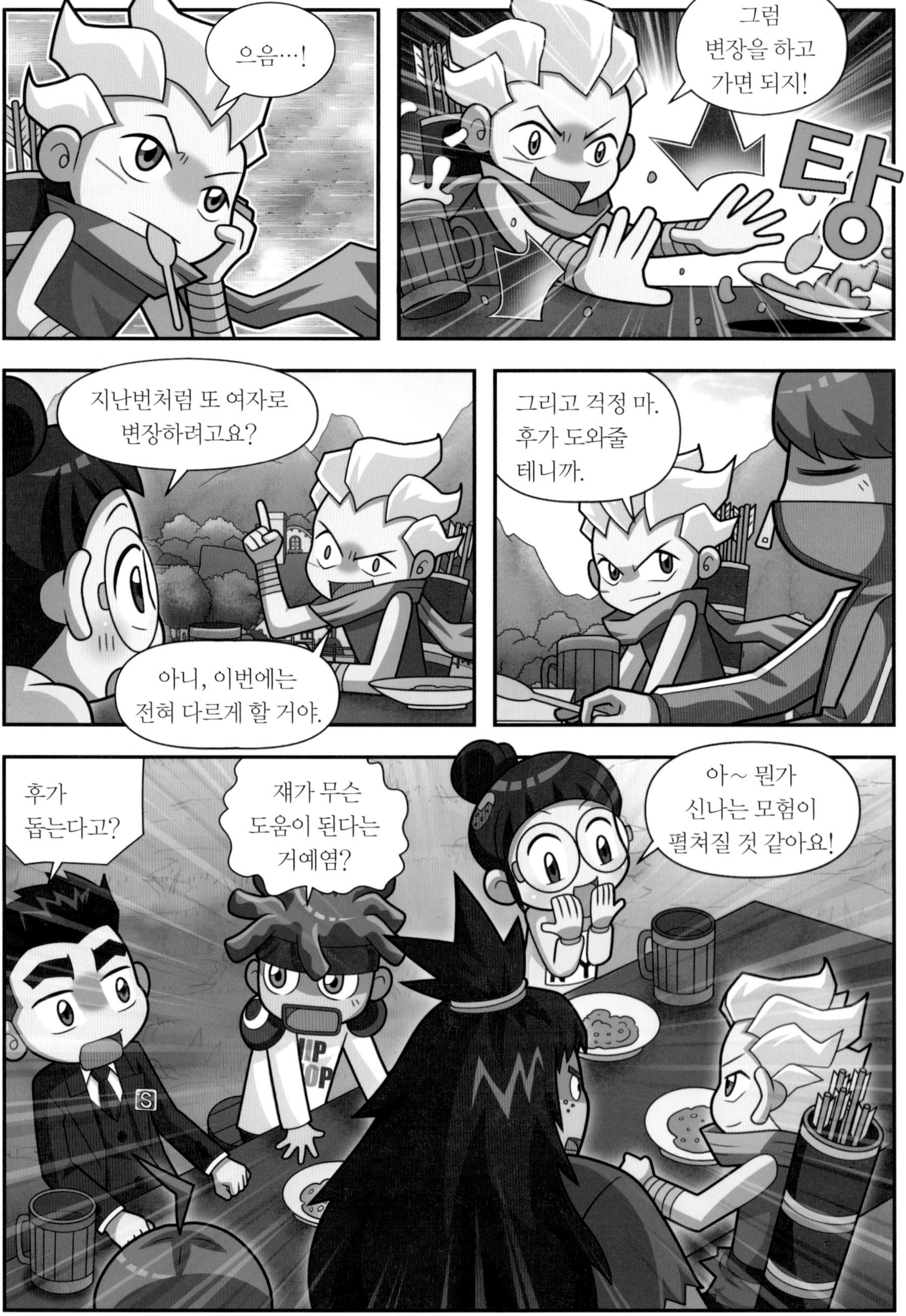

으음…!
그럼 변장을 하고 가면 되지!
탕
지난번처럼 또 여자로 변장하려고요?
아니, 이번에는 전혀 다르게 할 거야.
그리고 걱정 마. 후가 도와줄 테니까.
후가 돕는다고?
재가 무슨 도움이 된다는 거예염?
아~ 뭔가 신나는 모험이 펼쳐질 것 같아요!

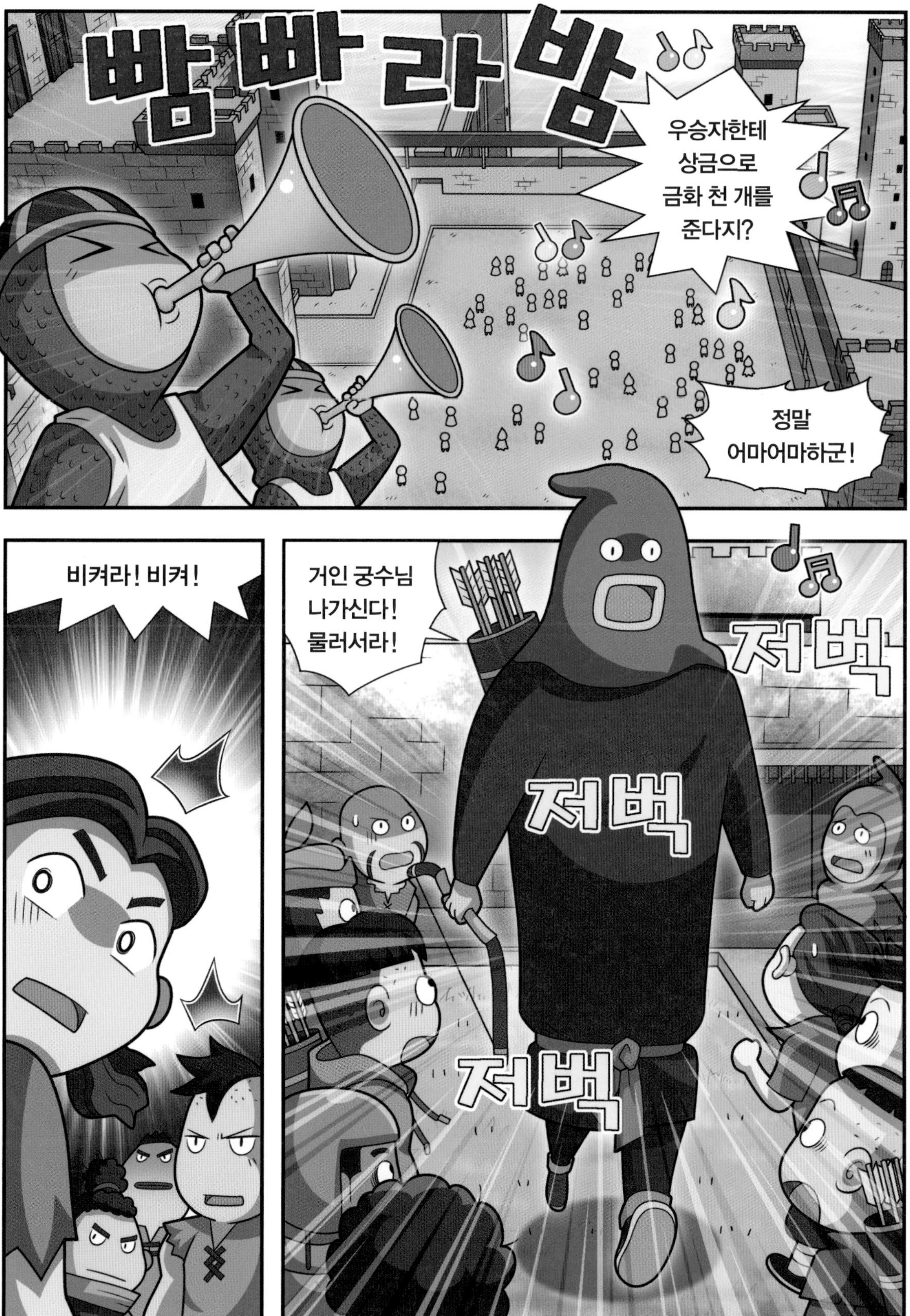
빰 빠 라 밤
우승자한테 상금으로 금화 천 개를 준다지?
정말 어마어마하군!
비켜라! 비켜!
거인 궁수님 나가신다! 물러서라!
저벅
저벅
저벅

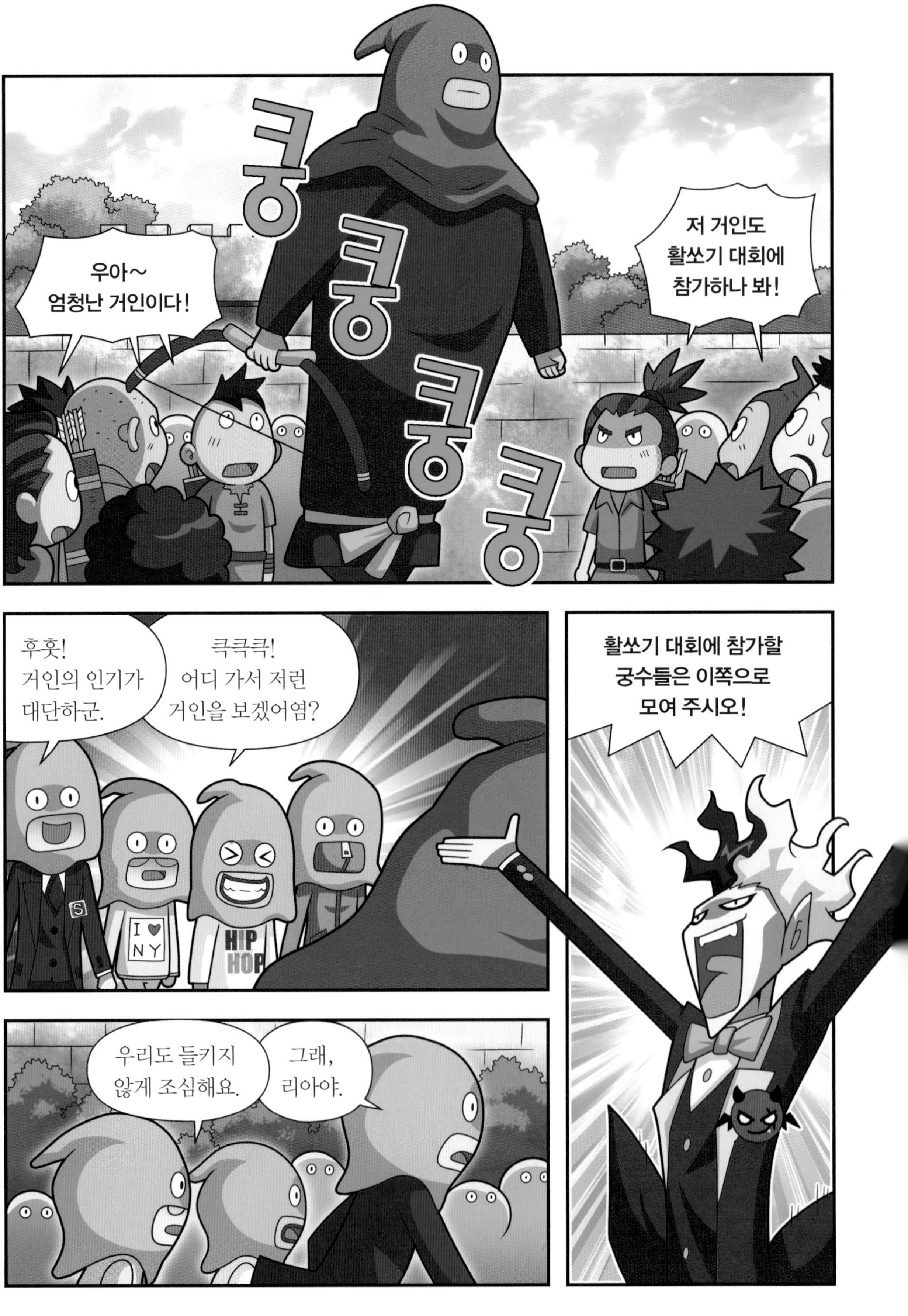
쿵
쿵
쿵
쿵
우아~ 엄청난 거인이다!
저 거인도 활쏘기 대회에 참가하나 봐!
후훗! 거인의 인기가 대단하군.
킄킄킄! 어디 가서 저런 거인을 보겠어염?
I ♥ NY
HIP HOP
활쏘기 대회에 참가할 궁수들은 이쪽으로 모여 주시오!
우리도 들키지 않게 조심해요.
그래, 리아야.

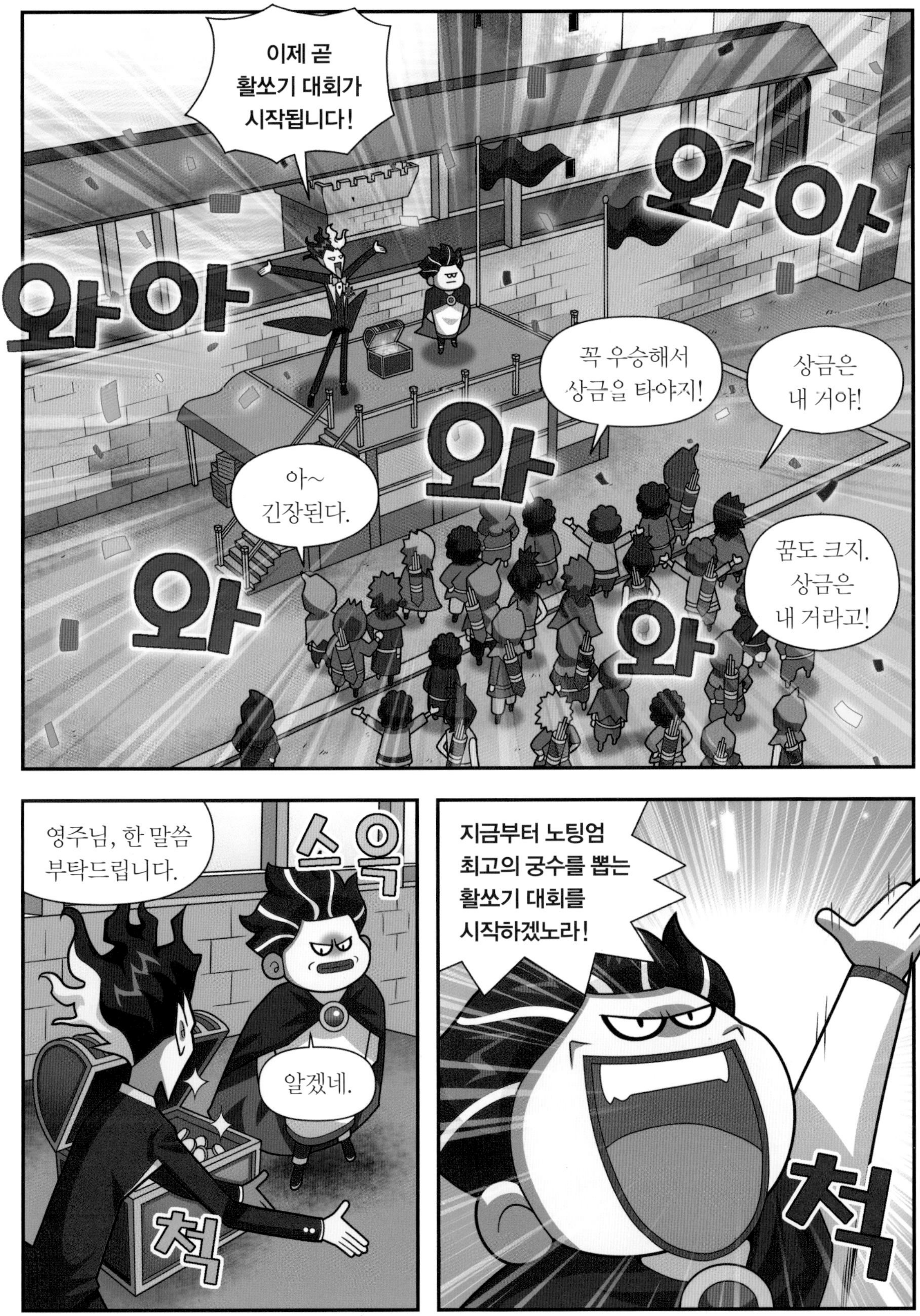
이제 곧
활쏘기 대회가
시작됩니다!
와아
와아
꼭 우승해서
상금을 타야지!
상금은
내 거야!
와
아~
긴장된다.
꿈도 크지.
상금은
내 거라고!
와
와
영주님, 한 말씀
부탁드립니다.
스윽
알겠네.
척
지금부터 노팅엄
최고의 궁수를 뽑는
활쏘기 대회를
시작하겠노라!
척

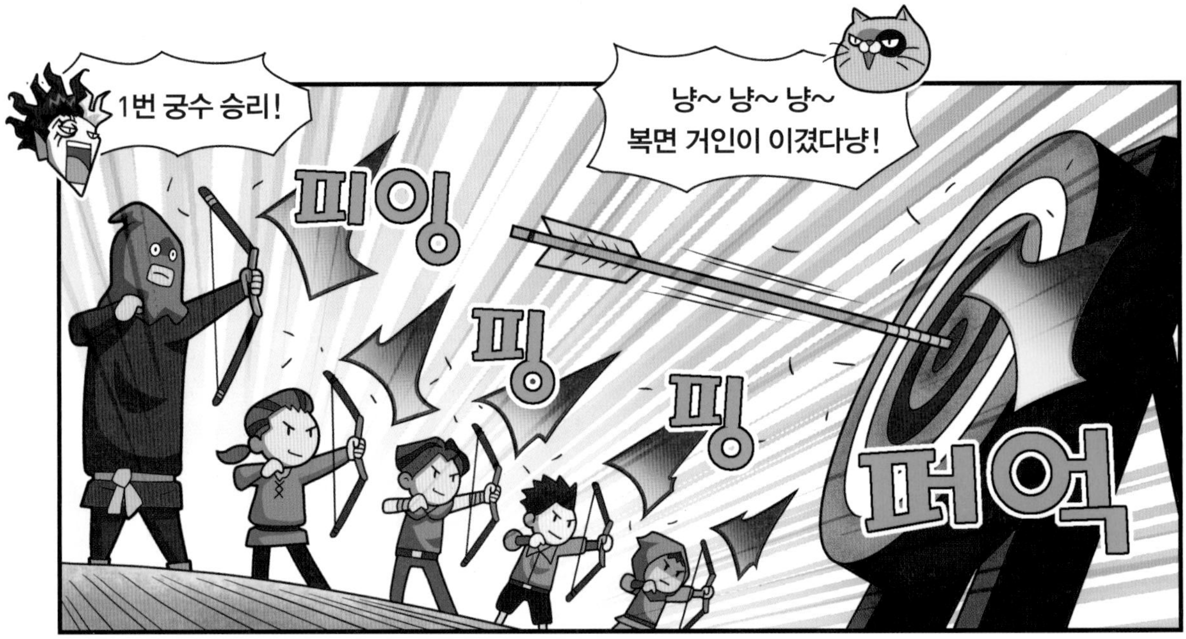
1번 궁수 승리!
냥~ 냥~ 냥~ 복면 거인이 이겼다냥!
피잉
핑
핑
퍼억

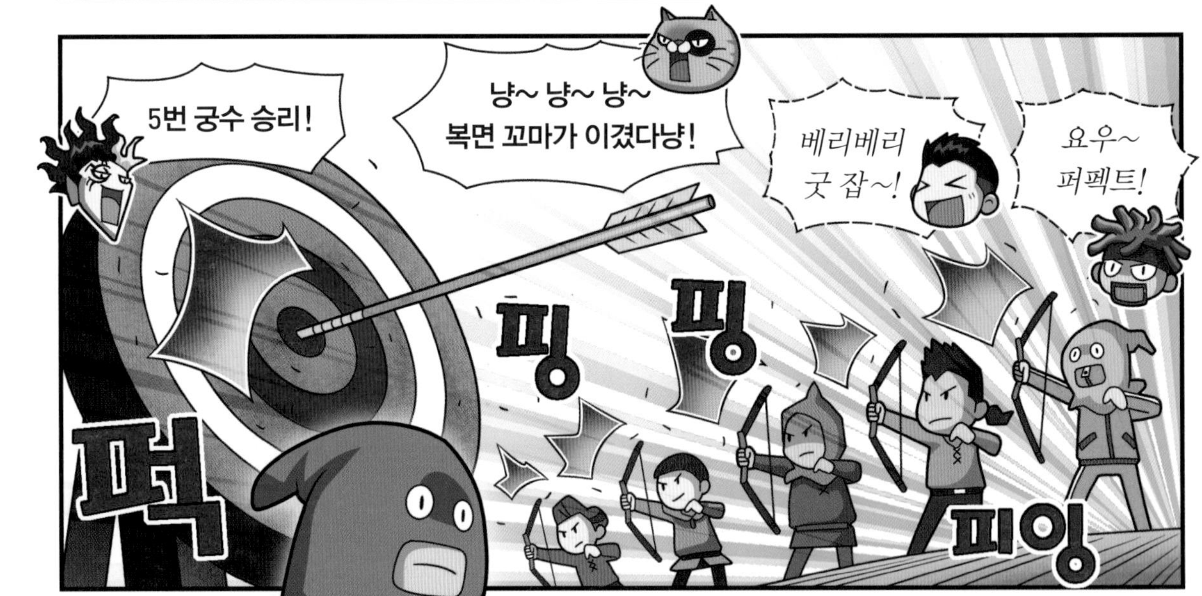
5번 궁수 승리!
냥~ 냥~ 냥~ 복면 꼬마가 이겼다냥!
베리베리 굿 잡~!
요우~ 퍼펙트!
퍽
핑
핑
피잉

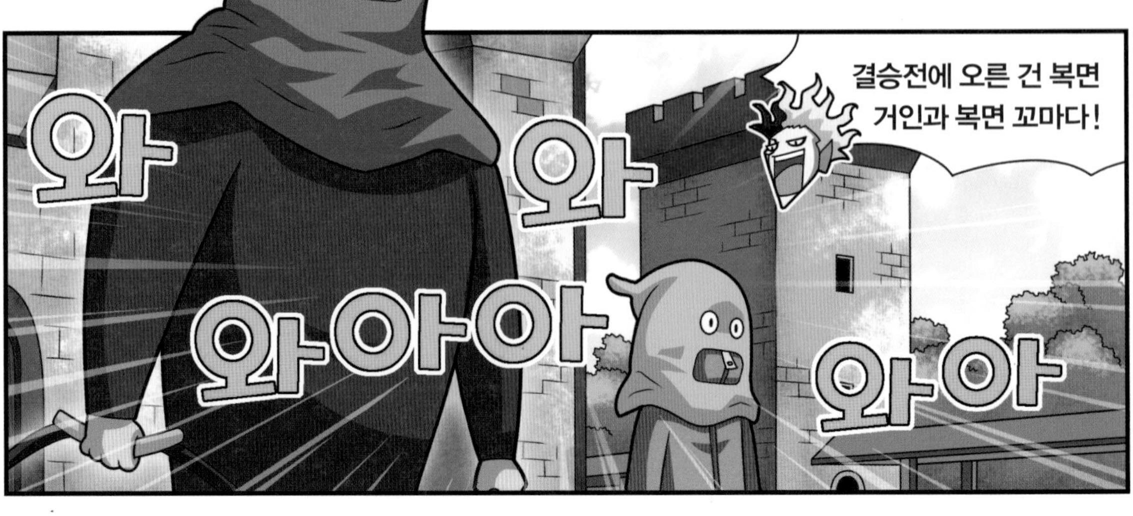
결승전에 오른 건 복면 거인과 복면 꼬마다!
와
와
와아아
와아

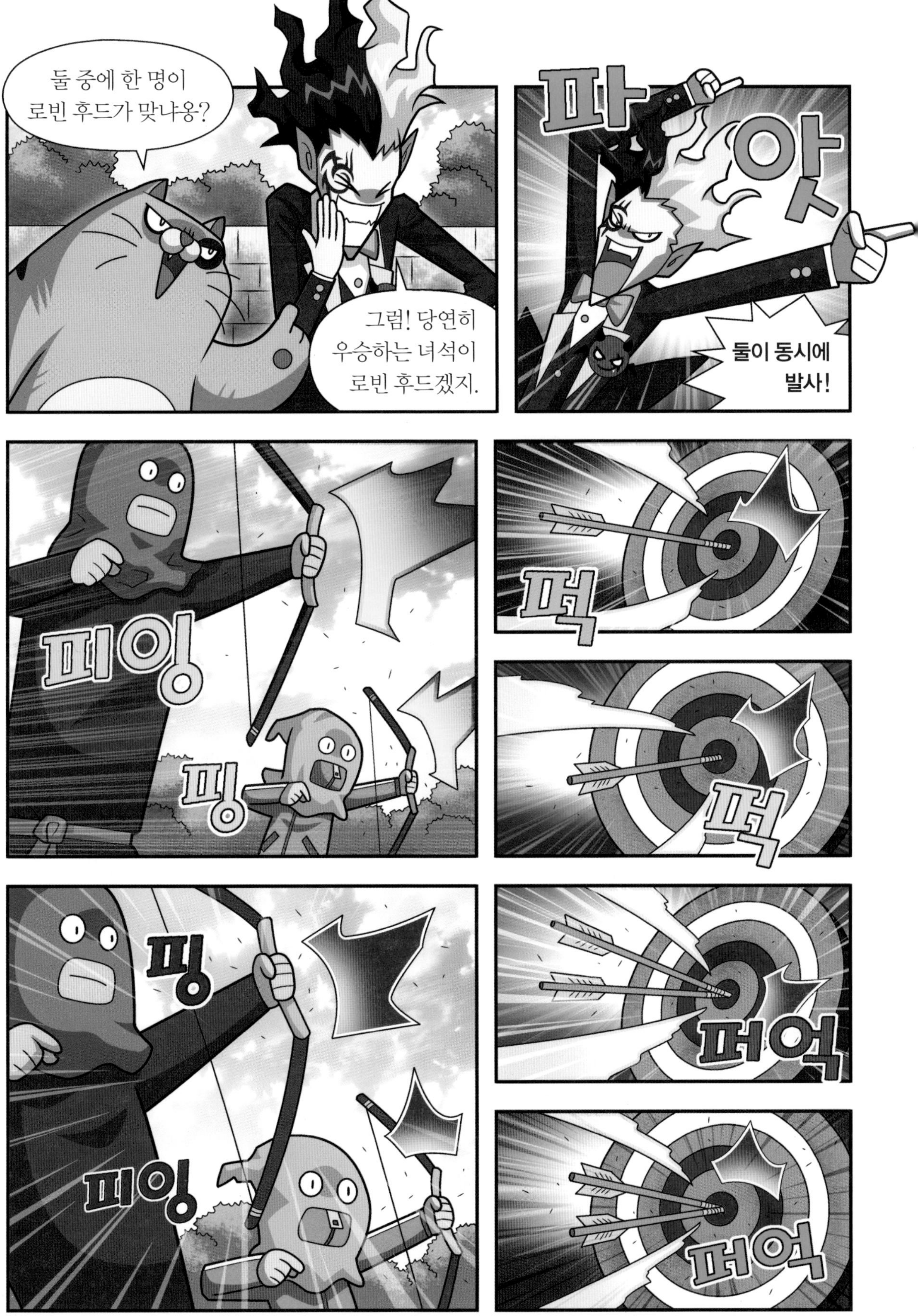
둘 중에 한 명이
로빈 후드가 맞냐옹?
그럼! 당연히
우승하는 녀석이
로빈 후드겠지.
파
아
둘이 동시에
발사!
피잉
핑
퍽
퍽
핑
피잉
퍼억
퍼억

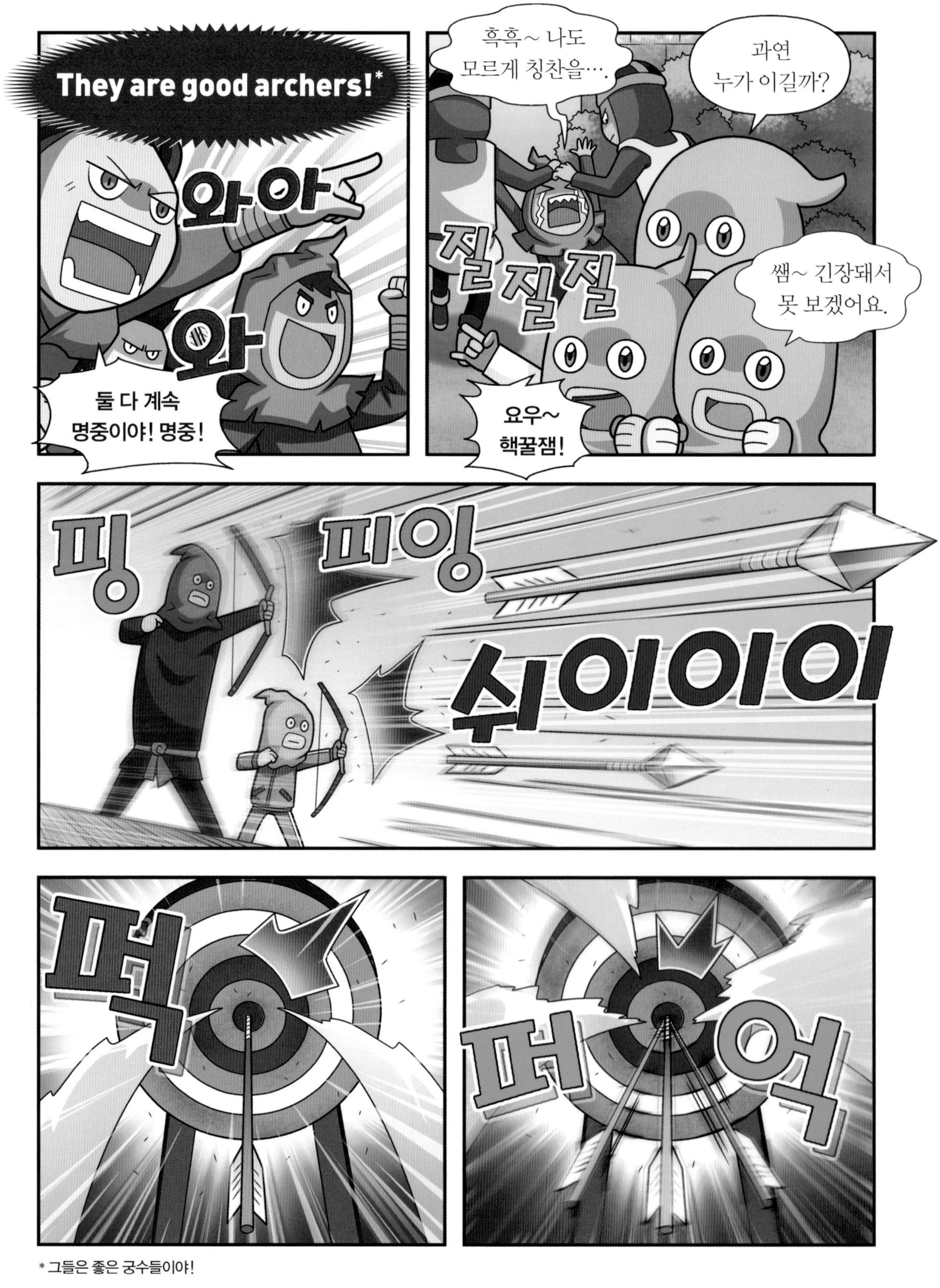
They are good archers!*
와아
와
둘 다 계속 명중이야! 명중!
흑흑~ 나도 모르게 칭찬을….
과연 누가 이길까?
질질질
쌤~ 긴장돼서 못 보겠어요.
요우~ 핵꿀잼!
핑
피잉
쉬이이이이
퍽
퍼억

* 그들은 좋은 궁수들이야!

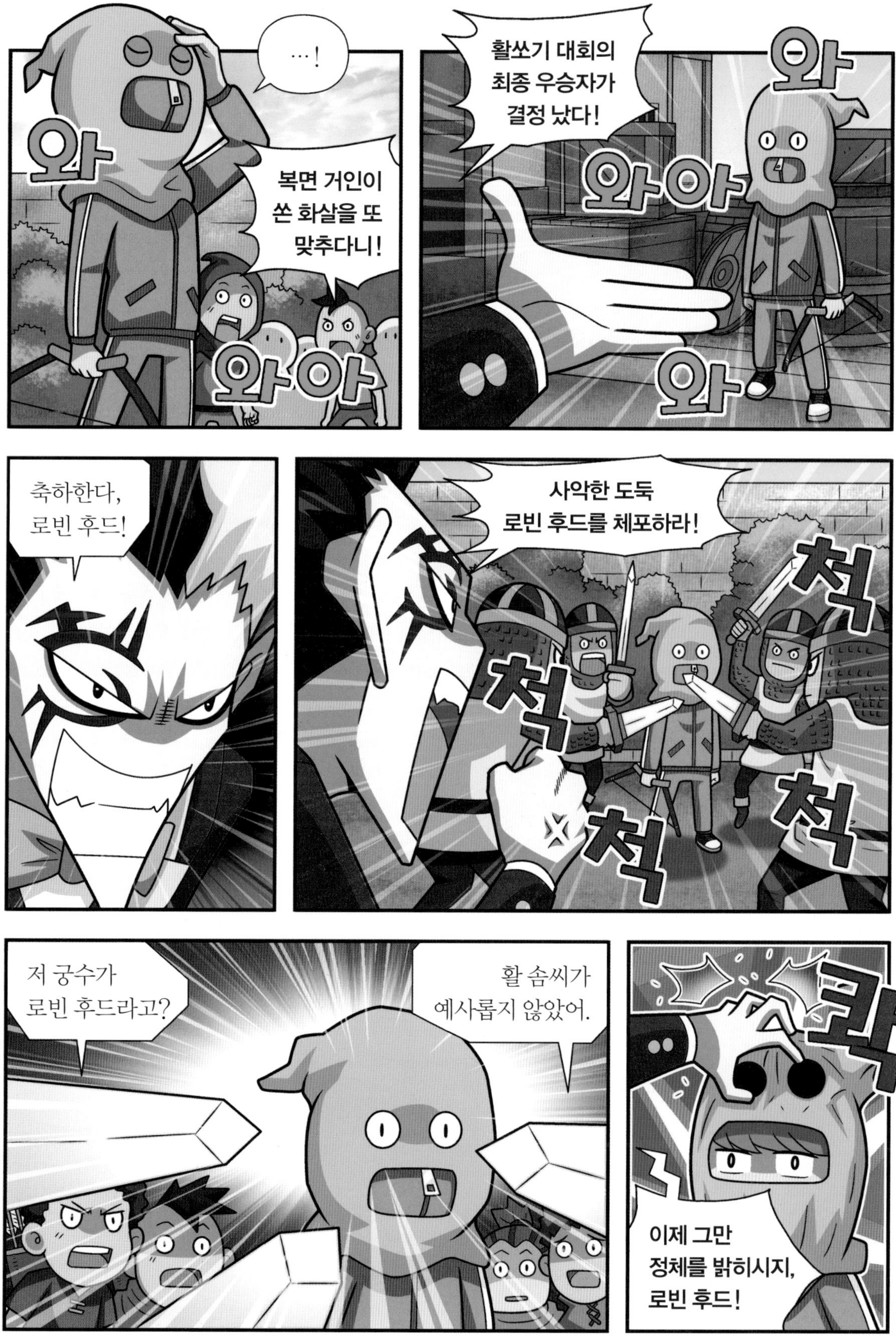
…!
와
와아
복면 거인이 쏜 화살을 또 맞추다니!
활쏘기 대회의 최종 우승자가 결정 났다!
와
와아
와
축하한다, 로빈 후드!
사악한 도둑 로빈 후드를 체포하라!
척
척
척
척
저 궁수가 로빈 후드라고?
활 솜씨가 예사롭지 않았어.
콱
이제 그만 정체를 밝히시지, 로빈 후드!

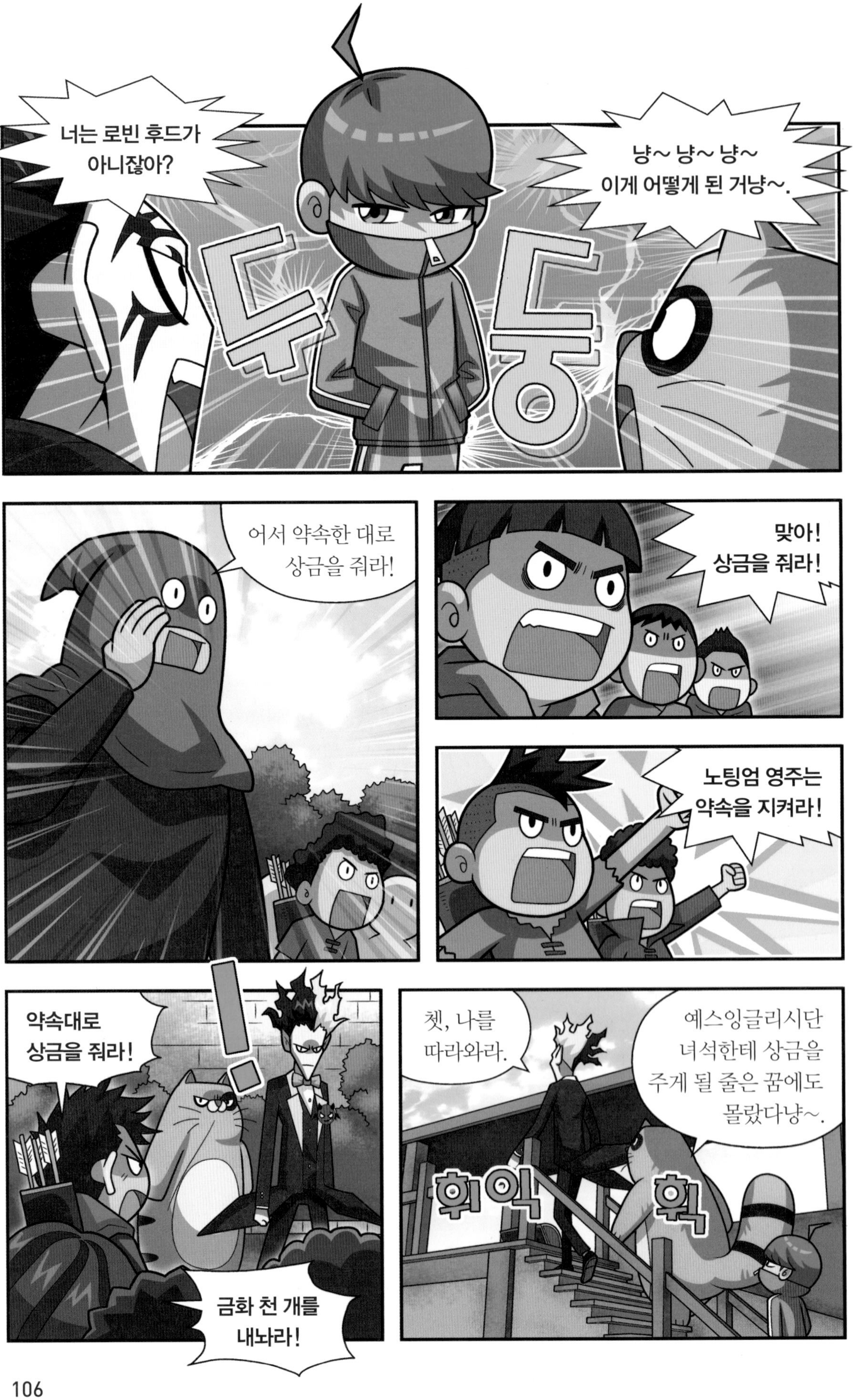

너는 로빈 후드가 아니잖아?
냥~ 냥~ 냥~ 이게 어떻게 된 거냥~.
두둥
어서 약속한 대로 상금을 줘라!
맞아! 상금을 줘라!
노팅엄 영주는 약속을 지켜라!
약속대로 상금을 줘라!
금화 천 개를 내놔라!
쳇, 나를 따라와라.
예스잉글리시단 녀석한테 상금을 주게 될 줄은 꿈에도 몰랐다냥~.
휘익 휙

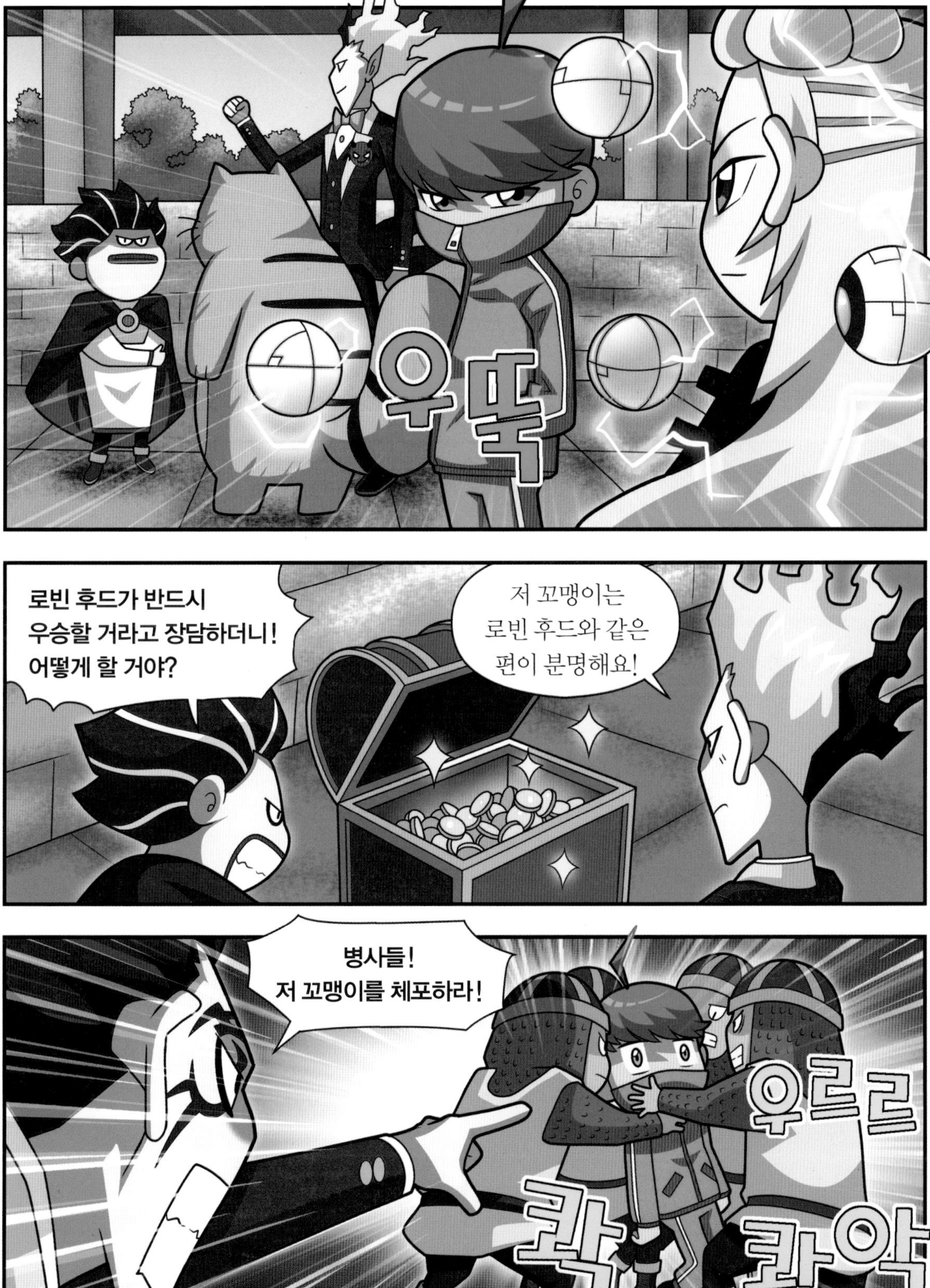

우뚝
로빈 후드가 반드시 우승할 거라고 장담하더니! 어떻게 할 거야?
저 꼬맹이는 로빈 후드와 같은 편이 분명해요!
병사들! 저 꼬맹이를 체포하라!
우르르
콱
콰악

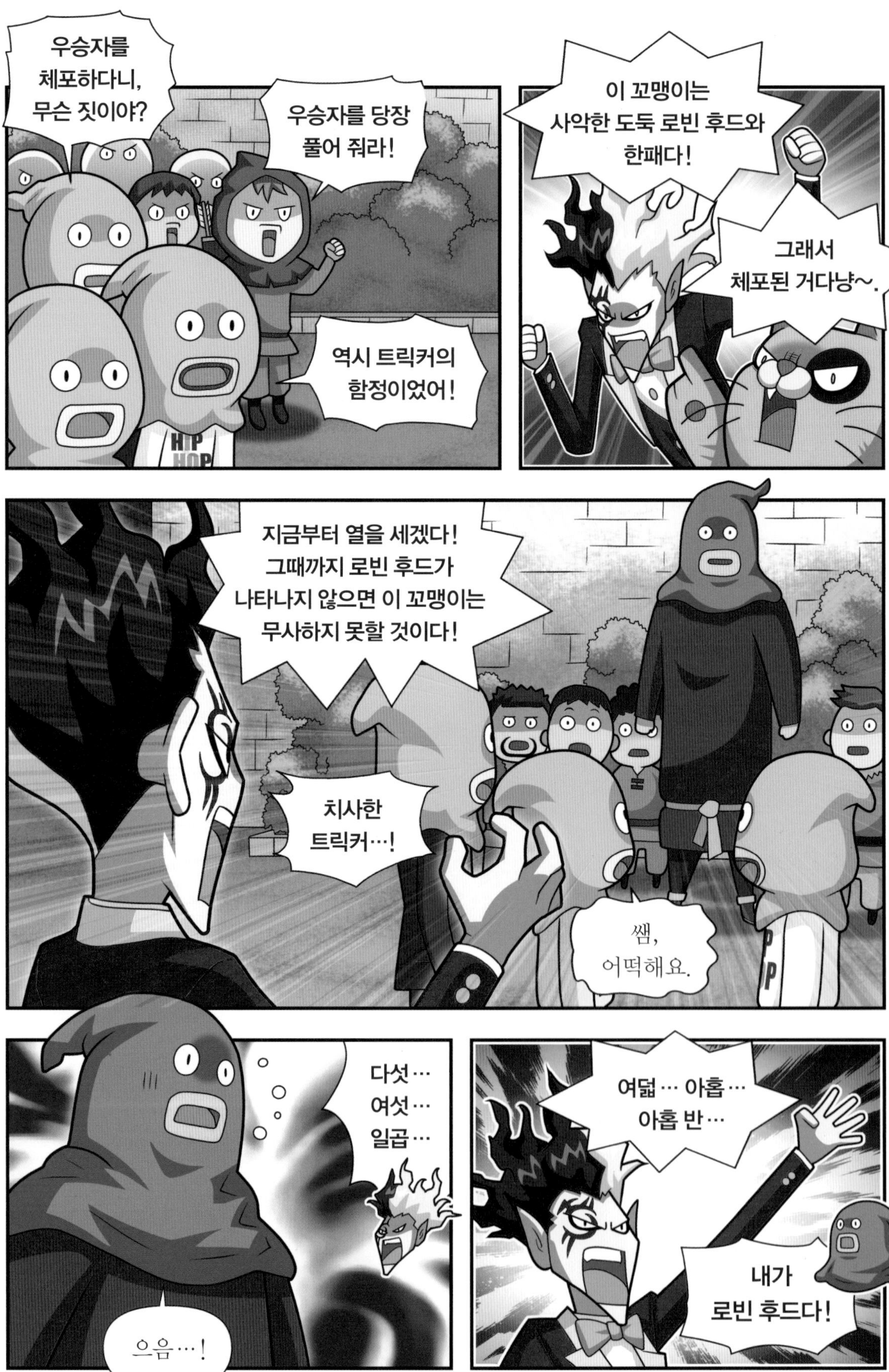
우승자를 체포하다니, 무슨 짓이야?
우승자를 당장 풀어 줘라!
역시 트릭커의 함정이었어!
이 꼬맹이는 사악한 도둑 로빈 후드와 한패다!
그래서 체포된 거다냥~.
지금부터 열을 세겠다! 그때까지 로빈 후드가 나타나지 않으면 이 꼬맹이는 무사하지 못할 것이다!
치사한 트릭커…!
쌤, 어떡해요.
다섯… 여섯… 일곱…
으음…!
여덟… 아홉… 아홉 반…
내가 로빈 후드다!

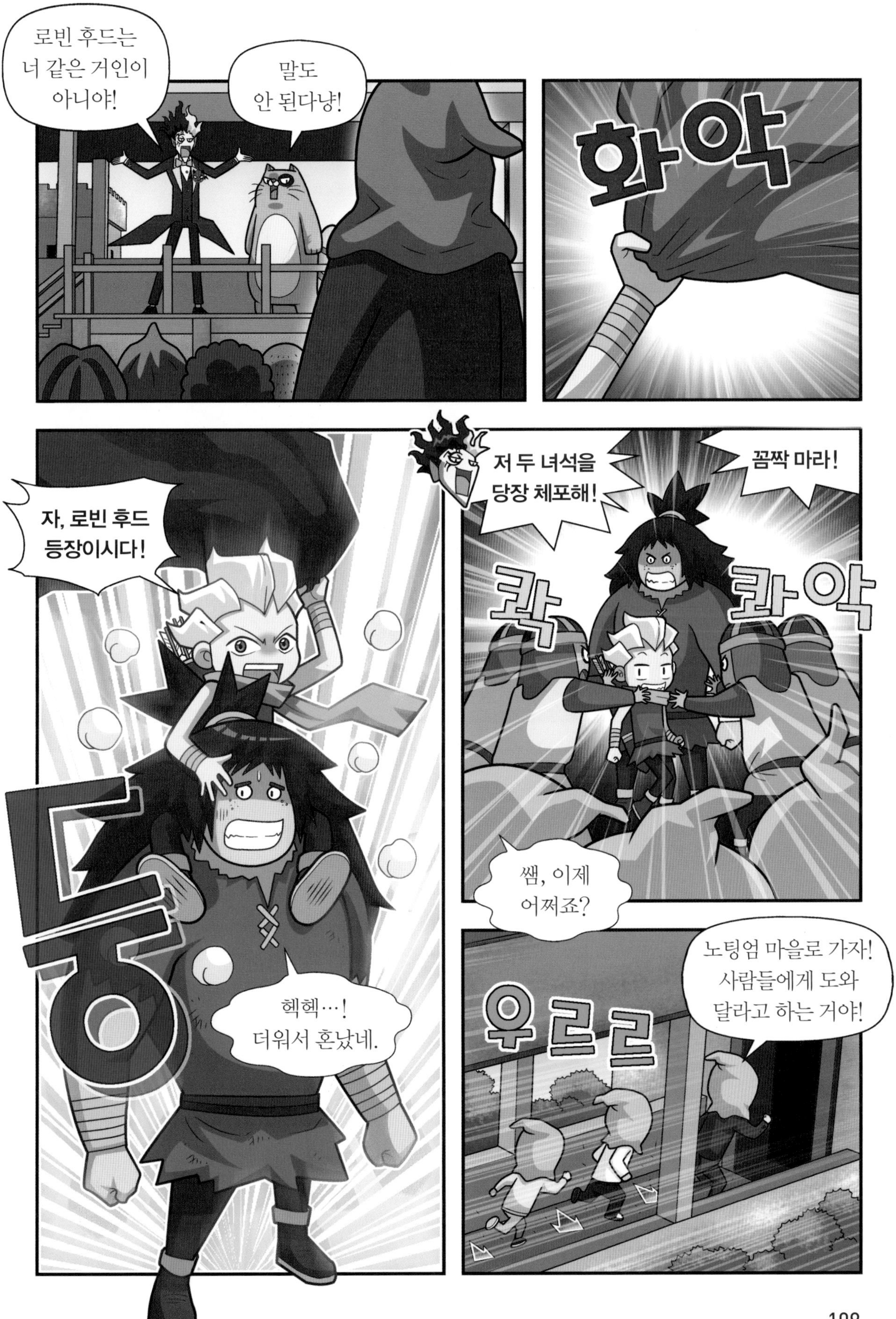

로빈 후드는 너 같은 거인이 아니야!
말도 안 된다냥!
화악
자, 로빈 후드 등장이시다!
둥
헥헥…! 더워서 혼났네.
저 두 녀석을 당장 체포해!
꼼짝 마라!
콱
콰악
쌤, 이제 어쩌죠?
우르르
노팅엄 마을로 가자! 사람들에게 도와 달라고 하는 거야!

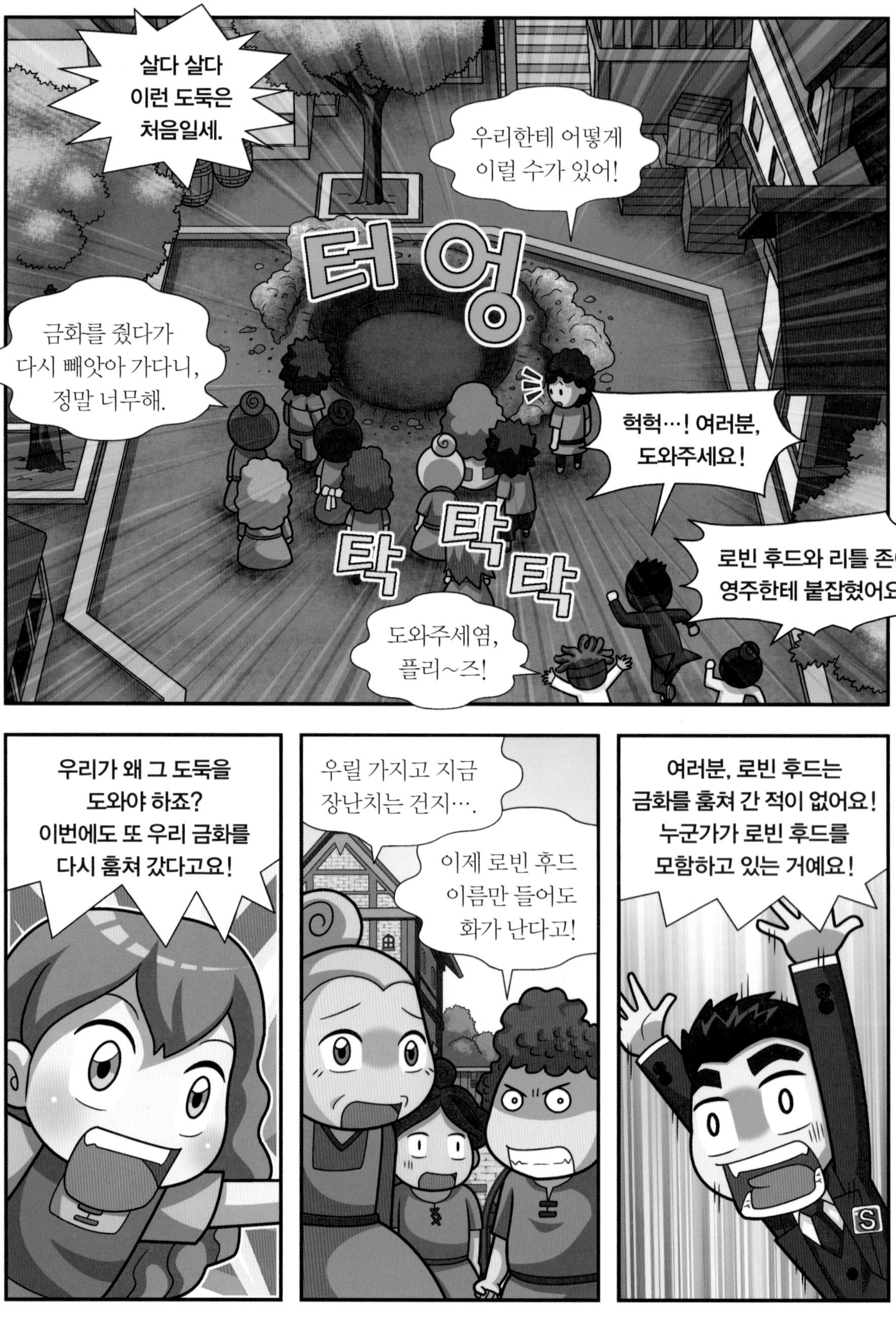
살다 살다
이런 도둑은
처음일세.
우리한테 어떻게
이럴 수가 있어!
터엉
금화를 줬다가
다시 빼앗아 가다니,
정말 너무해.
헉헉…! 여러분,
도와주세요!
탁 탁 탁
로빈 후드와 리틀 존이
영주한테 붙잡혔어요!
도와주세염,
플리~즈!
우리가 왜 그 도둑을
도와야 하죠?
이번에도 또 우리 금화를
다시 훔쳐 갔다고요!
우릴 가지고 지금
장난치는 건지….
이제 로빈 후드
이름만 들어도
화가 난다고!
여러분, 로빈 후드는
금화를 훔쳐 간 적이 없어요!
누군가가 로빈 후드를
모함하고 있는 거예요!

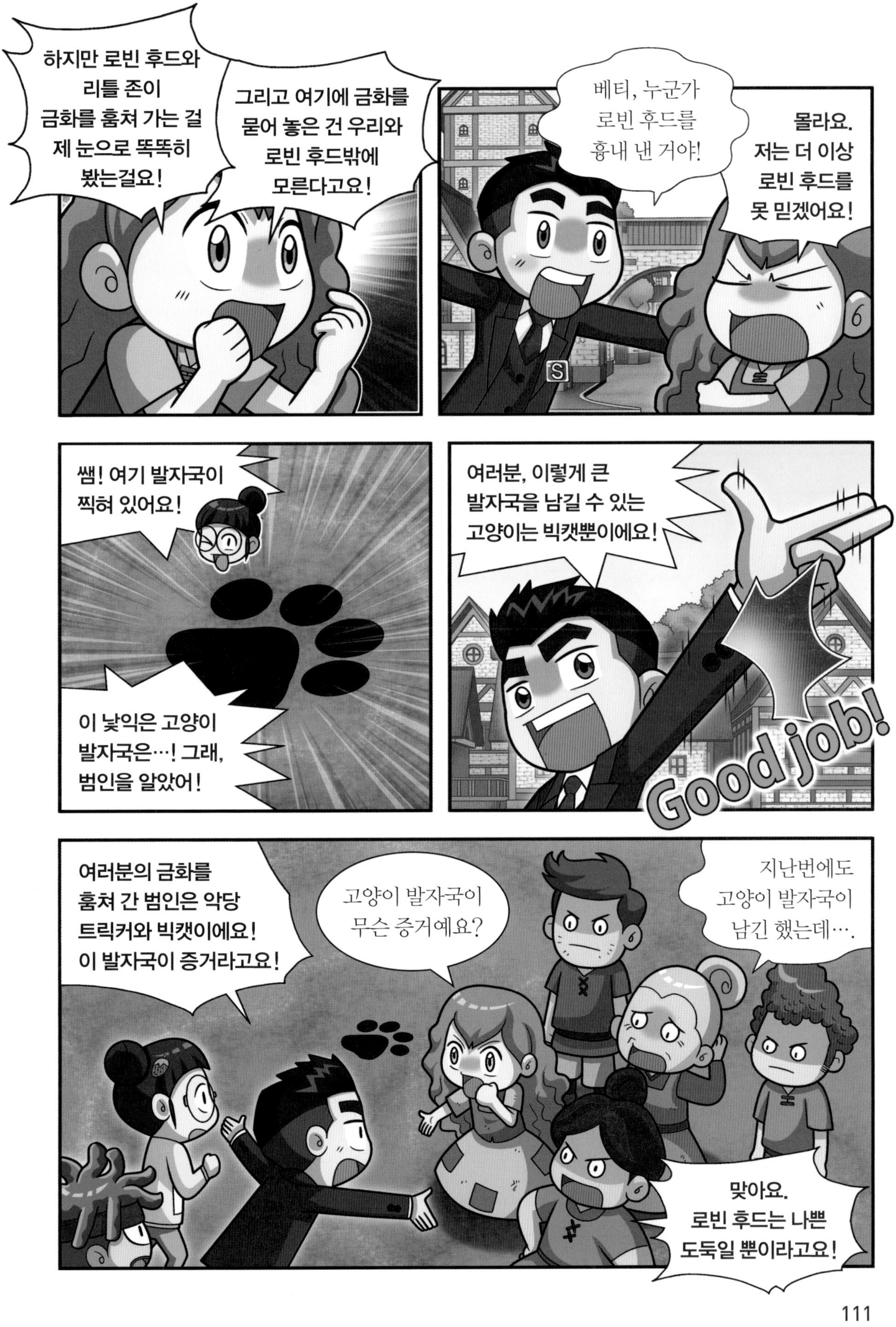

하지만 로빈 후드와 리틀 존이 금화를 훔쳐 가는 걸 제 눈으로 똑똑히 봤는걸요!
그리고 여기에 금화를 묻어 놓은 건 우리와 로빈 후드밖에 모른다고요!
베티, 누군가 로빈 후드를 흉내 낸 거야!
몰라요. 저는 더 이상 로빈 후드를 못 믿겠어요!
S
쌤! 여기 발자국이 찍혀 있어요!
이 낯익은 고양이 발자국은…! 그래, 범인을 알았어!
여러분, 이렇게 큰 발자국을 남길 수 있는 고양이는 빅캣뿐이에요!
Good job!
여러분의 금화를 훔쳐 간 범인은 악당 트릭커와 빅캣이에요! 이 발자국이 증거라고요!
고양이 발자국이 무슨 증거예요?
지난번에도 고양이 발자국이 남긴 했는데….
맞아요. 로빈 후드는 나쁜 도둑일 뿐이라고요!

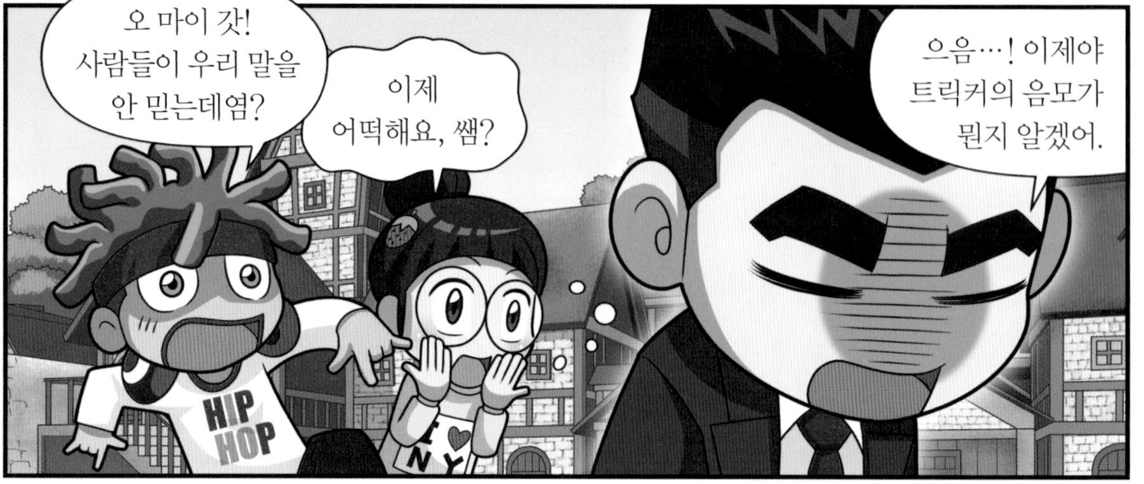
오 마이 갓! 사람들이 우리 말을 안 믿는데염?
이제 어떡해요, 쌤?
으음…! 이제야 트릭커의 음모가 뭔지 알겠어.

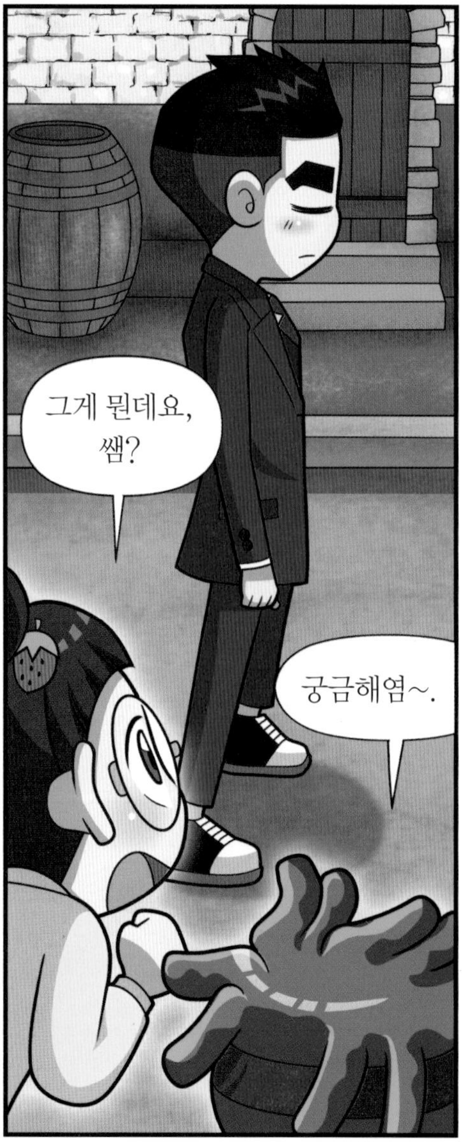
그게 뭔데요, 쌤?
궁금해염~.

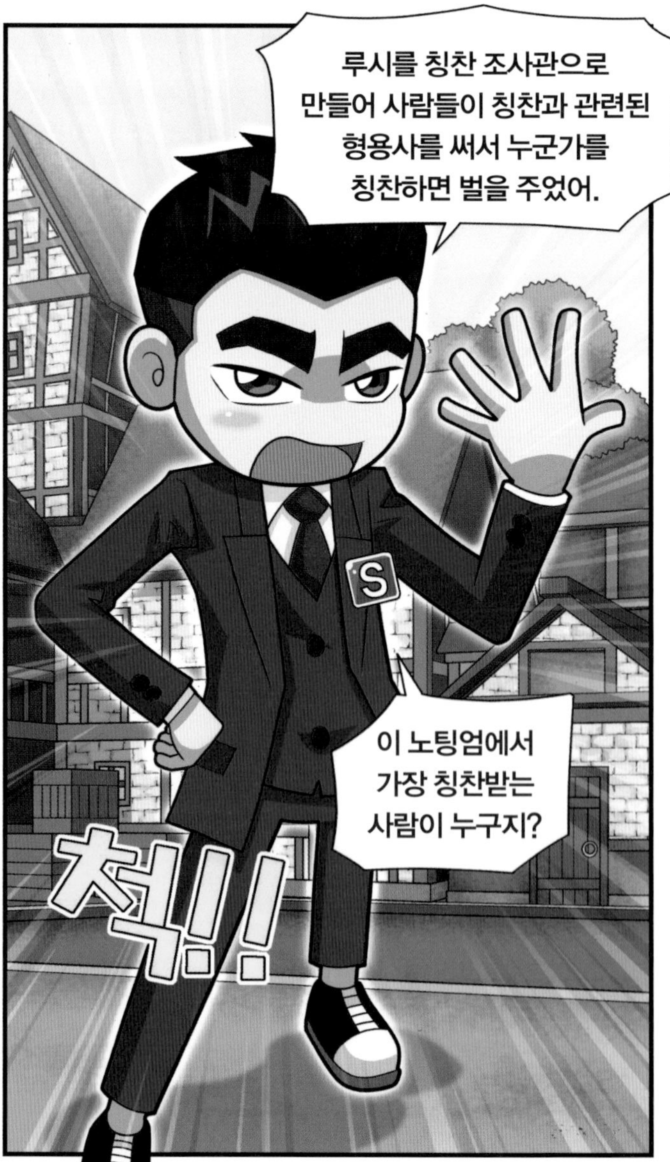
루시를 칭찬 조사관으로 만들어 사람들이 칭찬과 관련된 형용사를 써서 누군가를 칭찬하면 벌을 주었어.
척!!
이 노팅엄에서 가장 칭찬받는 사람이 누구지?

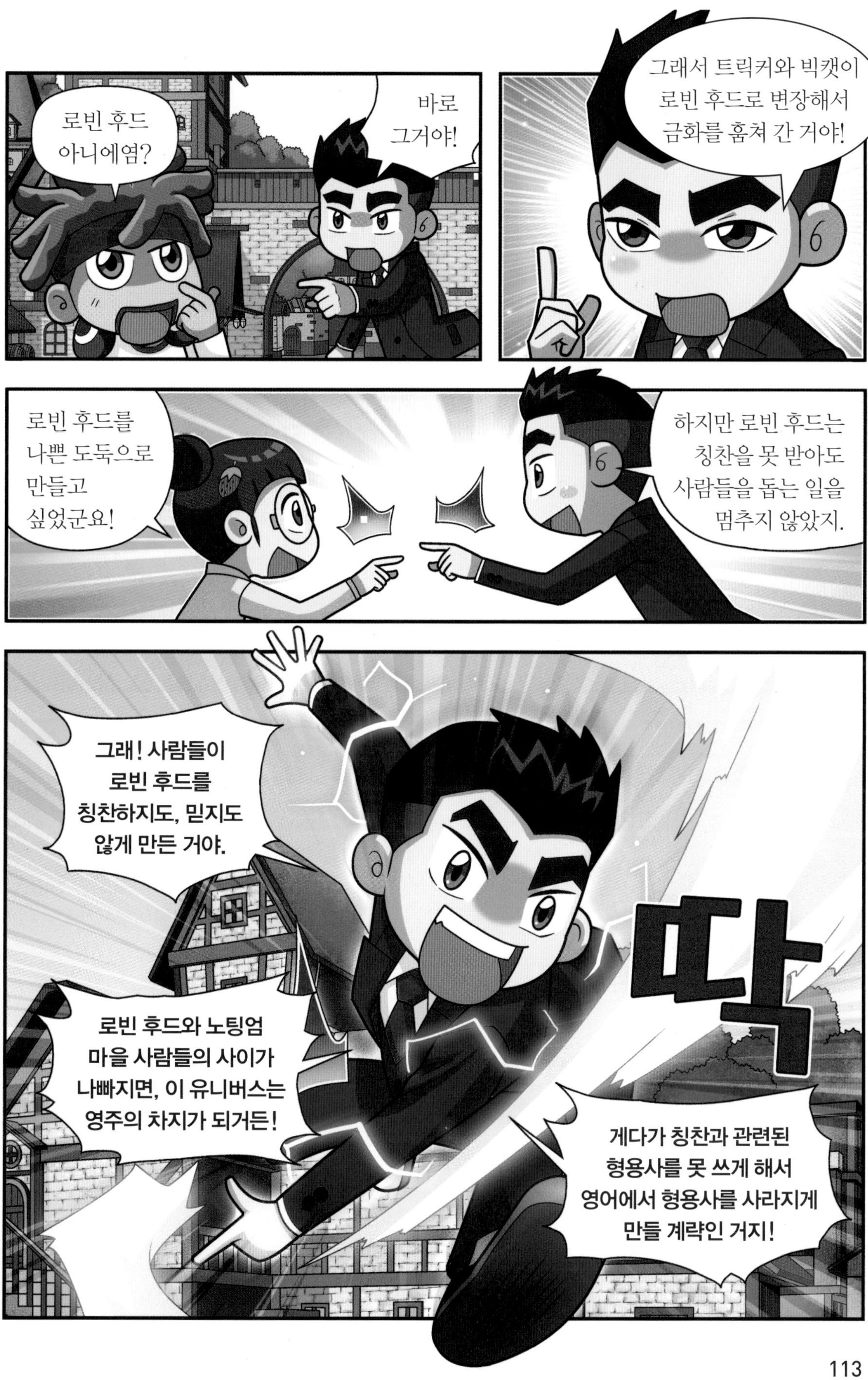

로빈 후드 아니에염?
바로 그거야!
그래서 트릭커와 빅캣이 로빈 후드로 변장해서 금화를 훔쳐 간 거야!
로빈 후드를 나쁜 도둑으로 만들고 싶었군요!
하지만 로빈 후드는 칭찬을 못 받아도 사람들을 돕는 일을 멈추지 않았지.
그래! 사람들이 로빈 후드를 칭찬하지도, 믿지도 않게 만든 거야.
딱
로빈 후드와 노팅엄 마을 사람들의 사이가 나빠지면, 이 유니버스는 영주의 차지가 되거든!
게다가 칭찬과 관련된 형용사를 못 쓰게 해서 영어에서 형용사를 사라지게 만들 계략인 거지!

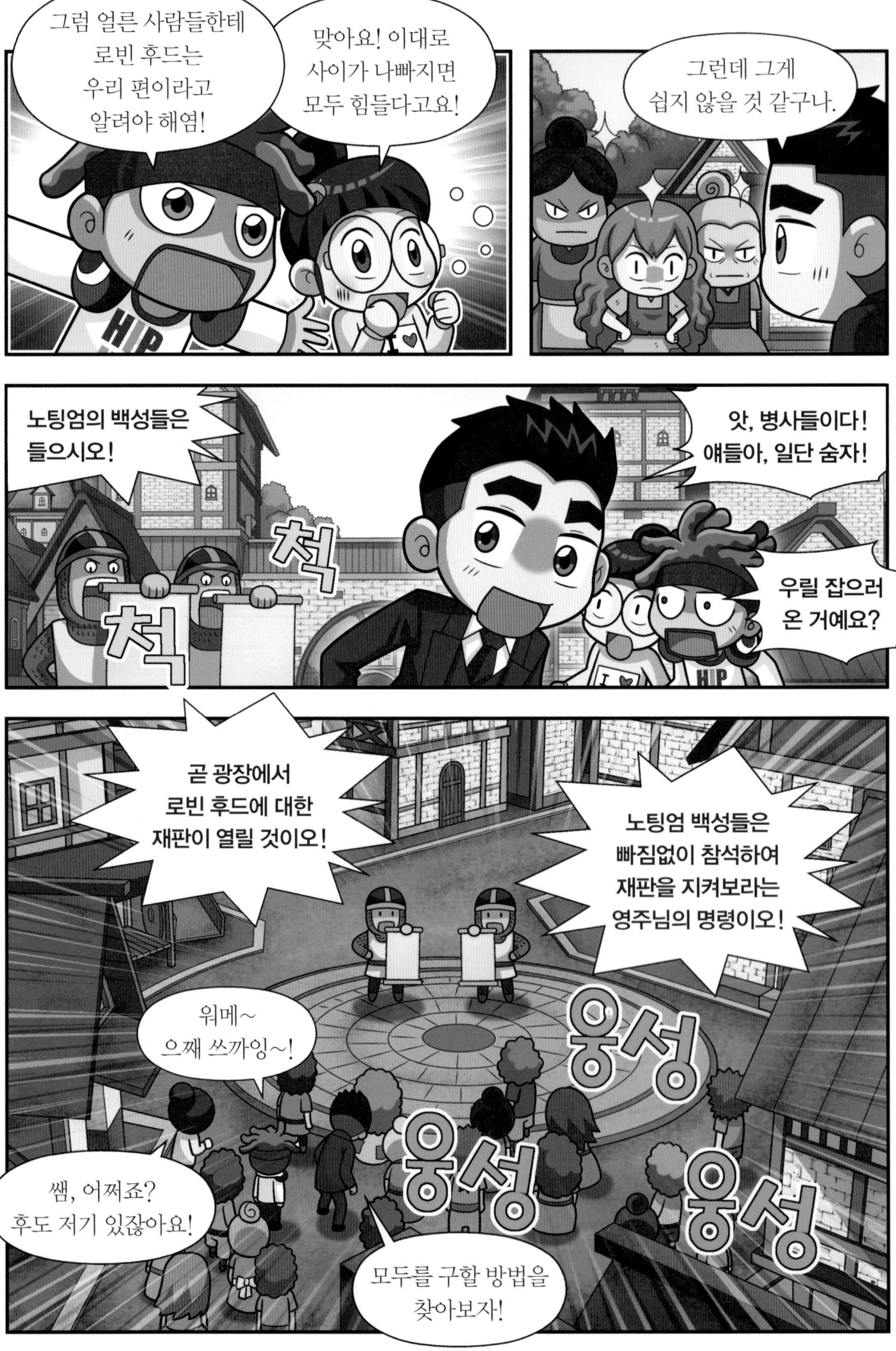

그럼 얼른 사람들한테 로빈 후드는 우리 편이라고 알려야 해염!
맞아요! 이대로 사이가 나빠지면 모두 힘들다고요!
그런데 그게 쉽지 않을 것 같구나.
노팅엄의 백성들은 들으시오!
척
척
앗, 병사들이다! 얘들아, 일단 숨자!
우릴 잡으러 온 거예요?
곧 광장에서 로빈 후드에 대한 재판이 열릴 것이오!
노팅엄 백성들은 빠짐없이 참석하여 재판을 지켜보라는 영주님의 명령이오!
워메~ 으째 쓰까잉~!
웅성
웅성
웅성
쌤, 어쩌죠? 후도 저기 있잖아요!
모두를 구할 방법을 찾아보자!

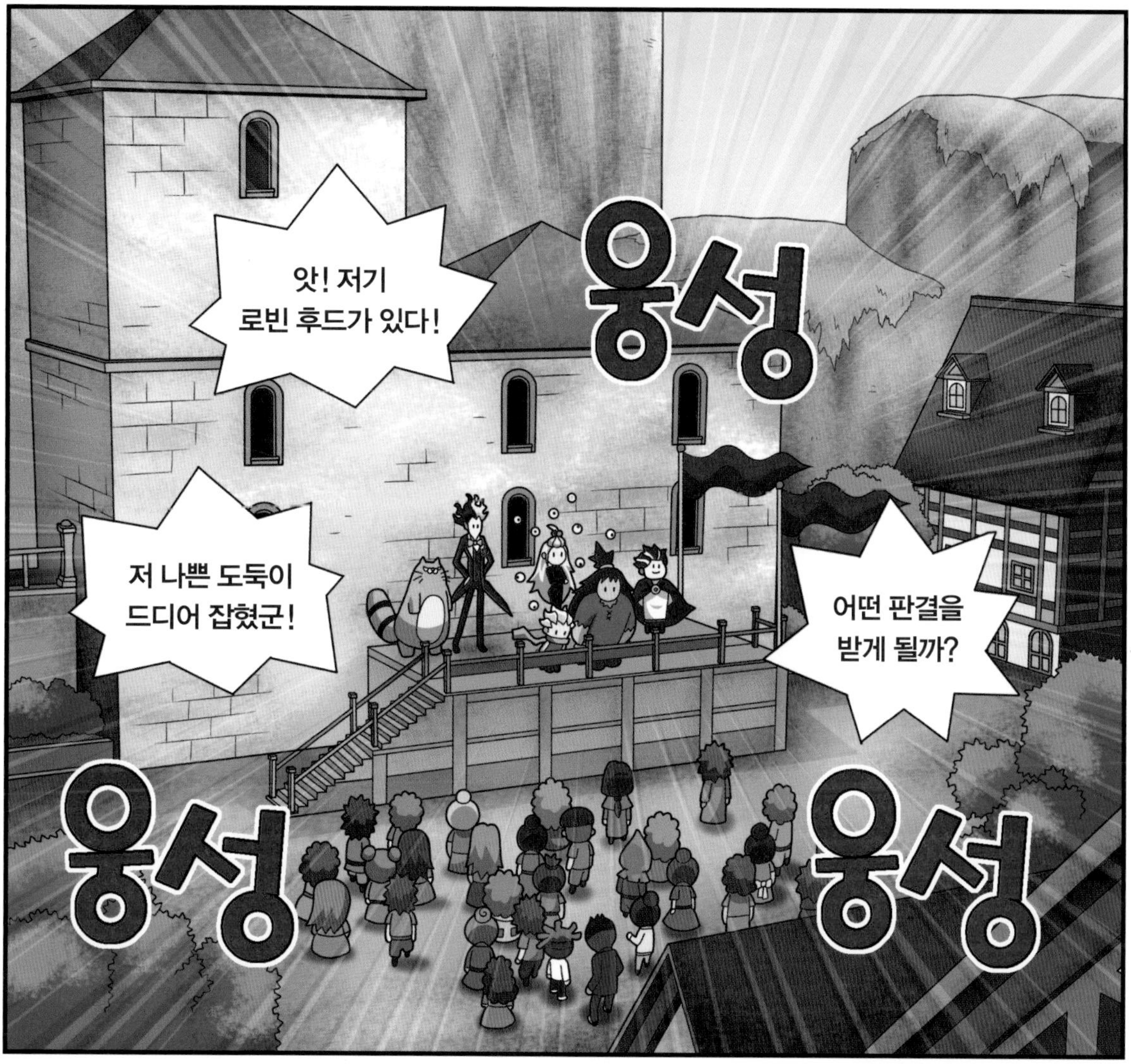
앗! 저기
로빈 후드가 있다!
웅성
저 나쁜 도둑이
드디어 잡혔군!
어떤 판결을
받게 될까?
웅성
웅성

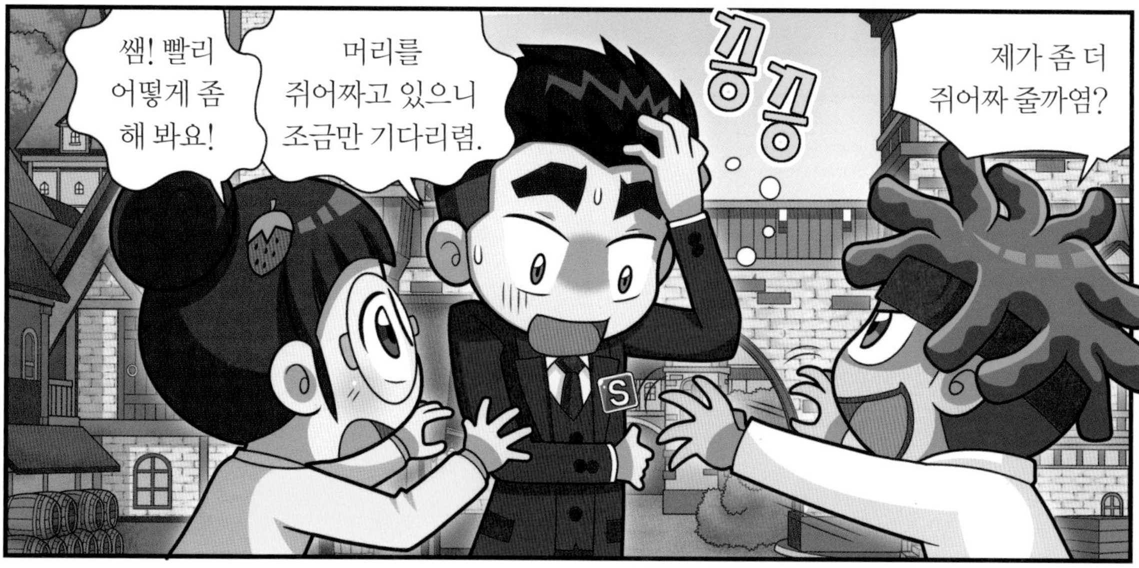
쌤! 빨리
어떻게 좀
해 봐요!
머리를
쥐어짜고 있으니
조금만 기다리렴.
끙끙
제가 좀 더
쥐어짜 줄까염?

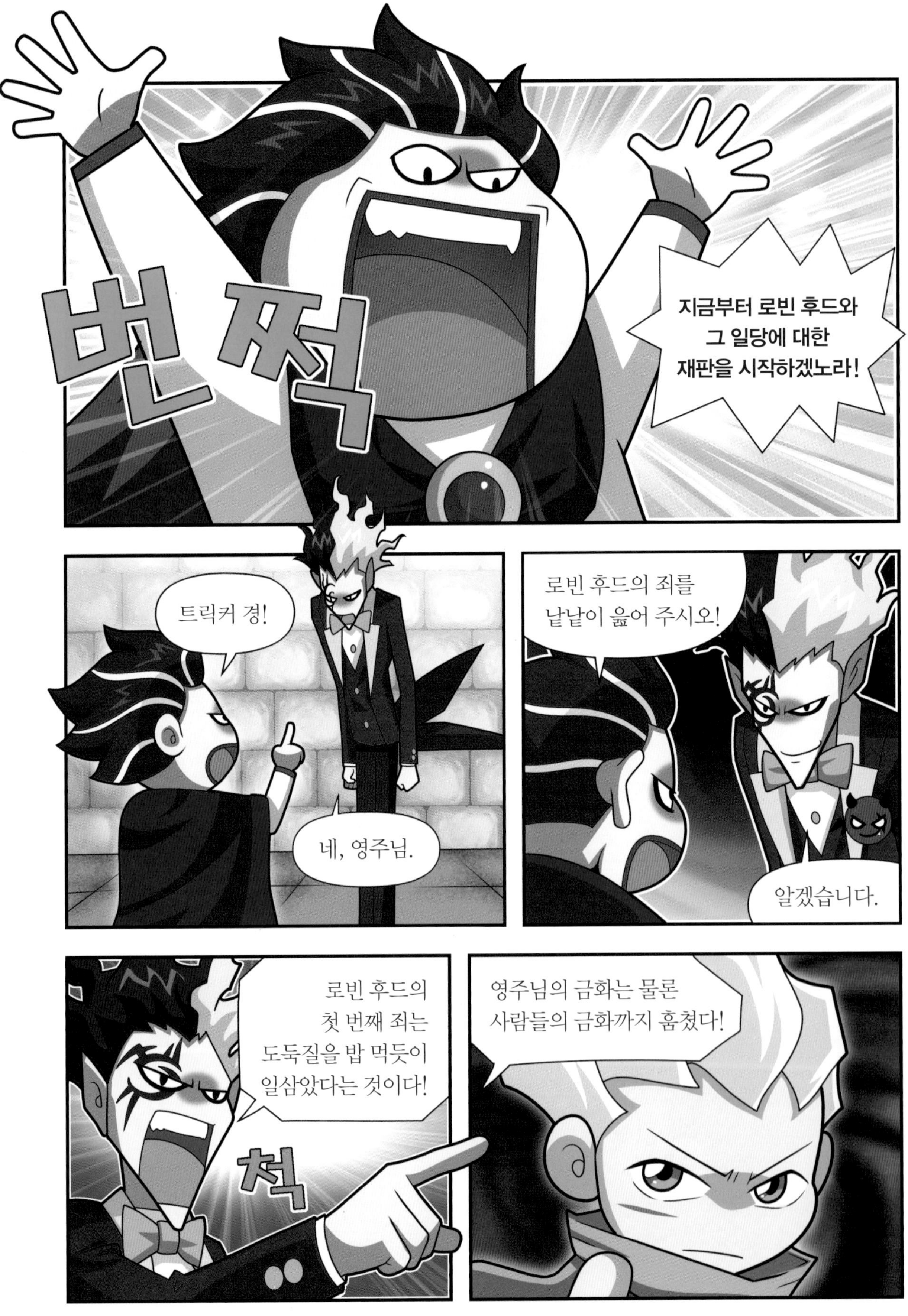
번쩍
지금부터 로빈 후드와
그 일당에 대한
재판을 시작하겠노라!
트릭커 경!
네, 영주님.
로빈 후드의 죄를
낱낱이 읊어 주시오!
알겠습니다.
로빈 후드의
첫 번째 죄는
도둑질을 밥 먹듯이
일삼았다는 것이다!
척
영주님의 금화는 물론
사람들의 금화까지 훔쳤다!

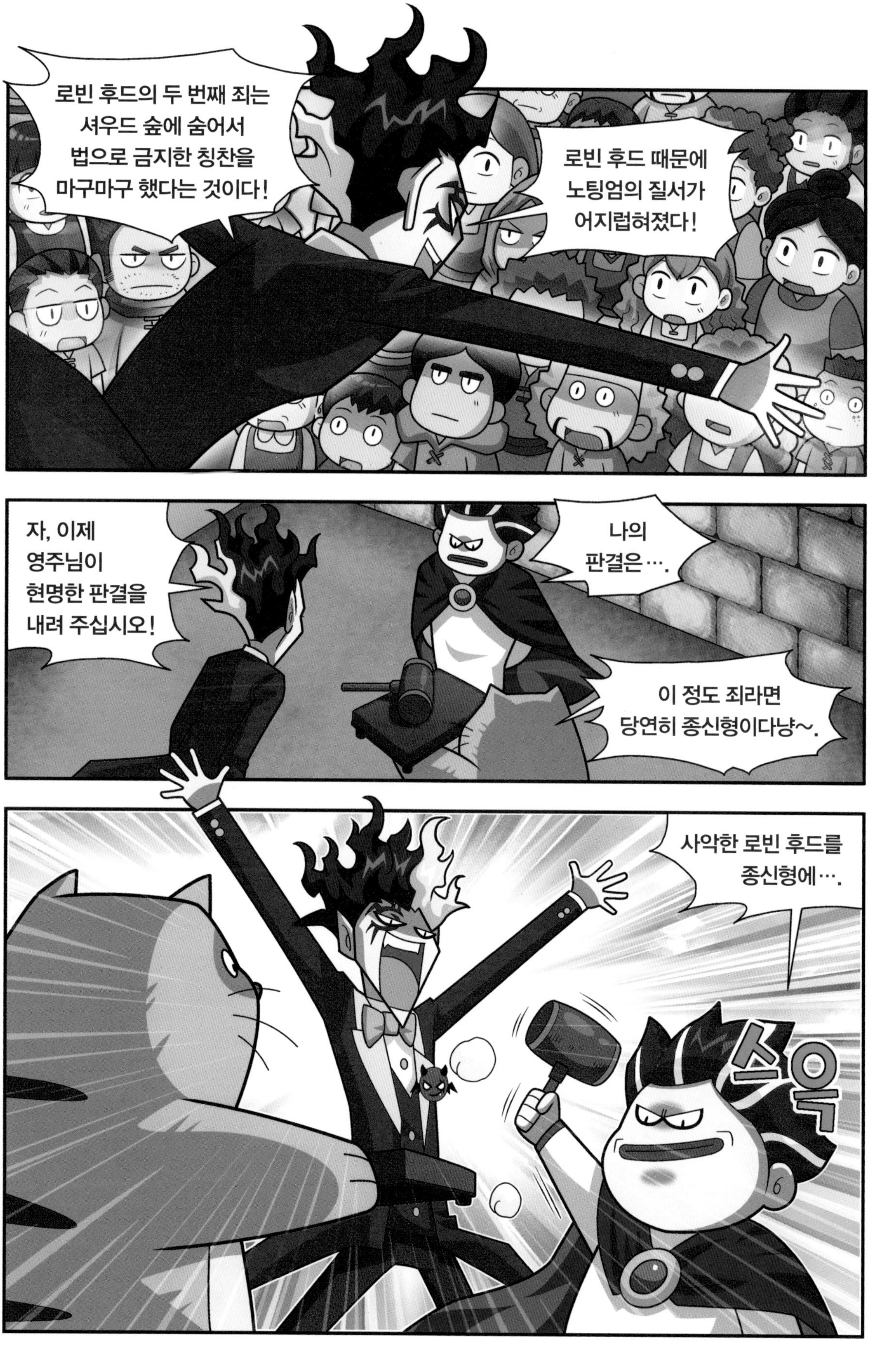
로빈 후드의 두 번째 죄는 셔우드 숲에 숨어서 법으로 금지한 칭찬을 마구마구 했다는 것이다!
로빈 후드 때문에 노팅엄의 질서가 어지럽혀졌다!
자, 이제 영주님이 현명한 판결을 내려 주십시오!
나의 판결은….
이 정도 죄라면 당연히 종신형이다냥~.
사악한 로빈 후드를 종신형에….
스윽

Chapter 6

정의로운 도둑, 로빈 후드

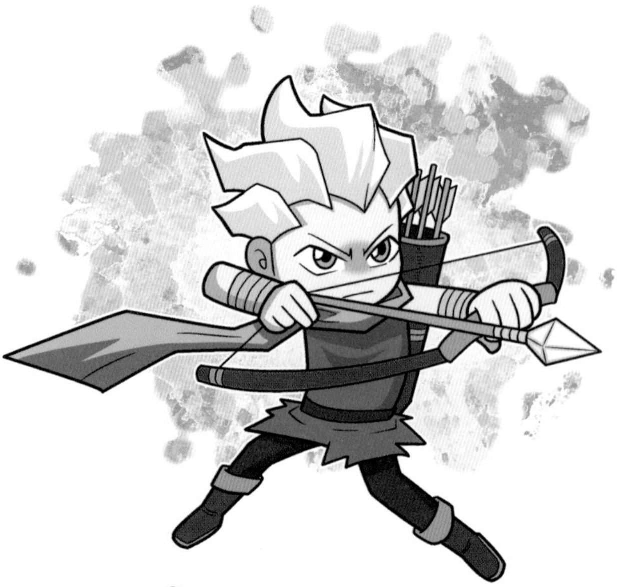

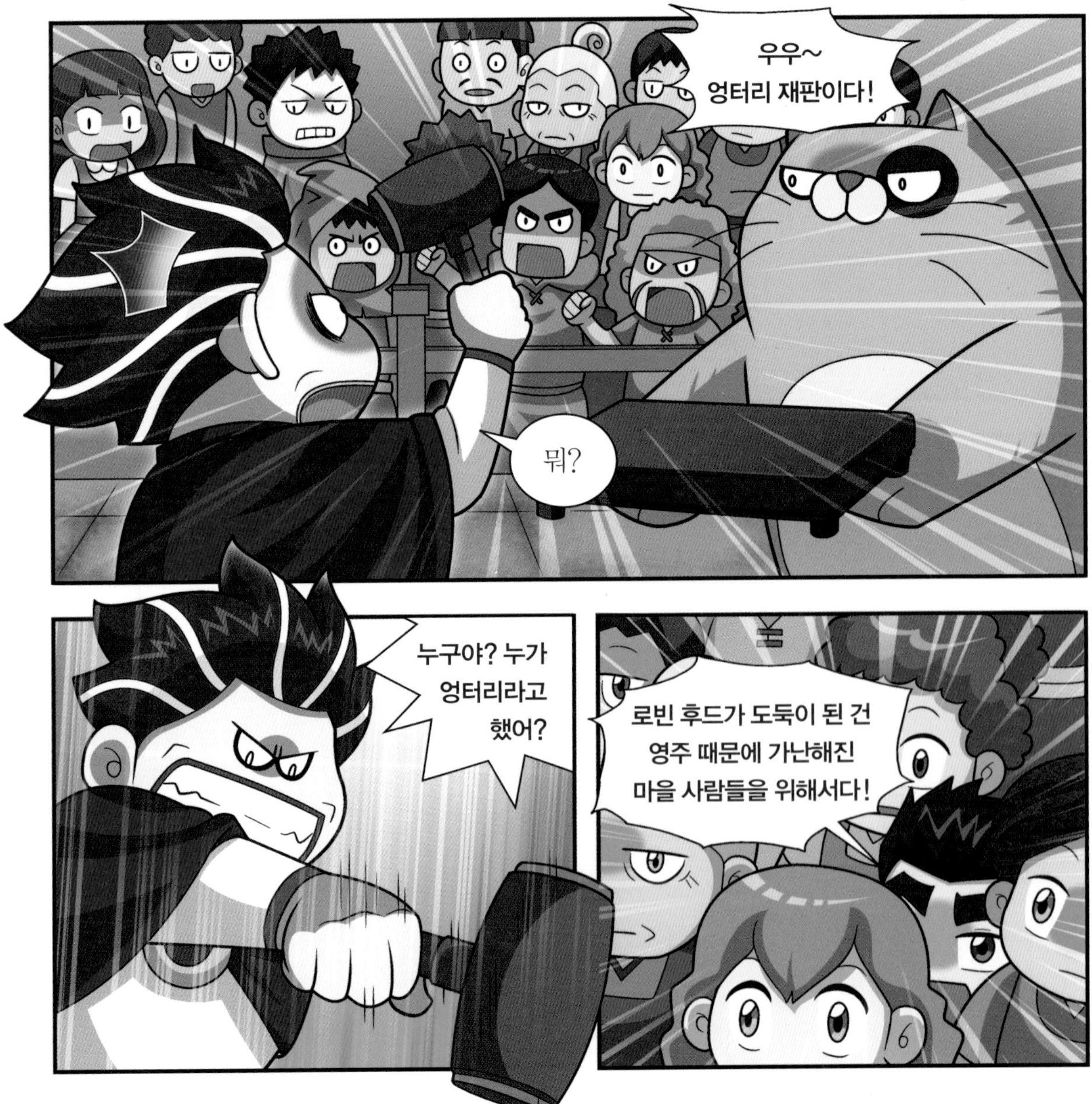

우우~ 엉터리 재판이다!
뭐?
누구야? 누가 엉터리라고 했어?
로빈 후드가 도둑이 된 건 영주 때문에 가난해진 마을 사람들을 위해서다!

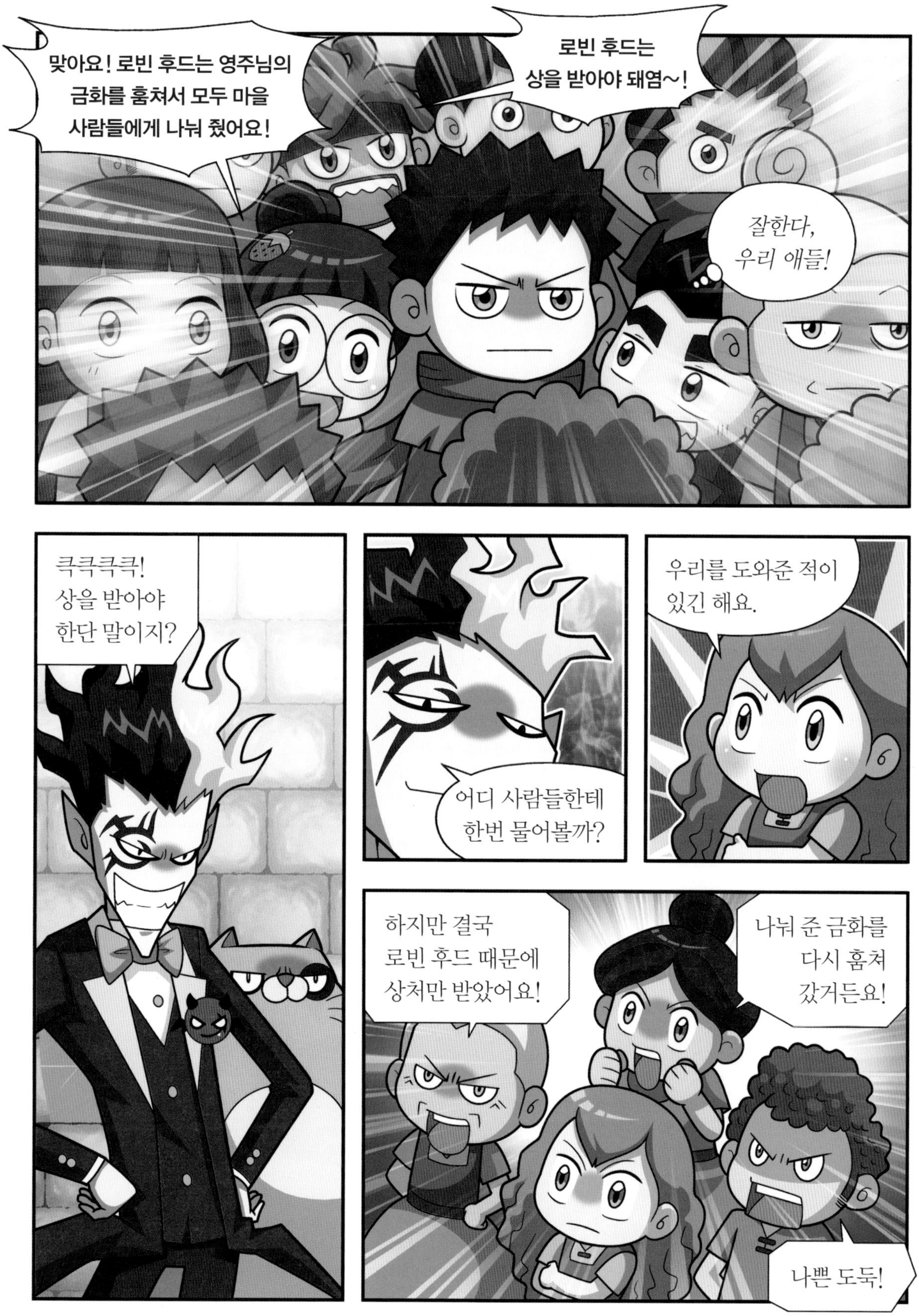
맞아요! 로빈 후드는 영주님의 금화를 훔쳐서 모두 마을 사람들에게 나눠 줬어요!
로빈 후드는 상을 받아야 돼염~!
잘한다, 우리 애들!
크크크크! 상을 받아야 한단 말이지?
어디 사람들한테 한번 물어볼까?
우리를 도와준 적이 있긴 해요.
하지만 결국 로빈 후드 때문에 상처만 받았어요!
나눠 준 금화를 다시 훔쳐 갔거든요!
나쁜 도둑!

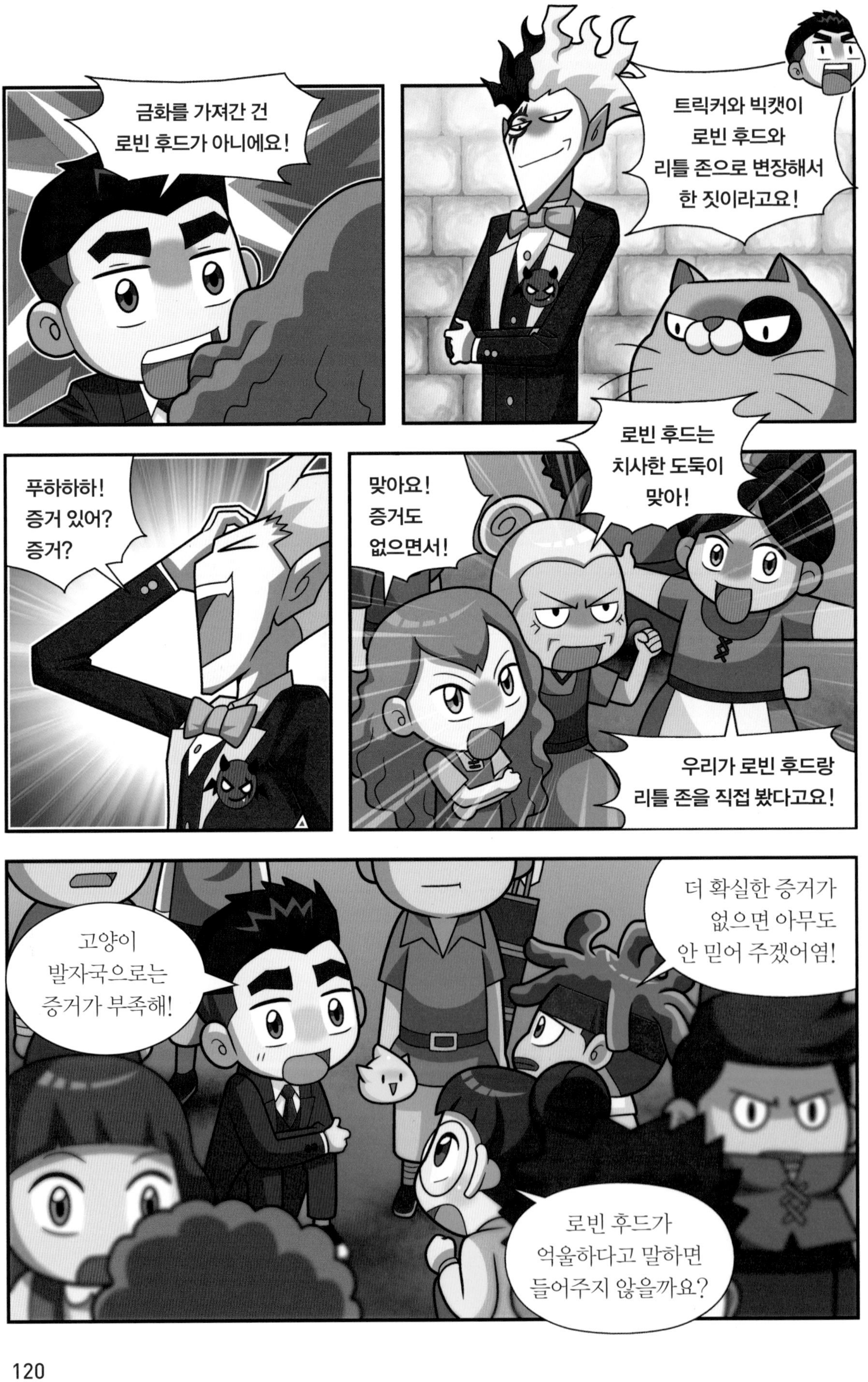

금화를 가져간 건 로빈 후드가 아니에요!
트릭커와 빅캣이 로빈 후드와 리틀 존으로 변장해서 한 짓이라고요!
로빈 후드는 치사한 도둑이 맞아!
푸하하하! 증거 있어? 증거?
맞아요! 증거도 없으면서!
우리가 로빈 후드랑 리틀 존을 직접 봤다고요!
고양이 발자국으로는 증거가 부족해!
더 확실한 증거가 없으면 아무도 안 믿어 주겠어염!
로빈 후드가 억울하다고 말하면 들어주지 않을까요?

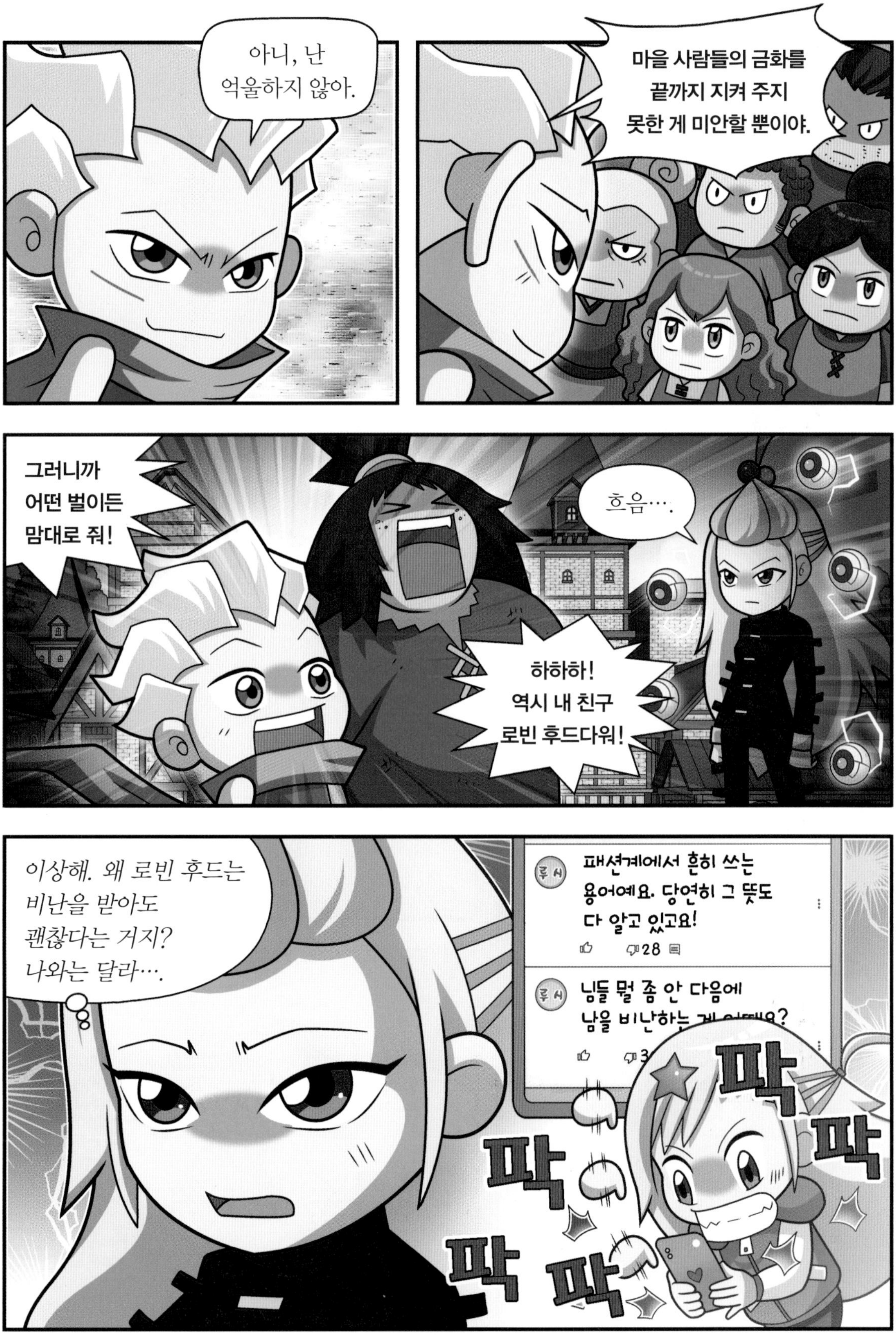
아니, 난
억울하지 않아.
마을 사람들의 금화를
끝까지 지켜 주지
못한 게 미안할 뿐이야.
그러니까
어떤 벌이든
맘대로 줘!
흐음….
하하하!
역시 내 친구
로빈 후드다워!
이상해. 왜 로빈 후드는
비난을 받아도
괜찮다는 거지?
나와는 달라….
루시
패션계에서 흔히 쓰는
용어예요. 당연히 그 뜻도
다 알고 있고요!
28
루시
님들 뭘 좀 안 다음에
남을 비난하는 게
딱
딱
딱
딱
딱

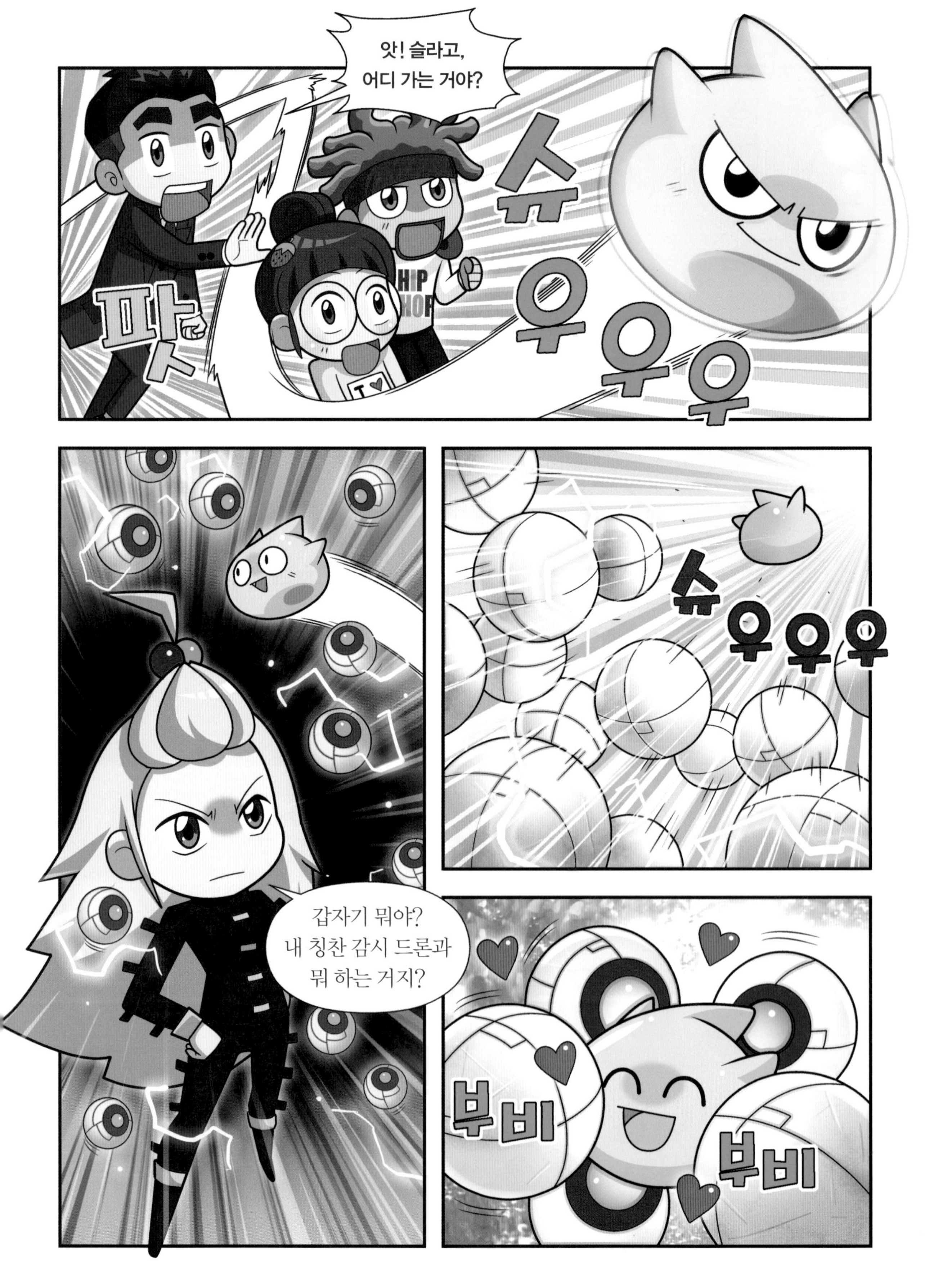
앗! 슬라고,
어디 가는 거야?
파
슈우우우
갑자기 뭐야?
내 칭찬 감시 드론과
뭐 하는 거지?
슈우우우
부비
부비

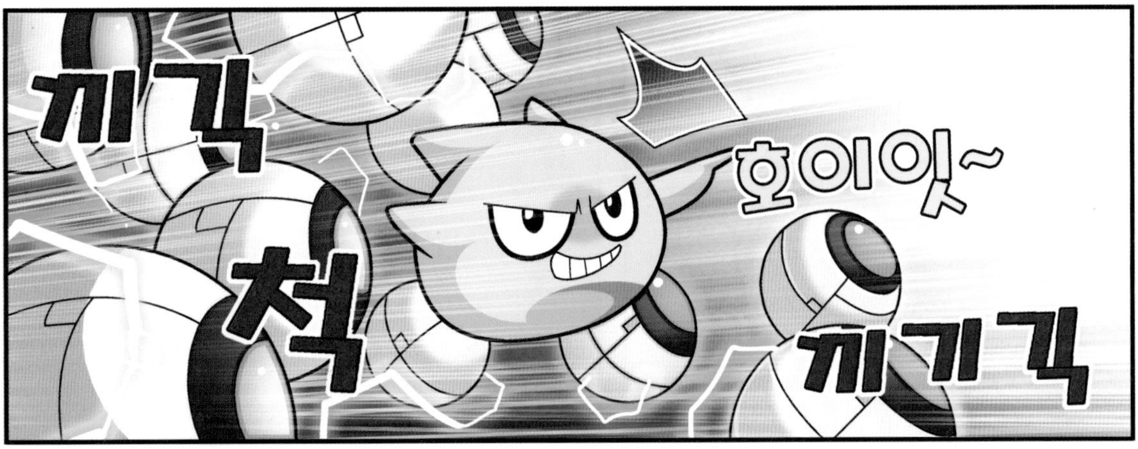
끼각
척
호이잇~
끼기각

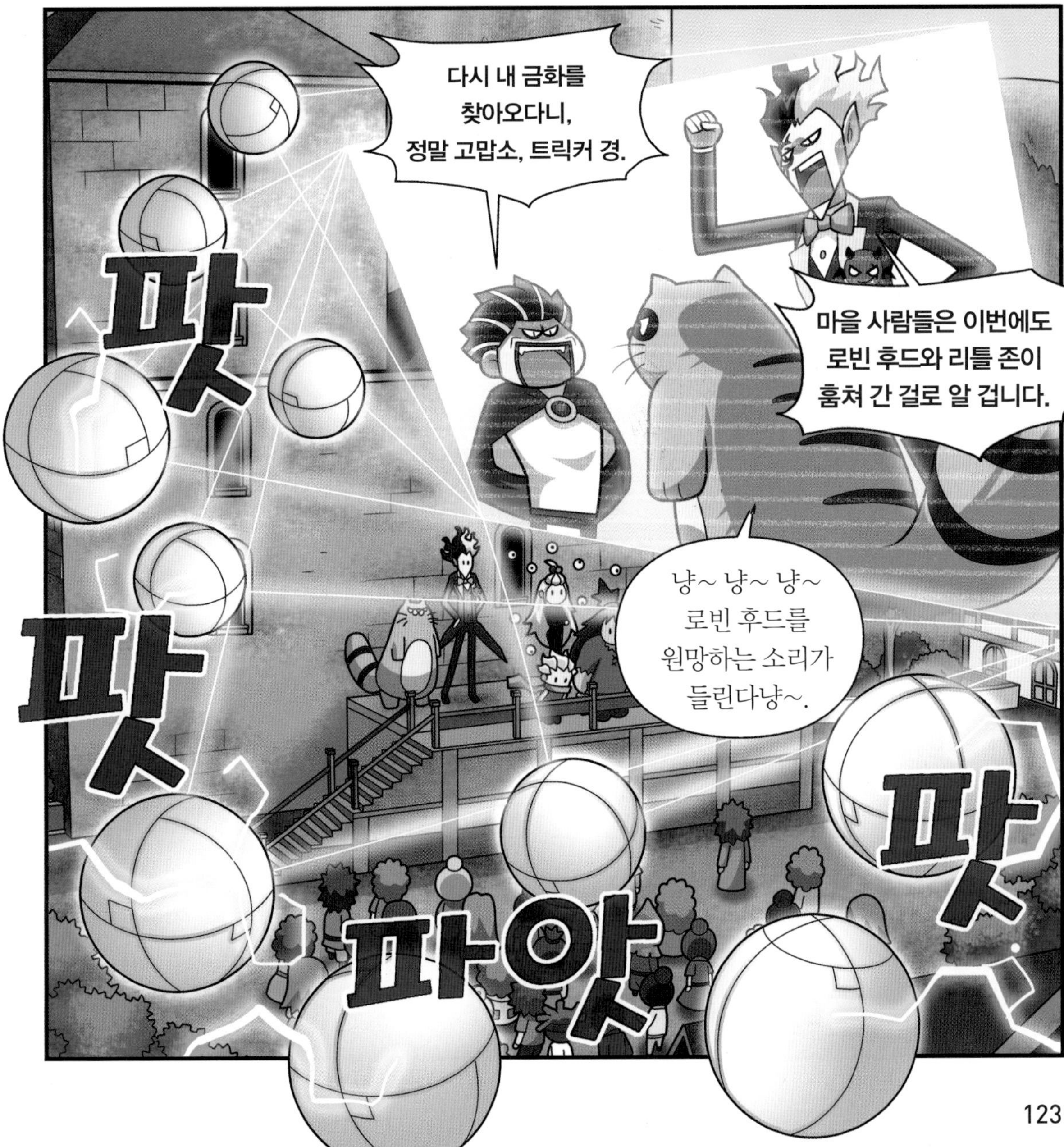
다시 내 금화를 찾아오다니, 정말 고맙소, 트릭커 경.
마을 사람들은 이번에도 로빈 후드와 리틀 존이 훔쳐 간 걸로 알 겁니다.
냥~ 냥~ 냥~ 로빈 후드를 원망하는 소리가 들린다냥~.
팟
팟
팟
파앗

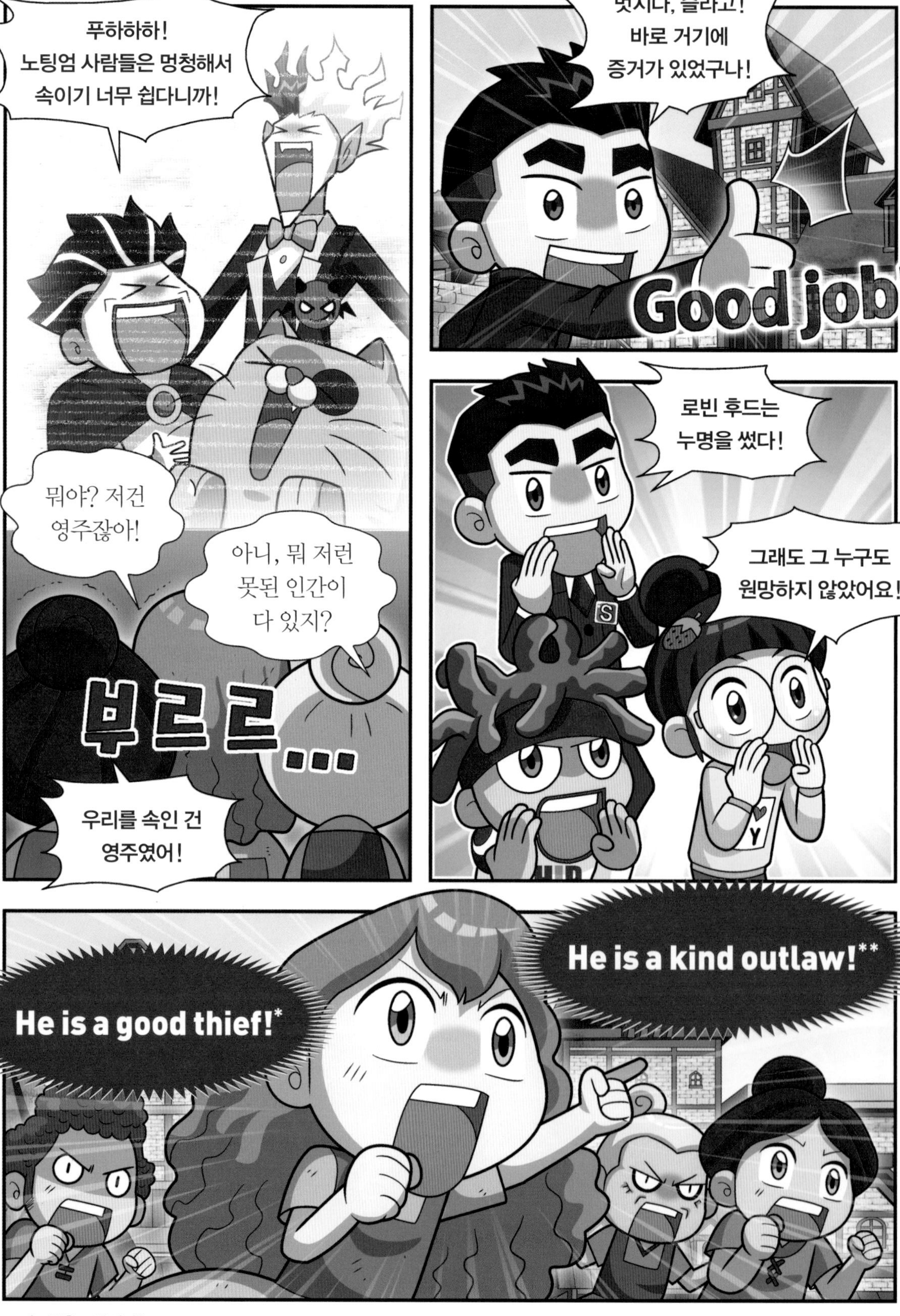
푸하하하!
노팅엄 사람들은 멍청해서
속이기 너무 쉽다니까!
멋지다, 슬라고!
바로 거기에
증거가 있었구나!
Good job!
뭐야? 저건
영주잖아!
아니, 뭐 저런
못된 인간이
다 있지?
부르르...
우리를 속인 건
영주였어!
로빈 후드는
누명을 썼다!
그래도 그 누구도
원망하지 않았어요!
He is a good thief!*
He is a kind outlaw!**

* 그는 좋은 도둑이다!
** 그는 친절한 무법자다!

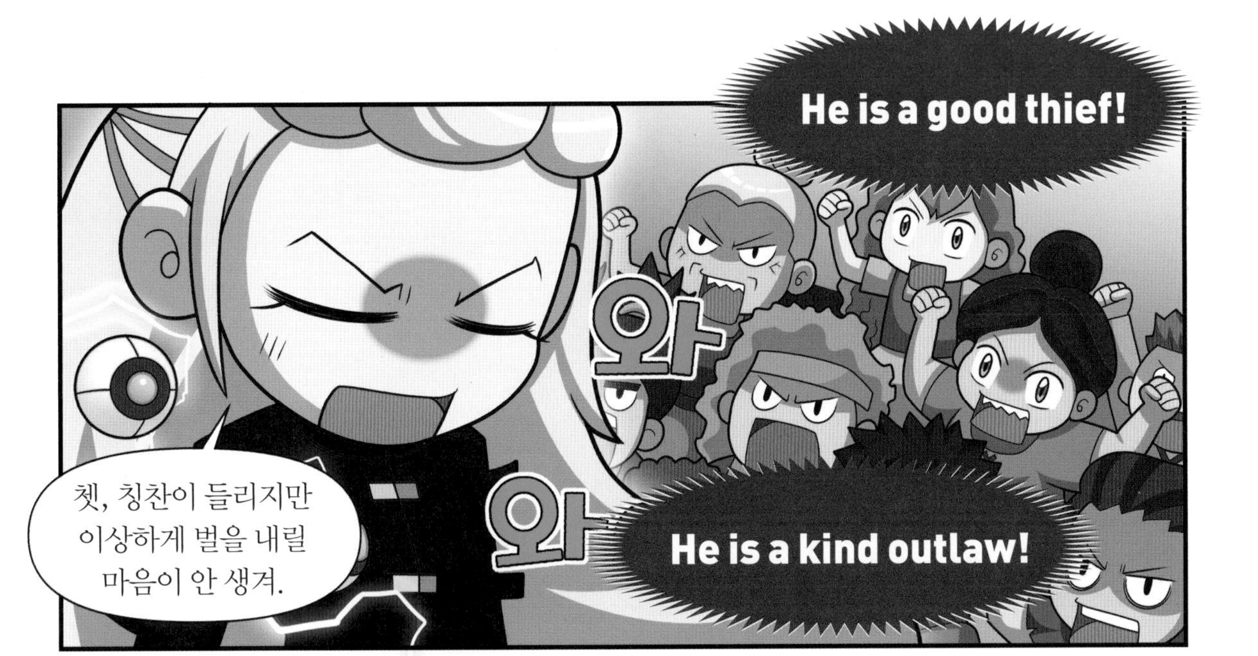
He is a good thief!
와
쳇, 칭찬이 들리지만 이상하게 벌을 내릴 마음이 안 생겨.
와
He is a kind outlaw!

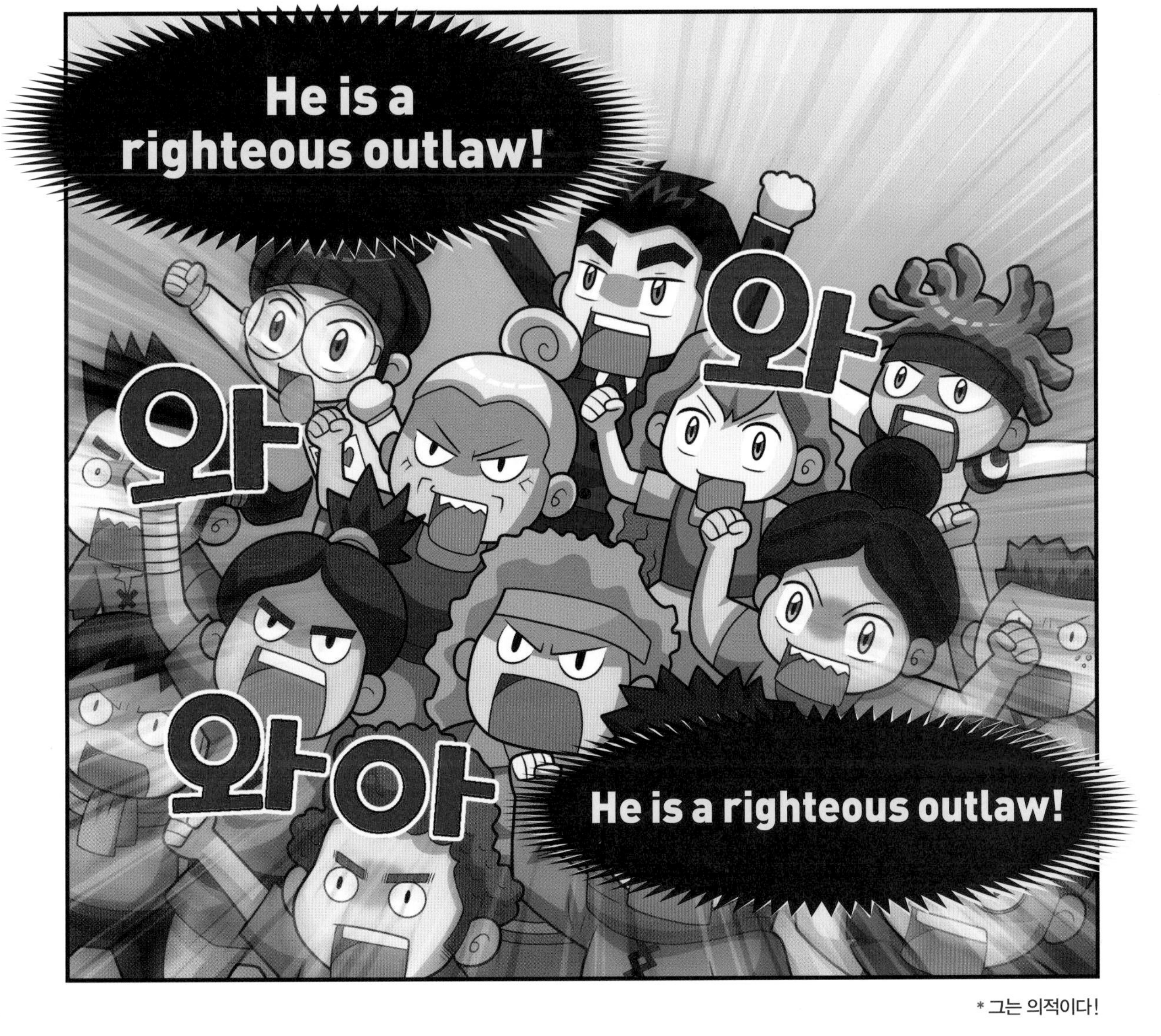
He is a righteous outlaw!*
와
와
와아
He is a righteous outlaw!

* 그는 의적이다!

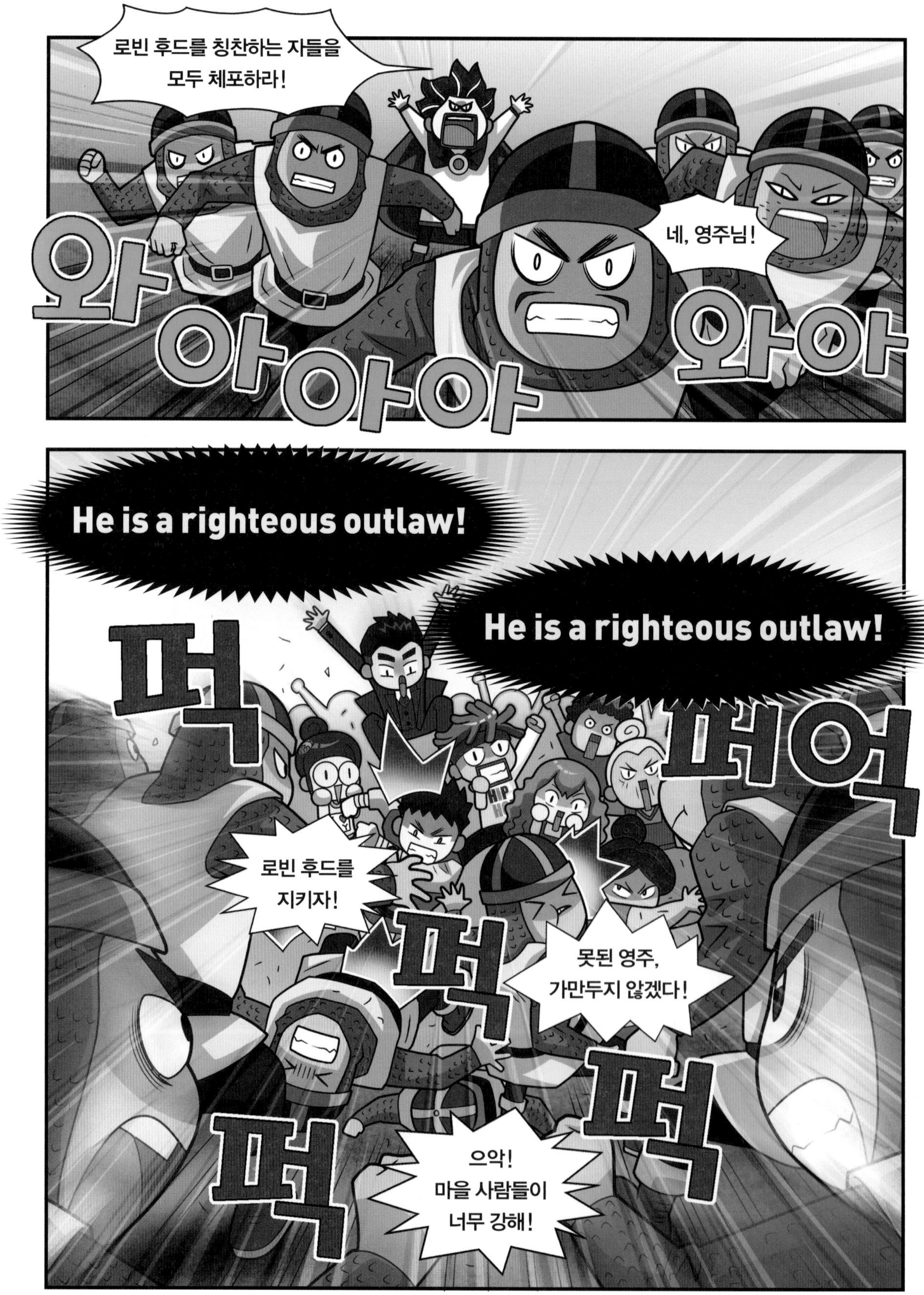
로빈 후드를 칭찬하는 자들을 모두 체포하라!
네, 영주님!
와아아아 와아
He is a righteous outlaw!
He is a righteous outlaw!
퍽
퍼억
로빈 후드를 지키자!
퍽
못된 영주, 가만두지 않겠다!
퍽
퍽
으악! 마을 사람들이 너무 강해!

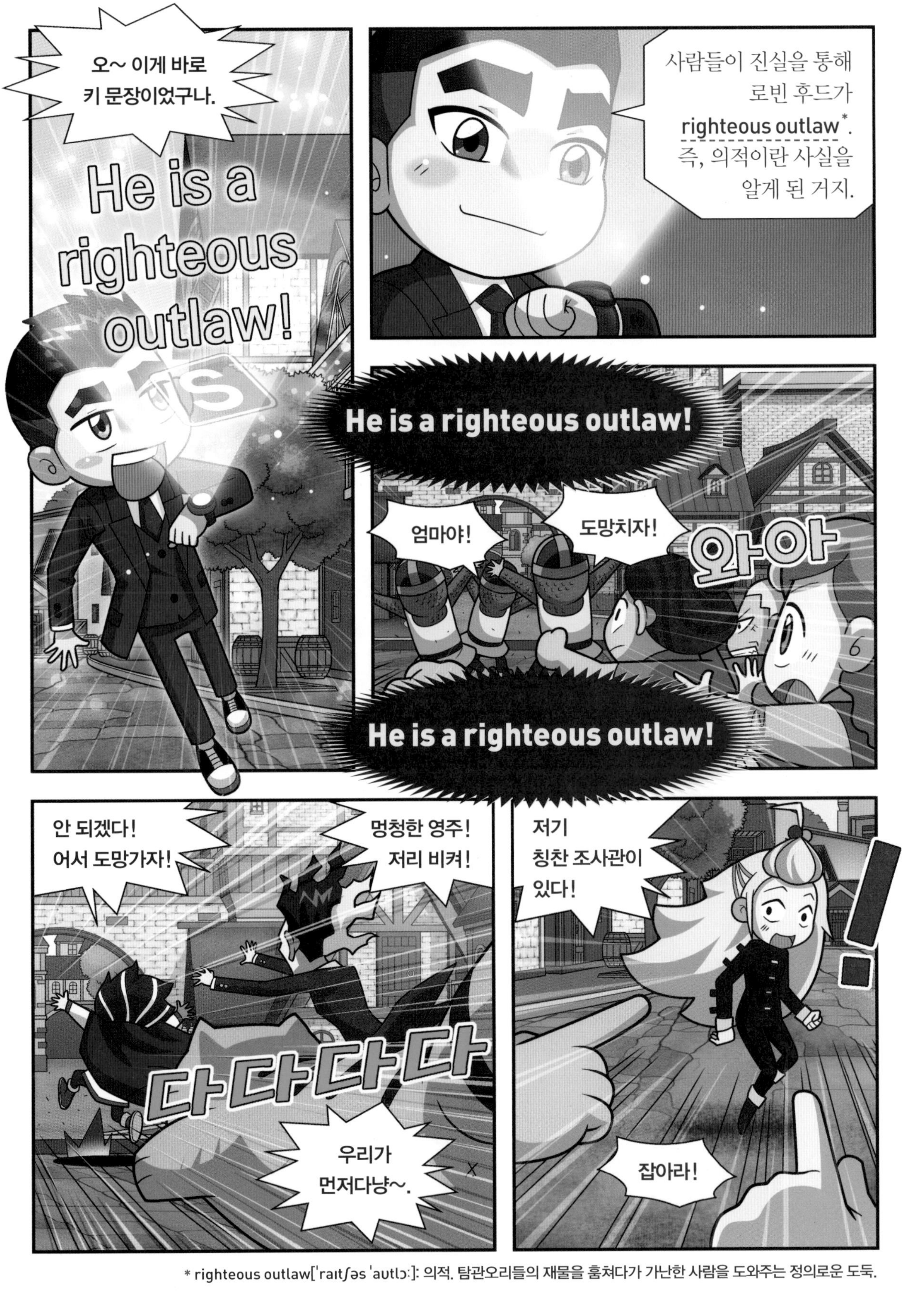
오~ 이게 바로
키 문장이었구나.
He is a righteous outlaw!
사람들이 진실을 통해
로빈 후드가
righteous outlaw*.
즉, 의적이란 사실을
알게 된 거지.
He is a righteous outlaw!
엄마야!
도망치자!
와아
He is a righteous outlaw!
안 되겠다!
어서 도망가자!
멍청한 영주!
저리 비켜!
다다다다다
우리가
먼저다냥~.
저기
칭찬 조사관이
있다!
잡아라!

* righteous outlaw[ˈraɪtʃəs ˈaʊtlɔː]: 의적. 탐관오리들의 재물을 훔쳐다가 가난한 사람을 도와주는 정의로운 도둑.

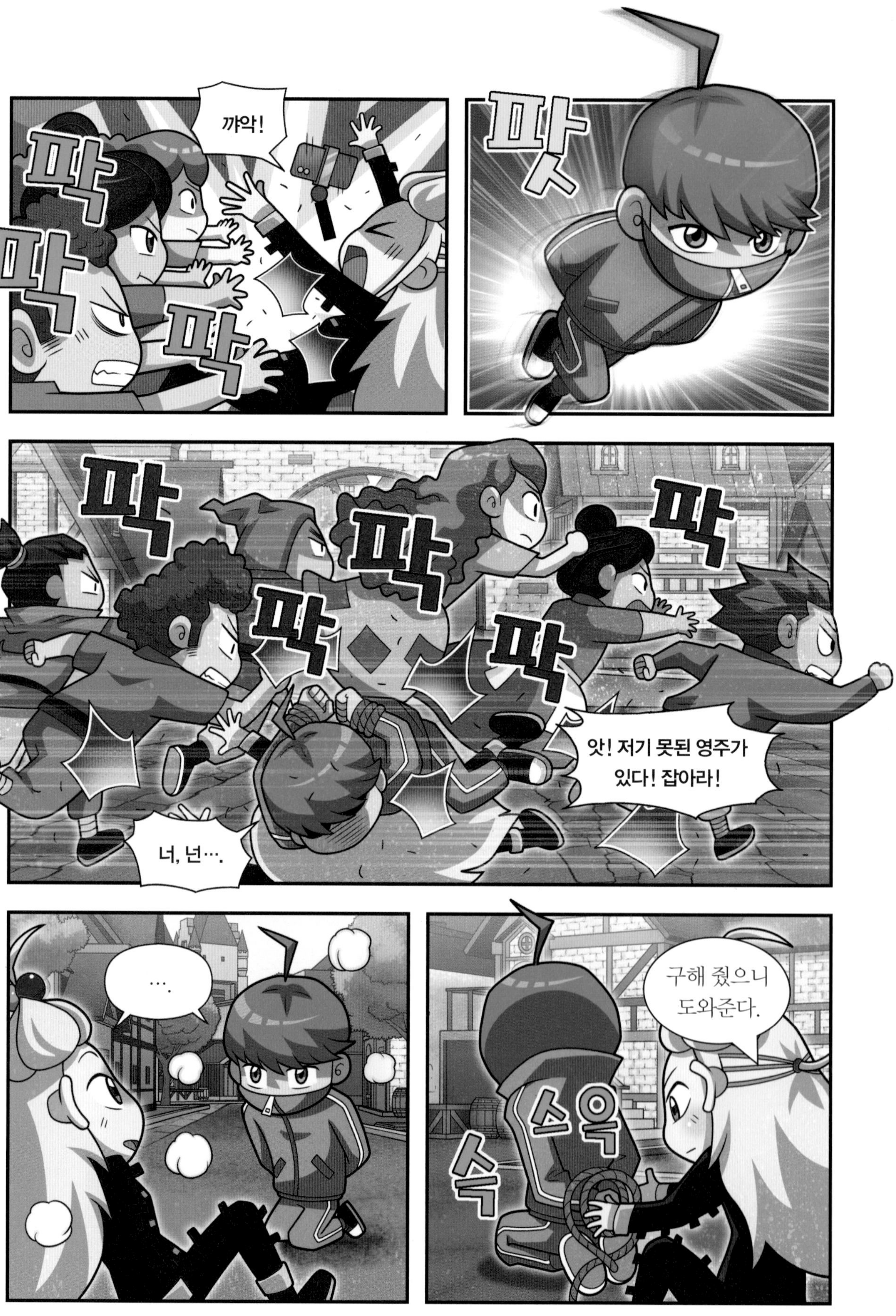

꺄악!
팍
팍
팍
팟
팍
팍
팍
팍
팍
앗! 저기 못된 영주가 있다! 잡아라!
너, 넌….
….
구해 줬으니 도와준다.
스윽
슥

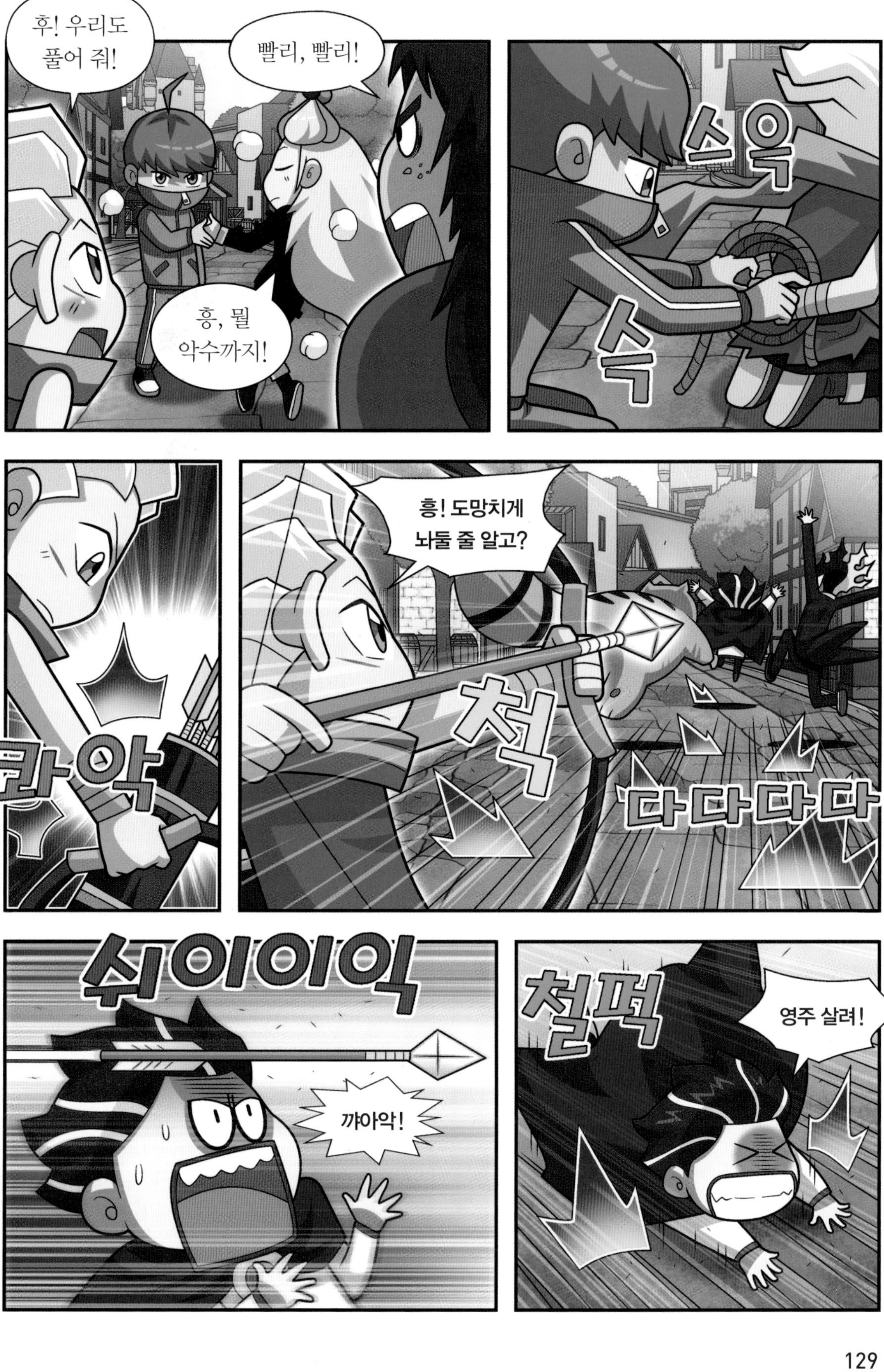

후! 우리도 풀어 줘!
빨리, 빨리!
흥, 뭘 악수까지!
스윽
슥
콰악
흥! 도망치게 놔둘 줄 알고?
척
다다다다다
쉬이이이익
꺄아악!
철퍽
영주 살려!

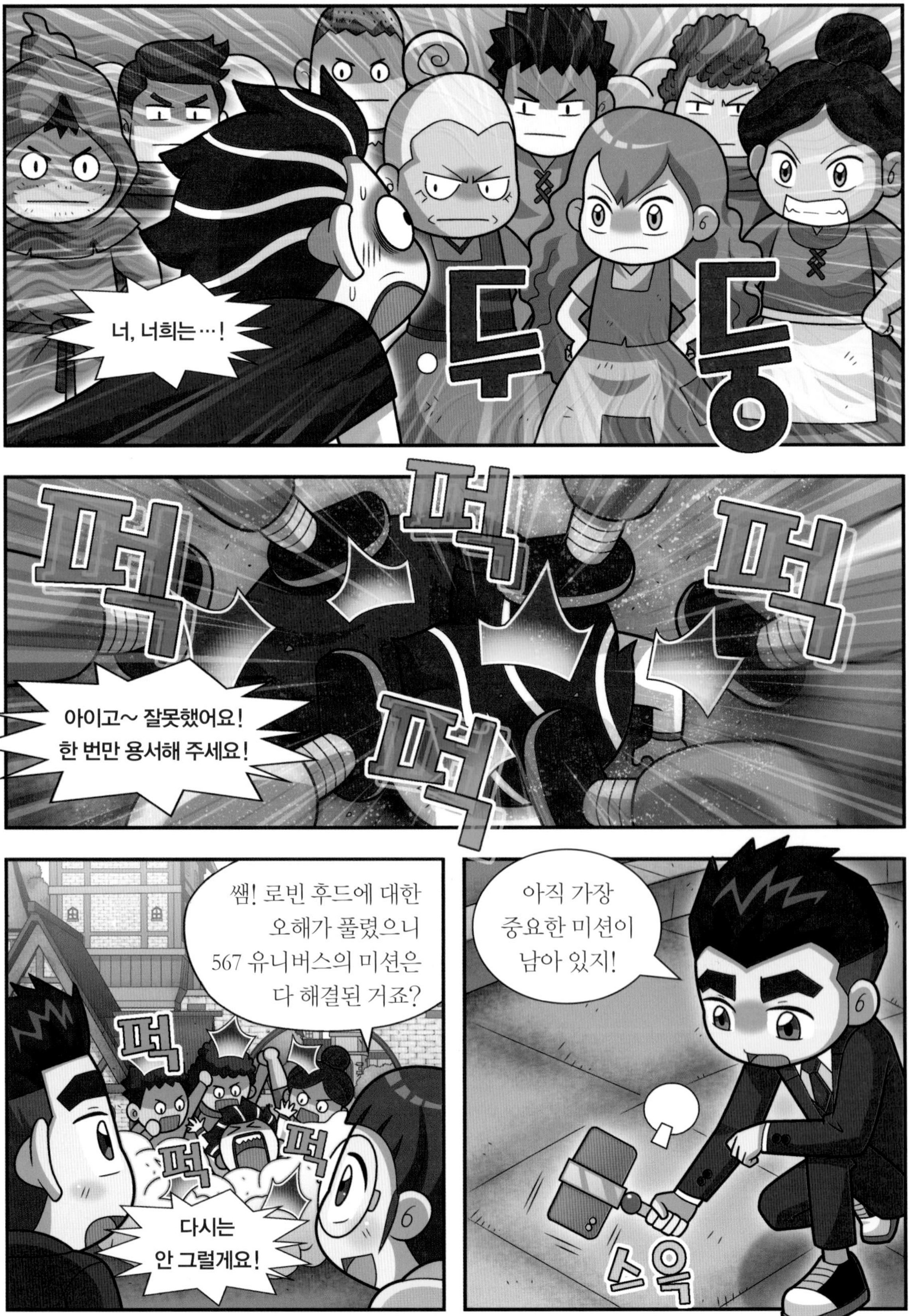
너, 너희는…!
두둥
퍽
퍽
퍽
퍽
아이고~ 잘못했어요!
한 번만 용서해 주세요!
쌤! 로빈 후드에 대한
오해가 풀렸으니
567 유니버스의 미션은
다 해결된 거죠?
퍽
퍽
퍽
다시는
안 그럴게요!
아직 가장
중요한 미션이
남아 있지!
스윽

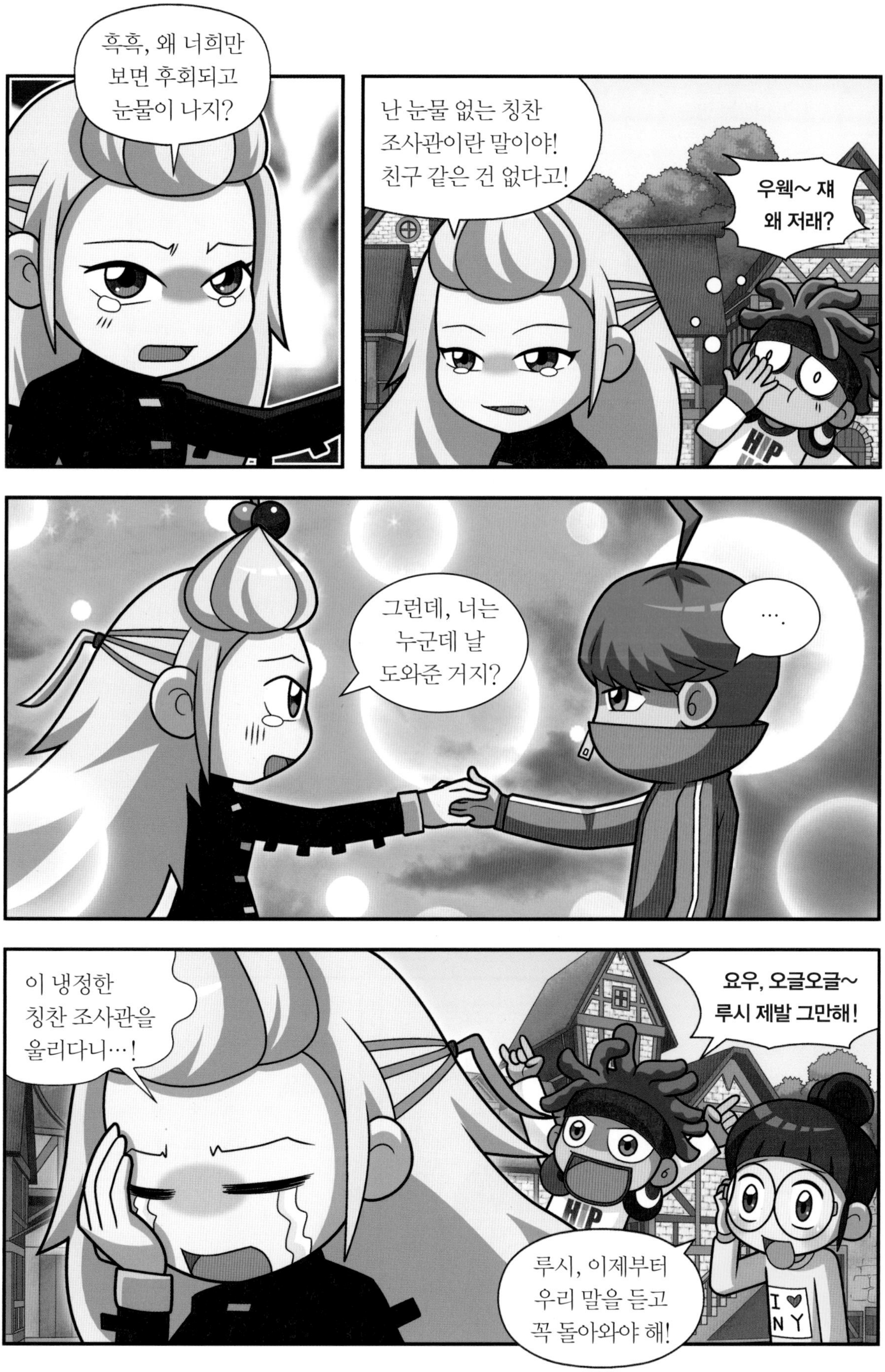
흑흑, 왜 너희만
보면 후회되고
눈물이 나지?
난 눈물 없는 칭찬
조사관이란 말이야!
친구 같은 건 없다고!
우웩~ 쟤
왜 저래?
그런데, 너는
누군데 날
도와준 거지?
….
이 냉정한
칭찬 조사관을
울리다니…!
요우, 오글오글~
루시 제발 그만해!
루시, 이제부터
우리 말을 듣고
꼭 돌아와야 해!

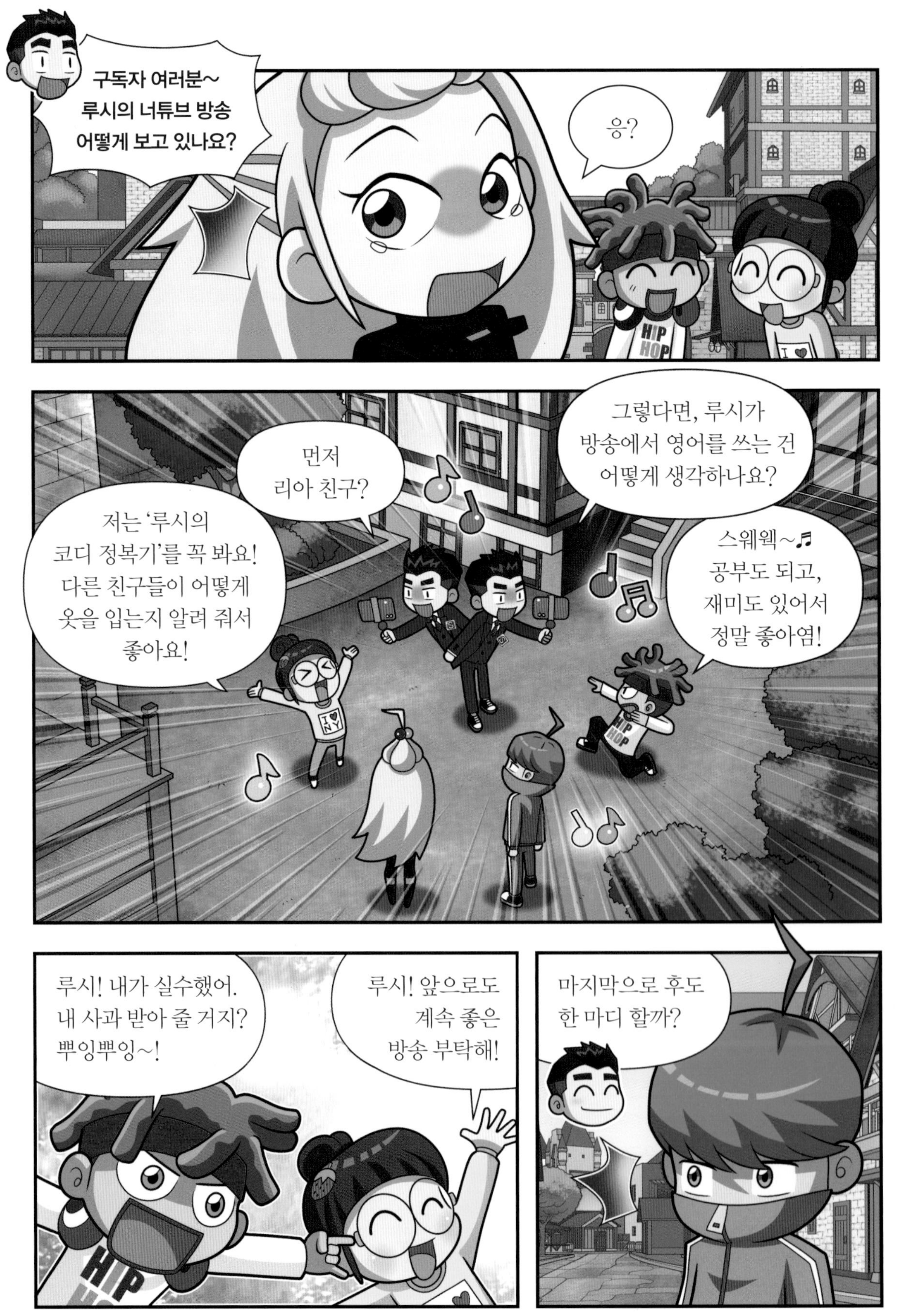

구독자 여러분~ 루시의 너튜브 방송 어떻게 보고 있나요?
응?
먼저 리아 친구?
저는 '루시의 코디 정복기'를 꼭 봐요! 다른 친구들이 어떻게 옷을 입는지 알려 줘서 좋아요!
그렇다면, 루시가 방송에서 영어를 쓰는 건 어떻게 생각하나요?
스웨엑~♬ 공부도 되고, 재미도 있어서 정말 좋아염!
루시! 내가 실수했어. 내 사과 받아 줄 거지? 뿌잉뿌잉~!
루시! 앞으로도 계속 좋은 방송 부탁해!
마지막으로 후도 한 마디 할까?

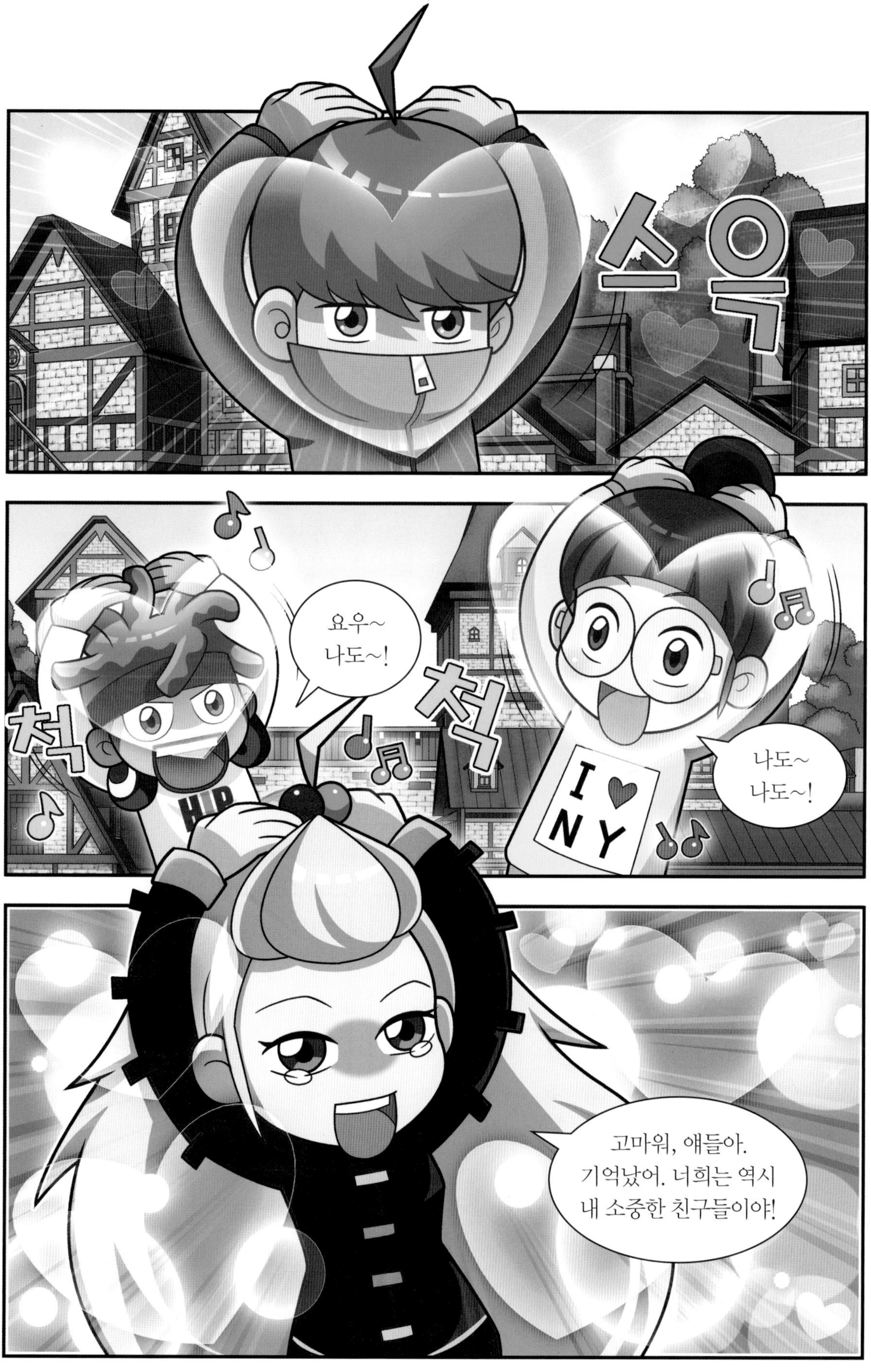

스윽
요우~ 나도~!
척
척
나도~ 나도~!
I ♥ NY
고마워, 얘들아. 기억났어. 너희는 역시 내 소중한 친구들이야!

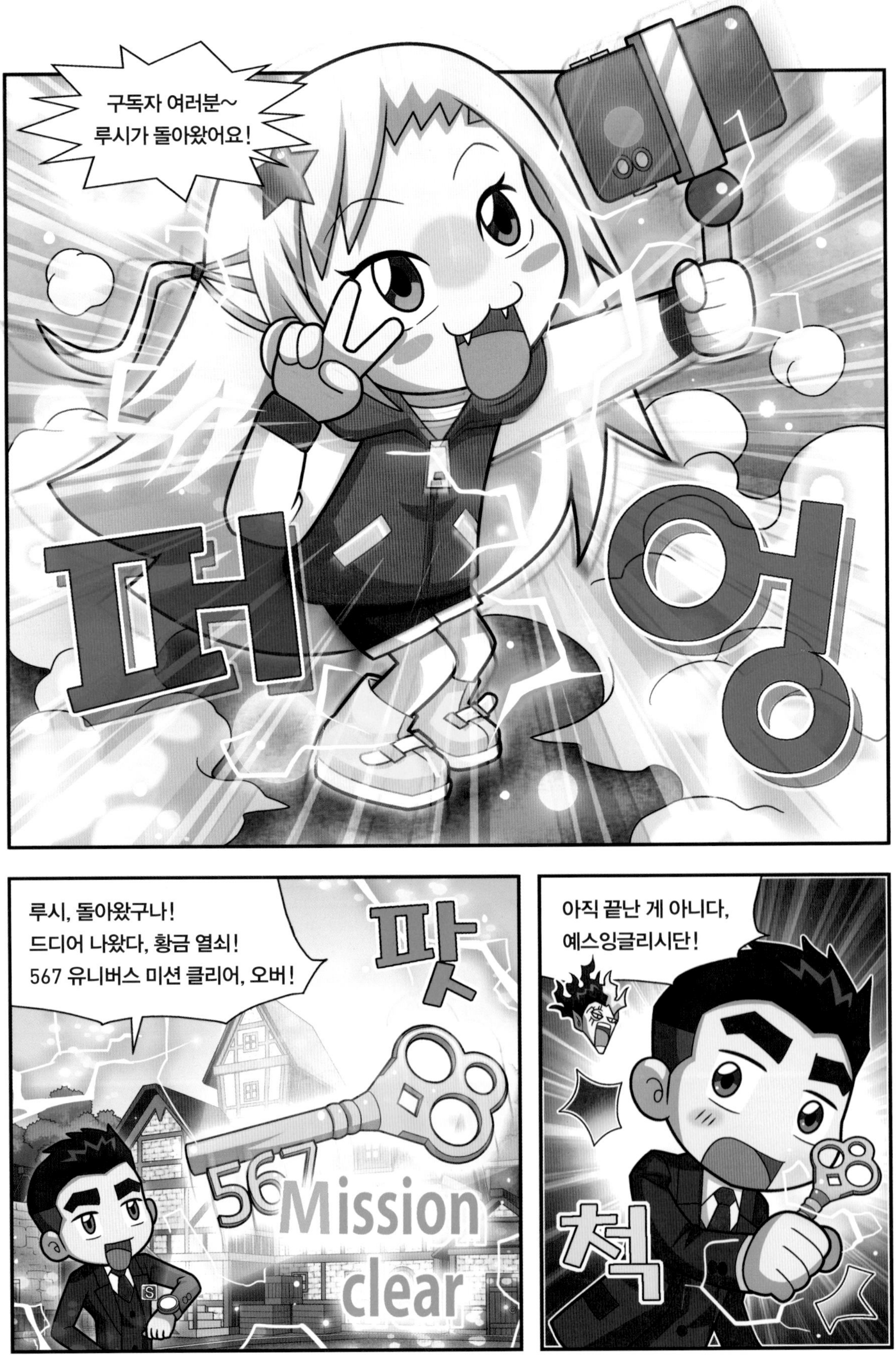
구독자 여러분~
루시가 돌아왔어요!
펴엉
루시, 돌아왔구나!
드디어 나왔다, 황금 열쇠!
567 유니버스 미션 클리어, 오버!
팟
567
Mission
clear
아직 끝난 게 아니다,
예스잉글리시단!
척

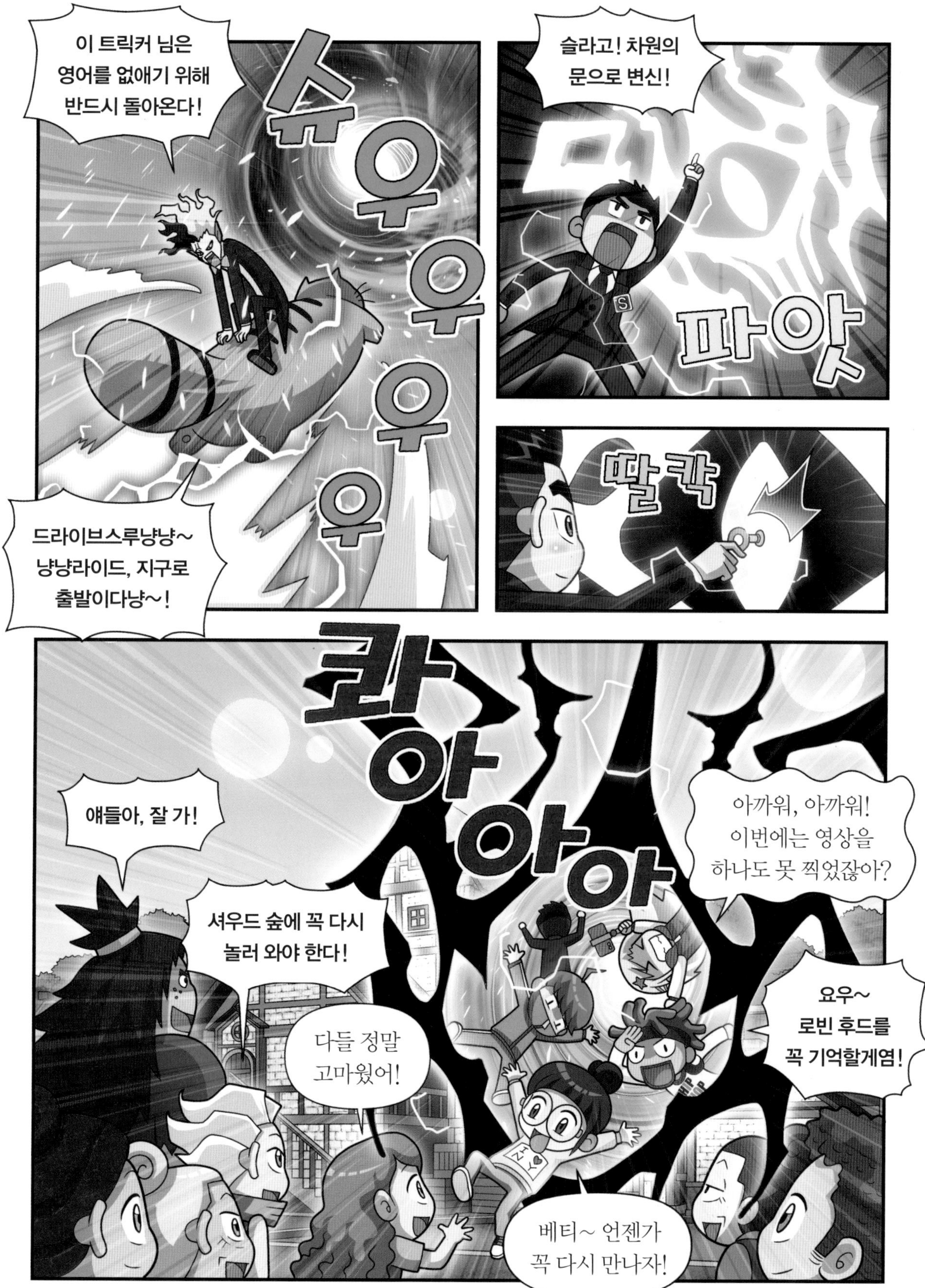
이 트릭커 님은 영어를 없애기 위해 반드시 돌아온다!
슈우우우우
드라이브스루냥냥~ 냥냥라이드, 지구로 출발이다냥~!
슬라고! 차원의 문으로 변신!
파앗
딸칵
콰아아아
얘들아, 잘 가!
아까워, 아까워! 이번에는 영상을 하나도 못 찍었잖아?
셔우드 숲에 꼭 다시 놀러 와야 한다!
요우~ 로빈 후드를 꼭 기억할게염!
다들 정말 고마웠어!
베티~ 언젠가 꼭 다시 만나자!

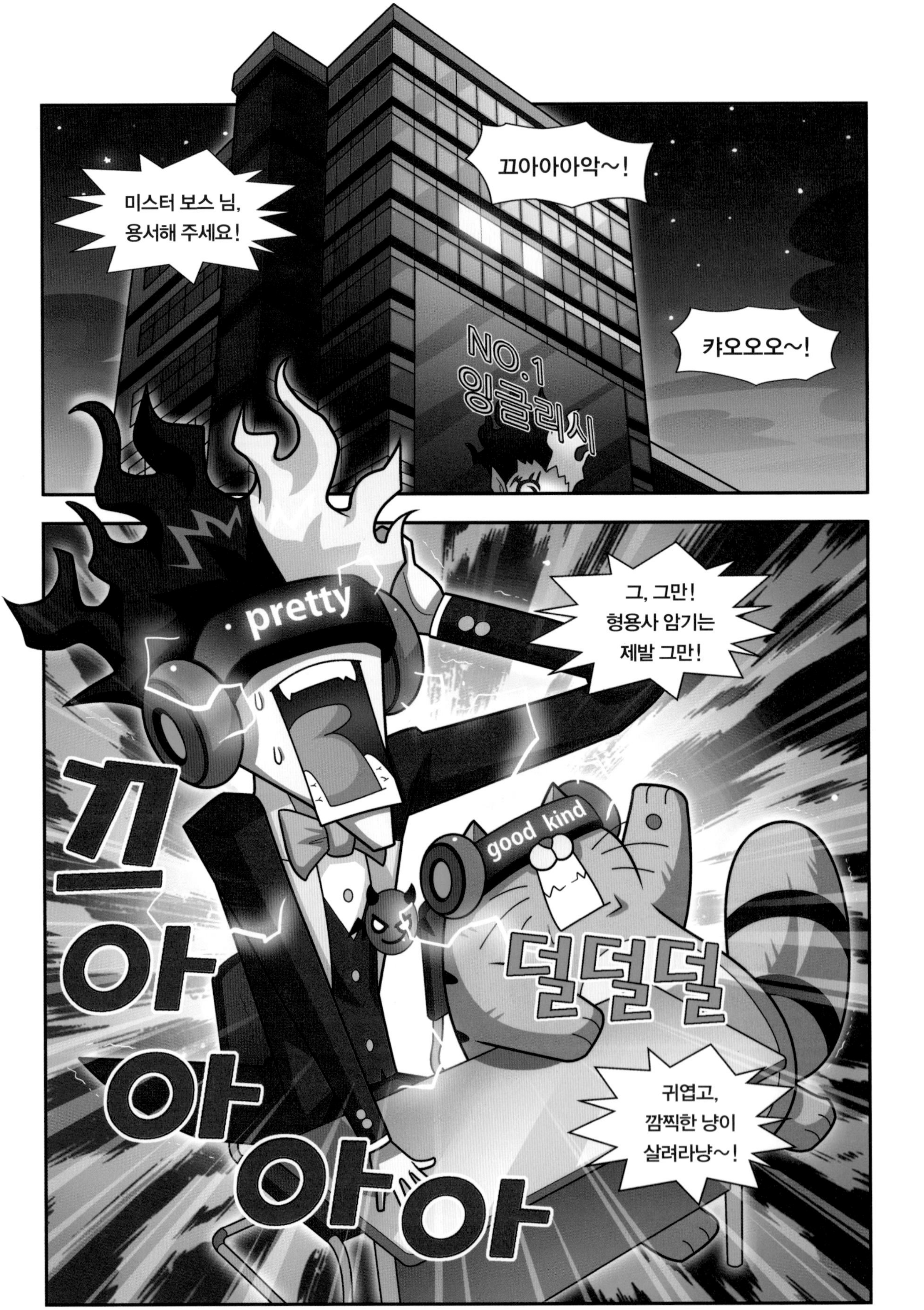
미스터 보스 님,
용서해 주세요!
끄아아아악~!
캬오오오~!
NO.1
잉글리시
pretty
그, 그만!
형용사 암기는
제발 그만!
good kind
끄아아아아
덜덜덜
귀엽고,
깜찍한 냥이
살려라냥~!

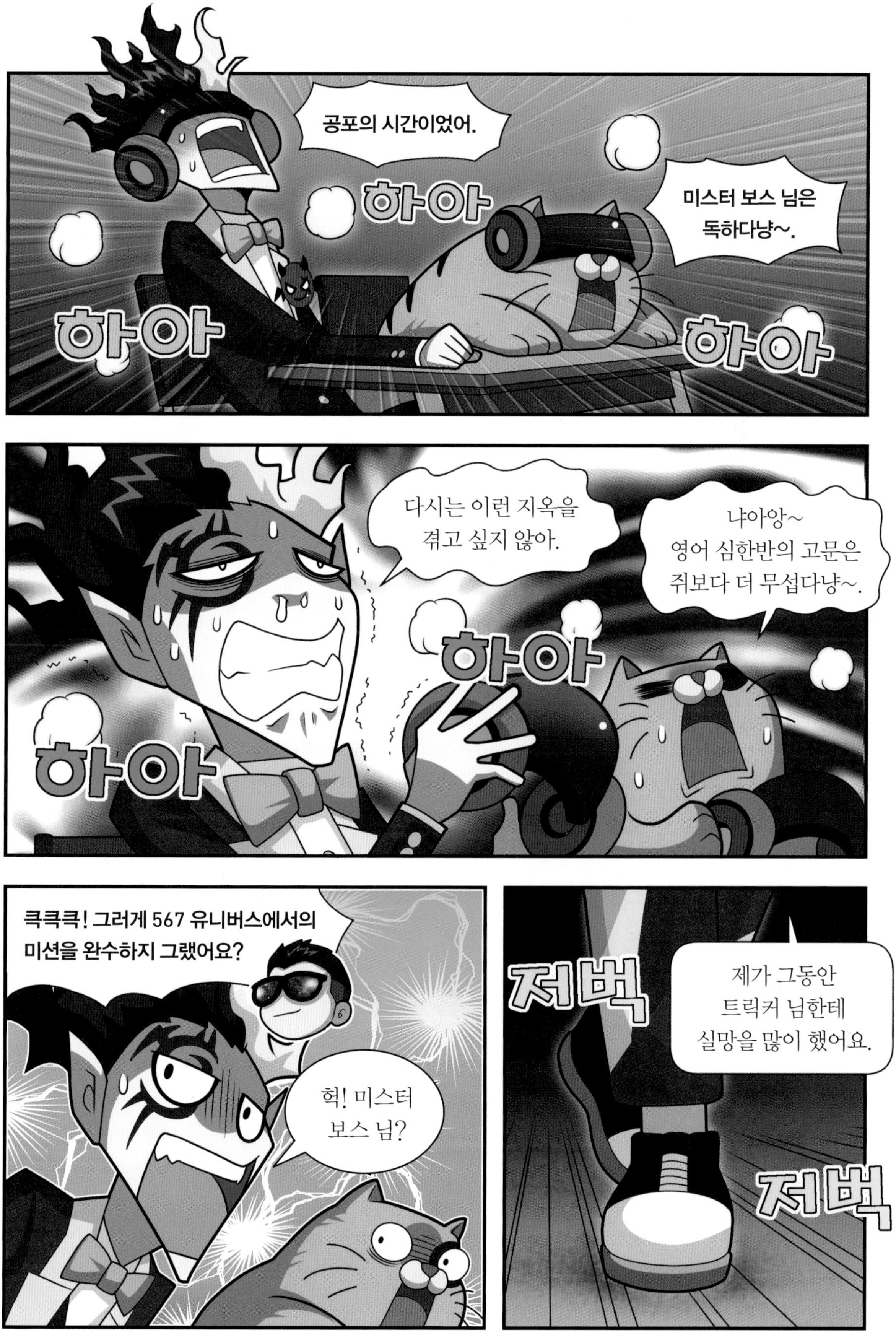
공포의 시간이었어.
미스터 보스 님은 독하다냥~.
하아
하아
하아
다시는 이런 지옥을 겪고 싶지 않아.
냐아앙~ 영어 심한반의 고문은 쥐보다 더 무섭다냥~.
하아
하아
큭큭큭! 그러게 567 유니버스에서의 미션을 완수하지 그랬어요?
헉! 미스터 보스 님?
제가 그동안 트릭커 님한테 실망을 많이 했어요.
저벅
저벅

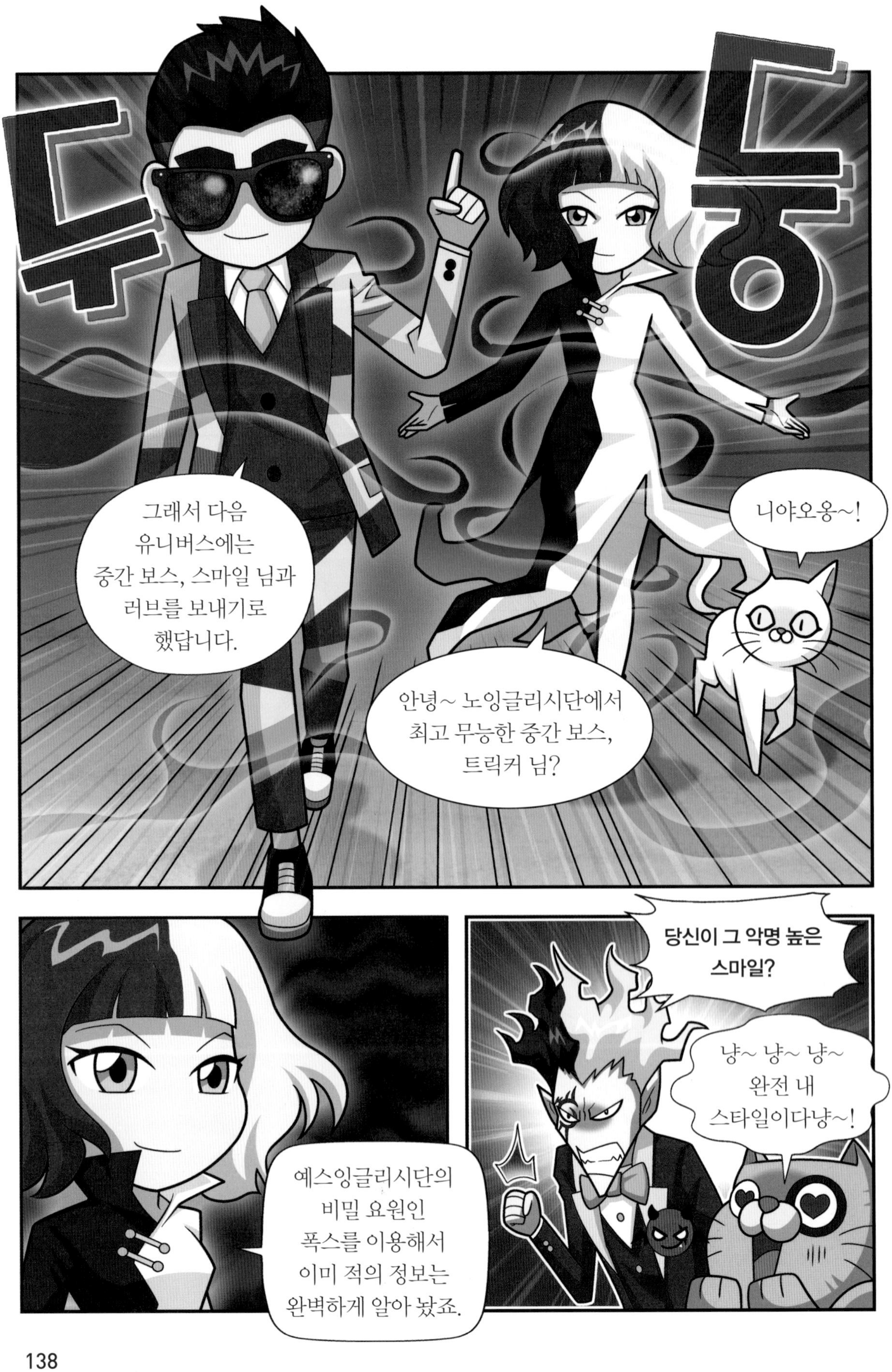
두둥
그래서 다음 유니버스에는 중간 보스, 스마일 님과 러브를 보내기로 했답니다.
니야오옹~!
안녕~ 노잉글리시단에서 최고 무능한 중간 보스, 트릭커 님?
당신이 그 악명 높은 스마일?
냥~ 냥~ 냥~ 완전 내 스타일이다냥~!
예스잉글리시단의 비밀 요원인 폭스를 이용해서 이미 적의 정보는 완벽하게 알아 놨죠.

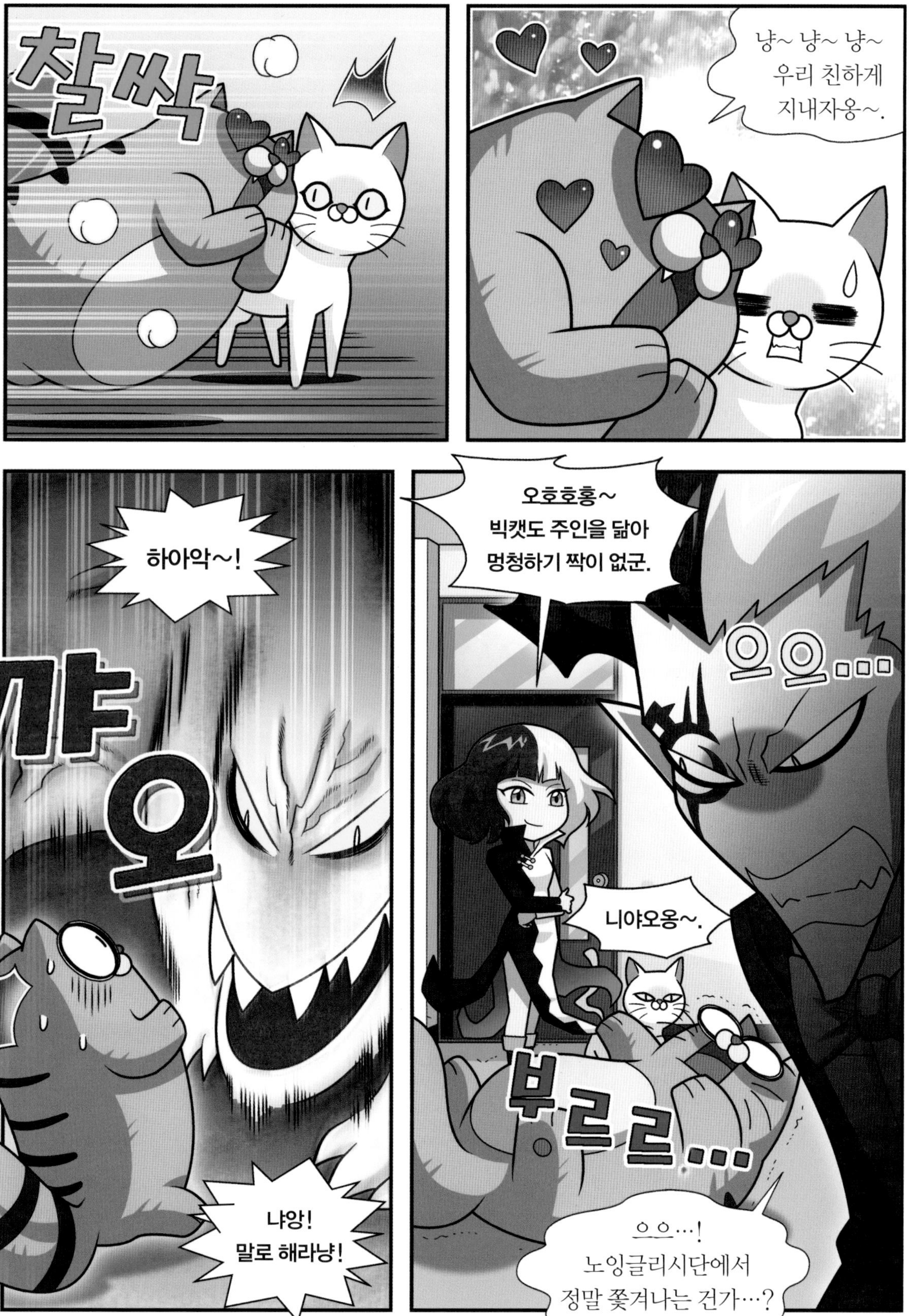
찰싹
냥~ 냥~ 냥~ 우리 친하게 지내자옹~.
하아악~!
캬오
냐앙! 말로 해라냥!
오호호홍~ 빅캣도 주인을 닮아 멍청하기 짝이 없군.
으으…
니야오옹~.
부르르…
으으…! 노잉글리시단에서 정말 쫓겨나는 건가…?

예스어학원
수업 시간

 1교시 · **단어** Vocabulary

 2교시 · **문법 1, 2, 3** Grammar 1, 2, 3

 3교시 · **게임** Recess

 4교시 · **읽고 쓰기** Reading & Writing

 5교시 · **유니버스 이야기** Story

6교시 · **말하기** Speaking

7교시 · **쪽지 시험** Quiz

예스어학원의 수업 시간표야!
공부를 시작하기 전에
시간표 정도는 봐 둬야겠지?

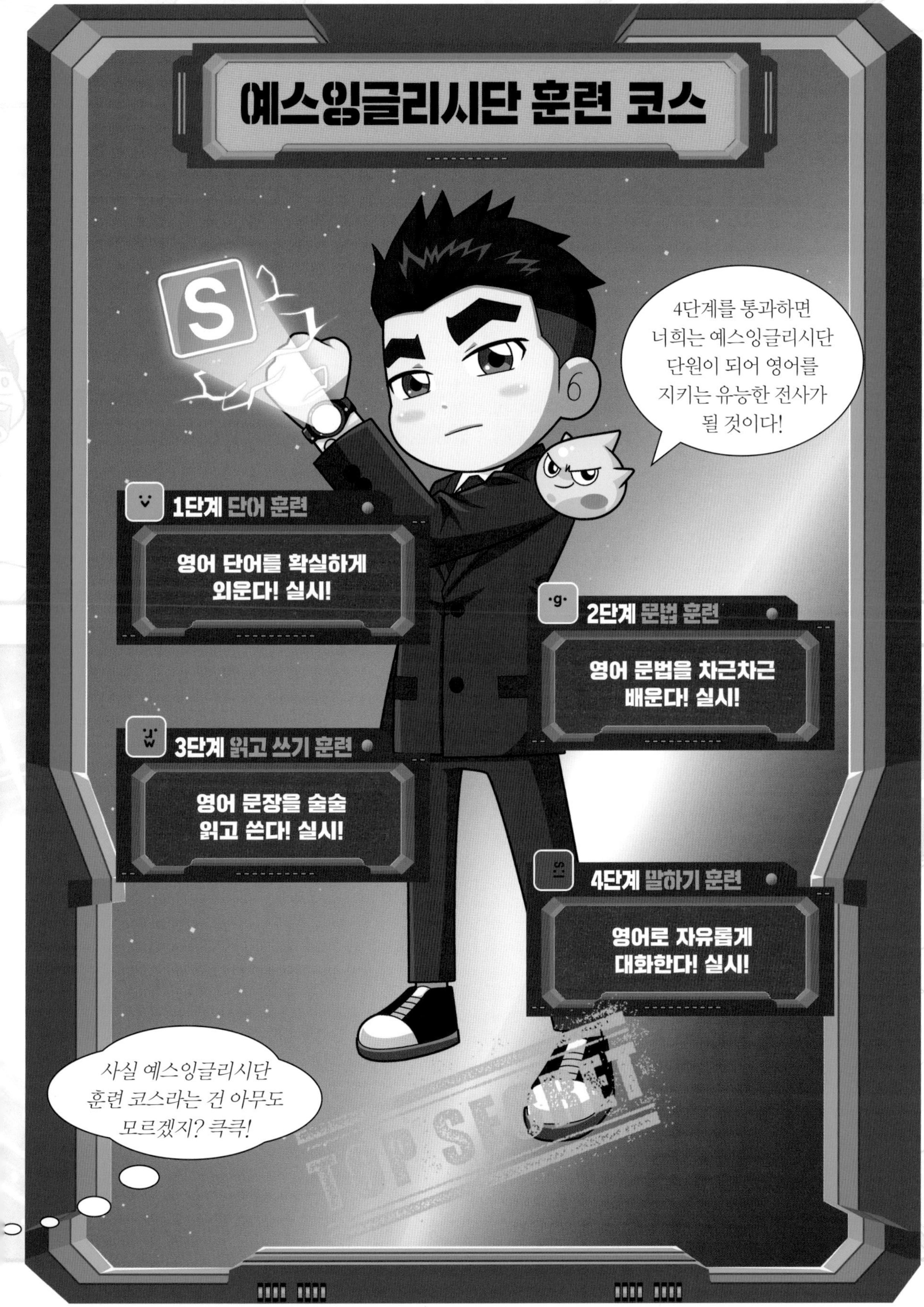
예스잉글리시단 훈련 코스
4단계를 통과하면 너희는 예스잉글리시단 단원이 되어 영어를 지키는 유능한 전사가 될 것이다!
1단계 단어 훈련
영어 단어를 확실하게 외운다! 실시!
2단계 문법 훈련
영어 문법을 차근차근 배운다! 실시!
3단계 읽고 쓰기 훈련
영어 문장을 술술 읽고 쓴다! 실시!
4단계 말하기 훈련
영어로 자유롭게 대화한다! 실시!
사실 예스잉글리시단 훈련 코스라는 건 아무도 모르겠지? 큭큭!
TOP SECRET

1교시 😊 단어 • Vocabulary

step 1. 단어 강의

영어의 첫걸음은 단어를 외우는 것에서부터 시작된단다.
단어를 많이 알아야 영어를 잘할 수 있어. 그럼 5권의 필수 단어를 한번 외워 볼까?

No.	외모	Appearance	No.	상태	Condition
1	귀여운	cute	11	훌륭한	brilliant
2	우아한	elegant	12	차분한	calm
3	멋있는	stylish	13	아주 맛있는	delicious
4	예쁜	pretty	14	행복한	happy
5	사랑스러운	lovely	15	슬픈	sad
6	아름다운	beautiful	16	화난	angry
7	매력적인	attractive	17	신난	excited
8	못생긴	ugly	18	시끄러운	noisy
9	키가 큰	tall	19	배고픈	hungry
10	키가 작은	short	20	배부른, 가득한	full

cute, pretty, lovely, beautiful! 모두 나를 위한 단어지.

끄덕 끄덕

나와 딱 어울리는 단어는 brilliant!

원어민 발음 듣기
QR코드를 찍어 봐!

No.	성격	Personality
21	용감한	brave
22	친절한	kind
23	좋은	good
24	정의로운	righteous
25	안 좋은	bad

No.	성격	Personality
26	멋진	nice
27	웃기는	funny
28	적극적인	active
29	조심하는	careful
30	침착한, 쌀쌀맞은	cool

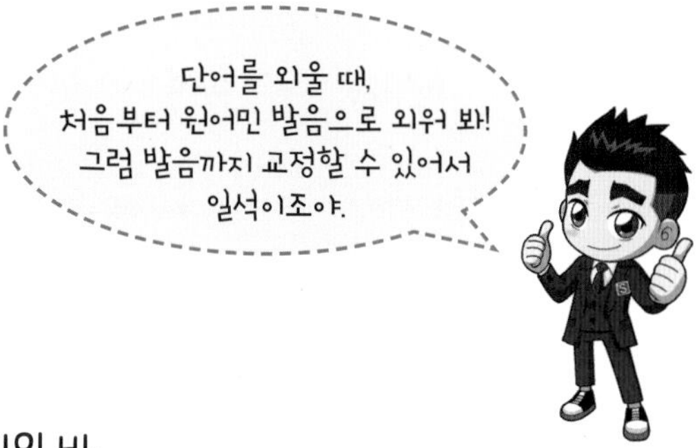
단어를 외울 때,
처음부터 원어민 발음으로 외워 봐!
그럼 발음까지 교정할 수 있어서
일석이조야.

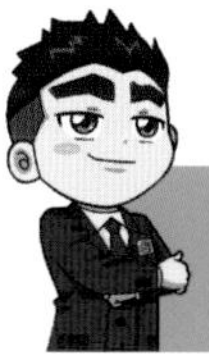

step 2. 단어 시험

단어를 확실하게 외웠는지 한번 볼까? 빈칸을 채워 봐.

- 매력적인 ______________________
- 배고픈 ______________________
- 키가 큰 ______________________
- 친절한 ______________________
- 훌륭한 ______________________
- 정의로운 ______________________
- 아주 맛있는 ______________________
- 멋진 ______________________
- 화난 ______________________
- 적극적인 ______________________

* 정답은 162~163쪽에 있습니다.

2교시 ·g· 문법 1 • Grammar 1

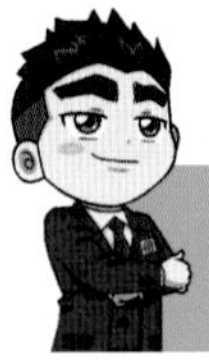

step 1. 문법 강의

어떤 대상의 이름을 나타내는 단어를 '명사'라고 부른다고 했지? 이런 명사의 동작을 알려 주는 단어를 '동사'라고 해. 또 이 명사가 어떻게 생겼는지, 어떤 성질인지를 구체적으로 알려 주는 단어가 '형용사'야. 형용사의 종류는 아주 다양해.

형용사의 종류	
색/크기/모양	**red** 빨간, **blue** 파란, **big** 큰, **small** 작은, **round** 둥근, **square** 사각의
감정/상태	**happy** 행복한, **sad** 슬픈, **glad** 기쁜, **angry** 화난, **bored** 지루해하는, **fast** 빠른
날씨/명암	**hot** 더운, **cold** 추운, **rainy** 비 오는, **sunny** 맑은, **dark** 어두운, **bright** 밝은
외모	**beautiful** 아름다운, **handsome** 잘생긴, **young** 젊은, **old** 늙은
재질	**wooden** 나무로 된, **metal** 금속으로 된
국적	**Korean** 한국의, **American** 미국의, **Chinese** 중국의, **Japanese** 일본의
성격	**brave** 용감한, **kind** 친절한, **funny** 웃기는, **active** 적극적인, **careful** 조심하는

형용사는 설명하려고 하는 명사 바로 앞에 오거나, Be 동사 뒤에 와.
이때, 동사와는 다르게 형용사는 명사에 맞춰 모양이 바뀌지 않아.

명사 앞에 형용사가 오는 경우

주어	동사	관사	형용사	명사
I	have	a	big	pencil.

Be 동사 뒤에 형용사가 오는 경우

주어	Be 동사	형용사
I	am	pretty.

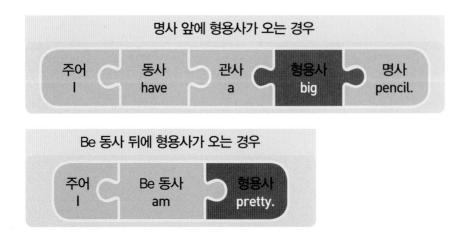

동영상 강의 보기
QR코드를 찍어 봐!

step 2. 문법 정리

명사에 형용사를 붙여서 표현해 봐! 단, 형용사는 명사 바로 앞에 와야 해.

명사	···›	형용사를 붙인 명사	명사	···›	형용사를 붙인 명사
성 **a castle**	···›	큰 성 **a big castle**	개 **a dog**	···›	잘생긴 개 **a handsome dog**
소녀 **a girl**	···›	슬픈 소녀 **a sad girl**	여왕 **a queen**	···›	젊은 여왕 **a young queen**
공 **a ball**	···›	둥근 공 **a round ball**	고양이 **a cat**	···›	용감한 고양이 **a brave cat**
날 **a day**	···›	비 오는 날 **a rainy day**	소년 **a boy**	···›	웃기는 소년 **a funny boy**
방 **a room**	···›	밝은 방 **a bright room**	상자 **a box**	···›	금속으로 된 상자 **a metal box**
음식 **food**	···›	한국 음식 **Korean food**	의자 **a chair**	···›	나무로 된 의자 **a wooden chair**

step 3. 문법 대화

형용사가 나온 대화를 한번 들어 봐!

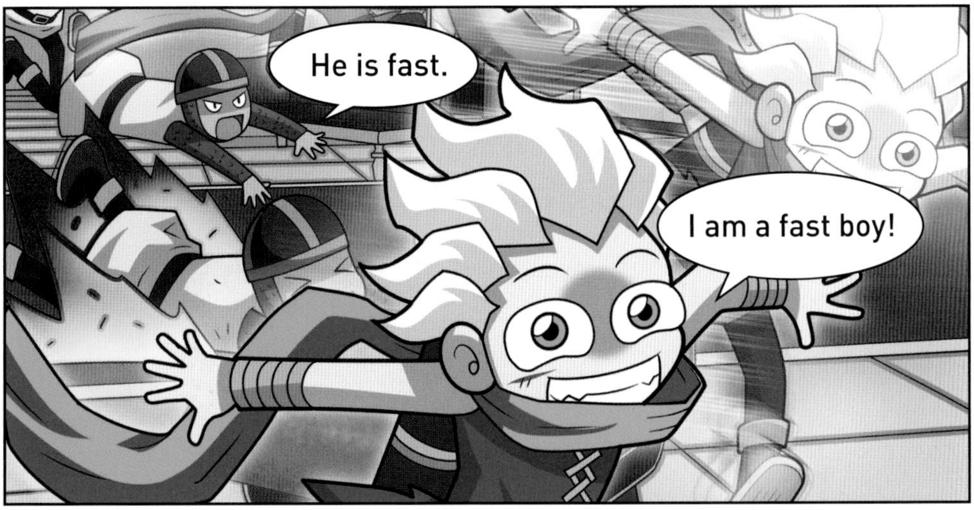
He is fast.
I am a fast boy!

step 1. 문법 강의

명사의 성질을 구체적으로 알려 주는 단어가 '형용사'라는 건 이미 배웠어. 이처럼 성질을 알려 주는 것을 다른 말로 '꾸며 준다', '수식한다'라고도 해. 형용사가 명사 바로 앞에 붙어서 명사를 꾸며 줄 경우, 우리는 이것을 형용사의 한정적 용법이라고 해.

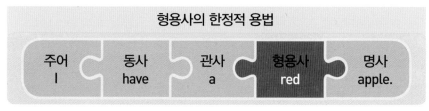

형용사의 한정적 용법

주어	동사	관사	형용사	명사
I	have	a	red	apple.

그냥 사과가 하나 있다고 하면 그 사과는 빨간색일 수도, 초록색일 수도 있지. 여기서 사과를 꾸며 주는 말인 'red 빨간'이 붙어서 이 사과를 한정해 주는 거야.

오, 좋은 질문이야! 리아는 관사를 열심히 봤구나!

그런데 왜 'I have red an apple.' 이라고 하면 안 돼요?

단수 명사 앞에 관사 a나 an이 온다는 것을 배웠지? 그런데 관사는 형용사가 오면 자리를 양보해 줘야 해. 형용사가 관사보다 명사를 훨씬 더 자세히 설명해 주기 때문이야. 이때 복수 명사 앞에는 관사 a나 an이 필요 없다는 것도 꼭 기억하자. this / these / that / those와 같은 지시대명사들이 명사를 꾸며 주면 지시형용사라고 불러. 이것도 명사를 한정해 주지. apple로 예를 들어 볼게.

지시형용사를 사용해 apple을 한정하기		
	an apple (단수)	**apples** (복수)
가까운 것	**this apple** 이 사과	**these apples** 이 사과들
먼 것	**that apple** 저 사과	**those apples** 저 사과들

동영상 강의 보기
QR코드를 찍어 봐!

step 2. 문법 정리

형용사와 지시형용사가 들어간 문장을 봐!

형용사의 한정적 용법을 쓴 문장

당신은 선생님이다. **You are a teacher.**	⋯›	당신은 멋진 선생님이다. **You are a nice teacher.**
그것은 집이다. **It is a house.**	⋯›	그것은 나무로 된 집이다. **It is a wooden house.**
그들은 어린이들이다. **They are children.**	⋯›	그들은 시끄러운 어린이들이다. **They are noisy children.**

지시형용사를 쓴 문장

이 책은 내 것이다. **This book is mine.**	저 개는 크다. **That dog is big.**
이 지우개들은 둥글다. **These erasers are round.**	저 고양이들은 뛰고 있다. **Those cats are running.**

step 3. 문법 대화

한정적 용법의 형용사가 나온 대화를 한번 들어 봐!

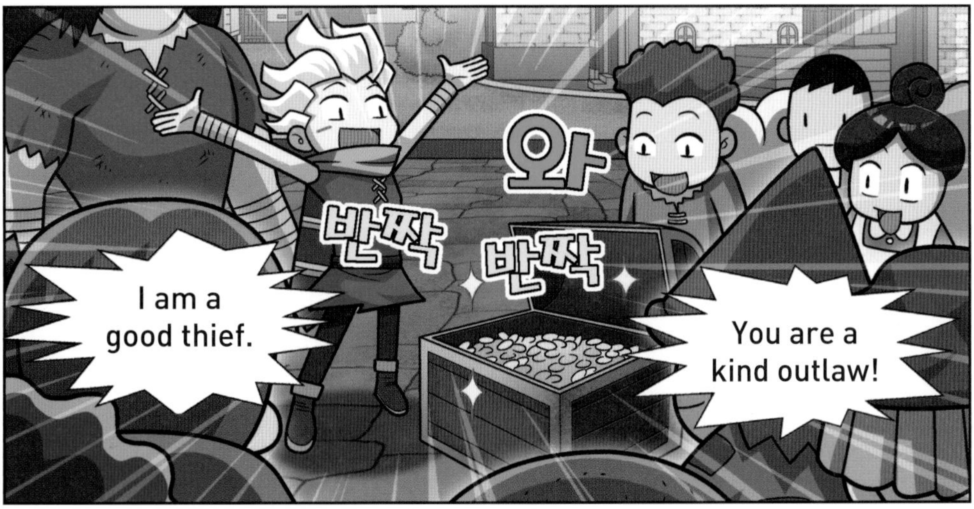
와
반짝
반짝
I am a good thief.
You are a kind outlaw!

2교시 ·g· 문법 3 • Grammar 3

step 1. 문법 강의

지금까지 배운 형용사에서는 뜻이 모두 '~한'으로 끝났지? '예쁜', '빨간'처럼 말이야. 그럼 '예쁘다', '빨갛다'라고 표현하고 싶을 때는 어떻게 해야 할까? 바로 Be 동사와 함께 쓰면 돼. 이렇게 형용사를 쓰는 것을 형용사의 서술적 용법이라고 해.

형용사의 서술적 용법

Be 동사	형용사
Be	pretty.

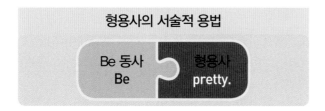

형용사의 서술적 용법을 써서 문장을 만들면 아래와 같아. 문장을 만들 때, 형용사는 Be 동사 뒤에 오면 돼. 부정문을 만들 때에는 Be 동사 뒤에 not을 붙이면 돼.

시원 쌤표 영어 구구단

형용사의 서술적 용법을 쓴 긍정문 ···› **형용사의 서술적 용법을 쓴 부정문**

주어	Be 동사	형용사
I	am	pretty.

···›

주어	Be 동사+not	형용사
I	am not	pretty.

이때, Be 동사는 당연히 주어가 무엇이냐에 따라 모양이 달라지겠지?
이 점만 주의하면 형용사는 문제없이 활용할 수 있을 거야!

I am pretty!
날 위한 말이네!
그 문장에 not을
붙여야 완벽하지!

동영상 강의 보기
QR코드를 찍어 봐!

step 2. 문법 정리

형용사가 들어간 문장을 봐!

형용사의 서술적 용법을 쓴 긍정문	
그의 아버지는 키가 크다.	**His father** is tall.
그녀의 어머니는 우아하다.	**Her mother** is elegant.
너의 남자 형제들은 신났다.	**Your brothers** are excited.

형용사의 서술적 용법을 쓴 부정문	
그 경찰관은 배고프지 않다.	**The police officer** is not hungry.
그 장난감은 시끄럽지 않다.	**The toy** is not noisy.
그 의사들은 화나지 않았다.	**The doctors** are not angry.

step 3. 문법 대화

서술적 용법의 형용사가 나온 대화를 한번 들어 봐!

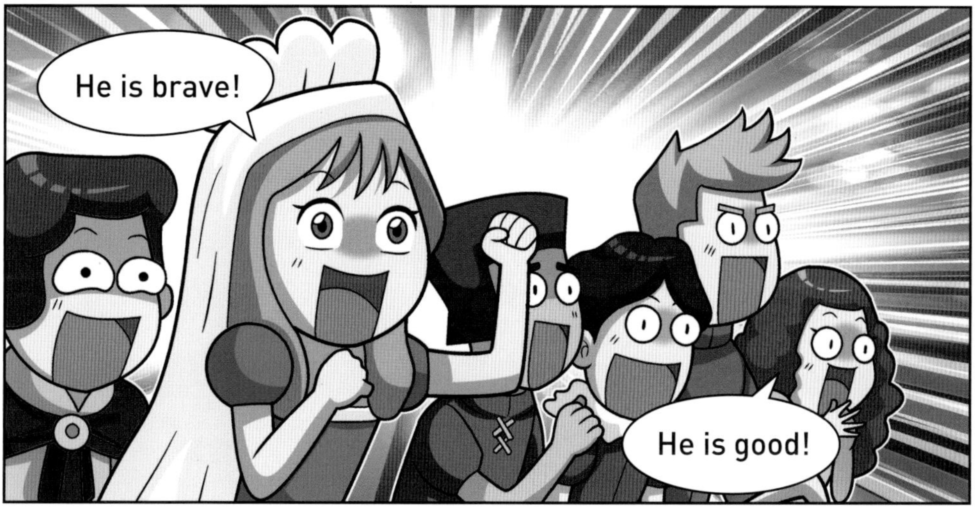
He is brave!
He is good!

얘들아, 그동안 재미있게 영어로 게임을 했다면서? 굿 잡!
이번엔 영어 미로 탈출 게임을 해 보자! 리틀 존과 로빈 후드를 탈출시켜 줘!
미로를 빠져나가는 방법은 단 하나! 배운 단어를 연결하면 돼!

나를 위한 단어잖아?

아래 단어를 찾아서 연결하면 리틀 존이 이 미로를 탈출할 수 있어!

1단계

cute – pretty – lovely

절대 아니거든?

출발

c	e	a	r	t	y
u		t	a	y	l
t	s	e	t	t	o
e	p	r		a	v
e	r	a	t	c	e
p		r	o	h	l
	s	h	e		y

탈출

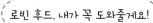
로빈 후드, 내가 꼭 도와줄게요!

와썹~!

아래 단어와 그 반대말을 찾아서 연결하면
로빈 후드가 이 미로를 탈출할 수 있어!

2단계

sad-h○○○○ – short - t○○○ – bad - g○○○

d	h	a	p	p	y	s
a	c	o	o	l		h
s	a	k	i	n	d	o
u	l	m	e	a	d	r
g	m	e	d	n	t	t
l		f	a	i	a	m
o	o	g	d	a	l	
d	c	u	t	b	l	l

출발 →

탈출 ↓

* 정답은 162~163쪽에 있습니다.

4교시 읽고 쓰기 • Reading & Writing

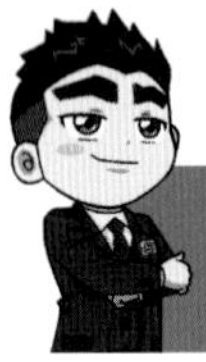

step 1. 읽기

자유자재로 영어를 읽고, 쓰고, 말하고 싶다면, 문장 만들기 연습을 반복해야 하지.
먼저 다음 문장들이 익숙해질 때까지 읽어 볼까?

• 나는 좋은 학생이다.	**I am a good student.**
• 너는 멋진 선생님이다.	**You are a nice teacher.**
• 그는 차분한 남자다.	**He is a calm man.**
• 그녀는 친절한 소녀다.	**She is a kind girl.**
• 그것은 나무로 된 집이다.	**It is a wooden house.**
• 나는 빨간 사과를 가지고 있다.	**I have a red apple.**
• 그녀는 웃긴 친구가 있다.	**She has a funny friend.**
• 나는 훌륭한 아이디어를 좋아한다.	**I like brilliant ideas.**
• 그녀는 미국 가수를 좋아한다.	**She likes an American singer.**
• 그들은 시끄러운 어린이들이다.	**They are noisy children.**
• 그 개는 짧은 다리를 가지고 있다.	**The dog has short legs.**
• 그 소년은 빨간 사과를 먹는다.	**The boy eats red apples.**
• 그 요리사는 아주 맛있는 음식을 만든다.	**The cook makes delicious food.**
• 그 가수는 아름다운 노래를 부른다.	**The singer sings beautiful songs.**

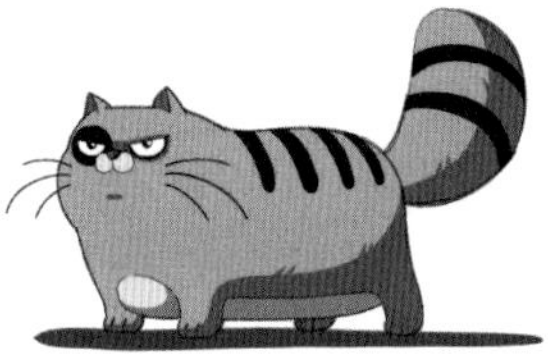

• 이 책은 내 것이다.	This book is mine.
• 이 지우개들은 둥글다.	These erasers are round.
• 저 개는 크다.	That dog is big.
• 저 고양이들은 뛰고 있다.	Those cats are running.
• 너는 용감하다.	You are brave.
• 내 여자 형제는 예쁘다.	My sister is pretty.
• 그의 아버지는 키가 크다.	His father is tall.
• 그녀의 어머니는 우아하다.	Her mother is elegant.
• 너의 남자 형제들은 신났다.	Your brothers are excited.
• 그 농부는 친절하다.	The farmer is kind.
• 그 방은 밝다.	The room is bright.
• 그 슈퍼마켓은 크다.	The supermarket is big.
• 그 의사들은 화나지 않았다.	The doctors are not angry.
• 그 경찰관은 배고프지 않다.	The police officer is not hungry.
• 그 장난감은 시끄럽지 않다.	The toy is not noisy.
• 이 고양이는 못생기지 않았다.	This cat is not ugly.

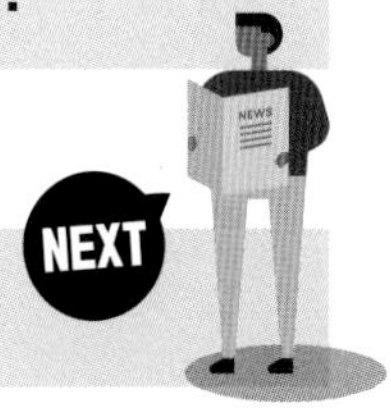
NEXT

step 2. 쓰기

익숙해진 문장들을 이제 한번 써 볼까? 괄호 안의 단어를 보고, 순서에 맞게 문장을
만들어 보자.

❶ 나는 빨간 사과를 가지고 있다. (I, a, apple, red, have)

_____ .

❷ 나는 좋은 학생이다. (good, am, I, a, student)

_____ .

❸ 당신은 멋진 선생님이다. (You, a, are, teacher, nice)

_____ .

❹ 그는 차분한 남자다. (is, calm, a, man, He)

_____ .

❺ 그녀는 친절한 소녀다. (girl, a, is, kind, She)

_____ .

❻ 나는 훌륭한 아이디어를 좋아한다. (brilliant, I, ideas, like)

_____ .

❼ 그녀는 웃긴 친구가 있다. (friend, She, funny, a, has)

_____ .

❽ 그들은 시끄러운 어린이들이다. (They, children, noisy, are)

_____ .

이제 형용사가 들어간 문장을 영어로 써 볼까? 영작하다 보면 실력이 훨씬 늘 거야.
잘 모르겠으면, 아래에 있는 WORD BOX를 참고해!

❶ 너는 용감하다. _____ .

❷ 그의 아버지는 키가 크다. _____ .

❸ 너의 남자 형제들은 신났다. _____ .

❹ 저 개는 크다. _____ .

❺ 그 농부는 친절하다. _____ .

❻ 이 책은 내 것이다. _____ .

❼ 그 의사들은 화나지 않았다. _____ .

❽ 그 장난감은 시끄럽지 않다. _____ .

WORD BOX

• his	• you	• that	• mine	• your
• dog	• are	• father	• farmer	• brothers
• brave	• is	• this	• not	• angry
• big	• tall	• noisy	• excited	• kind
• the	• book	• doctors	• toy	

• 정답은 162~163쪽에 있습니다.

5교시 유니버스 이야기 • Story

우리가 다섯 번째로 다녀온 곳은 바로 567 유니버스란다. 로빈 후드라는 재미있는 친구가 사는 곳이지. 로빈 후드는 못된 짓을 일삼는 노팅엄 영주에 맞서 싸우는 정의의 용사야. 또한 이곳은 형용사의 유니버스이기도 해. 어떤 곳인지 좀 더 자세히 알아볼까?

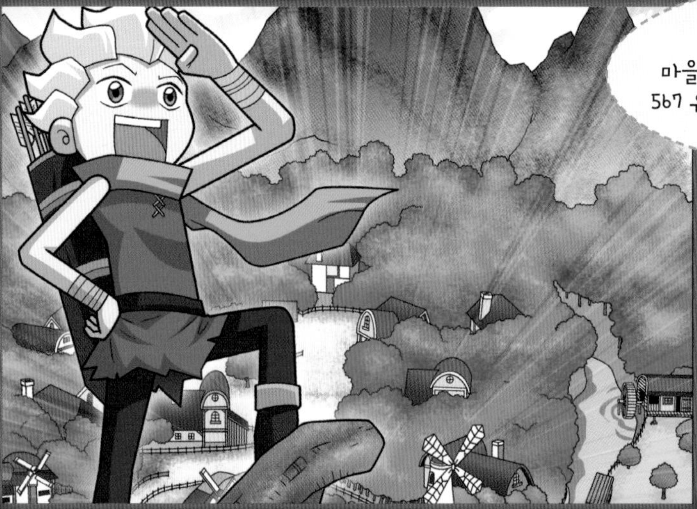

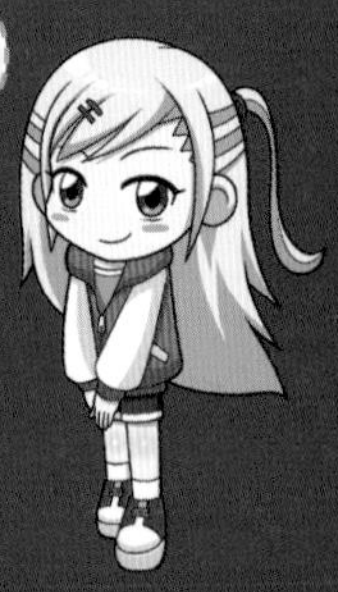
정의의 용사, 로빈 후드가 마을 사람들과 사이가 나빠졌다면 567 유니버스는 어떻게 되었을까요?

◀ 567 유니버스
위치 888 유니버스에서 멀지 않은 곳
상황 무자비하게 세금을 걷는 노팅엄의 영주와 셔우드 숲의 의적이 살고 있음.
키 문장 He is a righteous outlaw!

567 유니버스 이야기: 형용사

567 유니버스는 용감한 의적, 로빈 후드와 친구들이 사는 영어 유니버스예요. 의적은 부패한 부자나 관리들의 재물을 훔쳐서 가난한 사람을 도와주는 의로운 도둑을 말해요. 도둑이라고 하면 나쁜 사람인데, 참 특이하지요? 이런 로빈 후드가 너무 싫었던 노팅엄의 영주와 언제나 영어를 없애고 싶었던 트릭커가 만나서 엄청난 일을 벌인답니다. 결국 로빈 후드는 가난한 사람들의 돈을 훔친 치사한 도둑으로 몰려요. 게다가 영주가 벌인 활쏘기 대회에서는 위기에 빠진 후를 구하려다 꼼짝없이 감옥에 갇힐 뻔하지요. 하지만 다행히 예스잉글리시단의 활약으로 로빈 후드는 다시 멋진 의적으로 인정받는답니다.

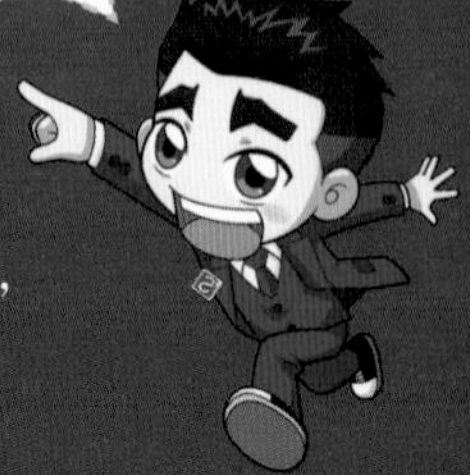
567 유니버스가 무너지면, 칭찬 형용사가 사라지고 결국 영어에서 형용사가 사라지고 말았을 거야!

567 유니버스의 키 문장인 “He is a righteous outlaw!”는 마을 사람들이 의적, 로빈 후드를 다시 인정하는 멋진 말이지요.

우리 지구의 실제 이야기: 전설 속 영웅, 로빈 후드

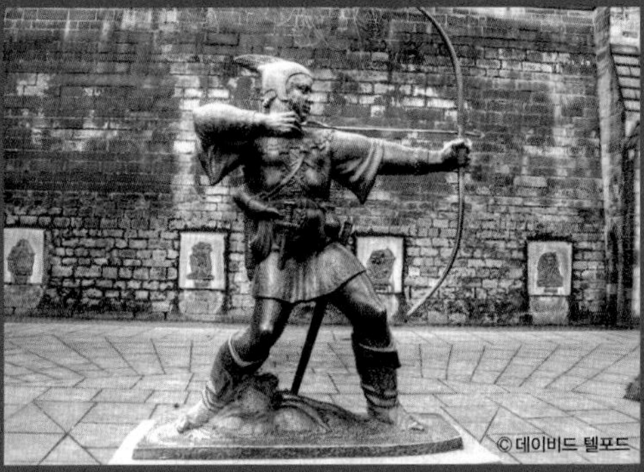
© 데이비드 텔포드

▲ 노팅엄성 로빈 후드 동상

로빈 후드는 중세 영국 노팅엄 주의 셔우드 숲에 사는 전설 속 영웅이에요. 욕심 많은 귀족이나 관리를 혼내 주고, 그들의 재산을 빼앗아 가난한 사람들을 도와주었지요.

로빈 후드 이야기가 언제부터 전해 내려왔는지 정확히 알려지지 않았지만, 1228년부터 '로빈후드(Robinhood)', '로버호드(Robehod)', '호버호드(Hobbehod)'와 같은 이름이 전해지기 시작했어요. 문학상으로는 14세기 후반 '윌리엄 랭글런드'의 장편시《농부 피어스의 환상》에 나타난 것이 가장 오래되었어요. 1883년에 이르러 '하워드 파일'이 쓴 소설《로빈 후드의 모험》에는 지금의 로빈 후드의 모습이 그대로 담겨 있어요. 지금도 로빈 후드 이야기는 소설, 영화, 만화 등으로 만들어져 전 세계 사람들에게 많은 사랑을 받고 있답니다.

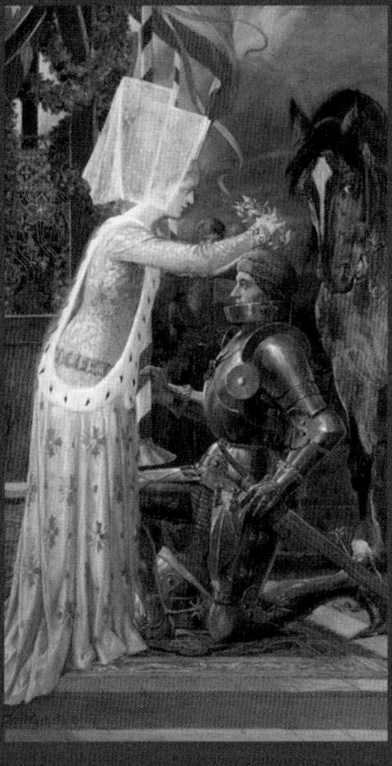

◀ 요하네스 게르츠가 그린 아이반호

월터 스콧의《아이반호》

영국의 작가, 월터 스콧이 1819년에 발표한 역사 소설이에요.《아이반호》에서 로빈 후드는 기사인 아이반호를 도와주는 '록슬리'라는 인물로 등장해요. 이 작품에서 로빈 후드는 그냥 의적이 아니라 잉글랜드를 점령하여 지배 계급이 된 노르만 왕조에 대항하는 앵글로색슨족의 영웅 중 한 사람으로 그려지지요.

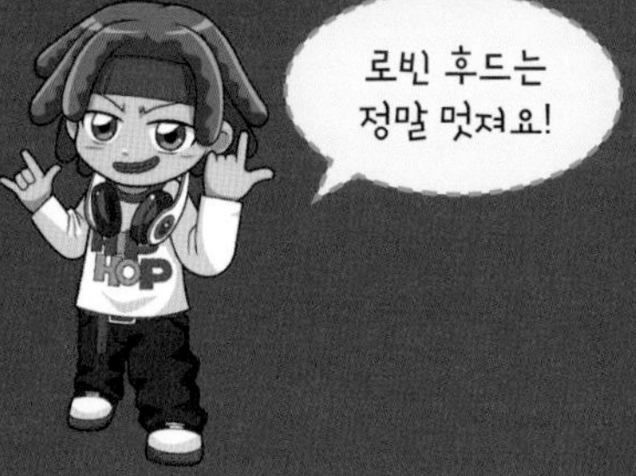
HIP HOP
로빈 후드는 정말 멋져요!

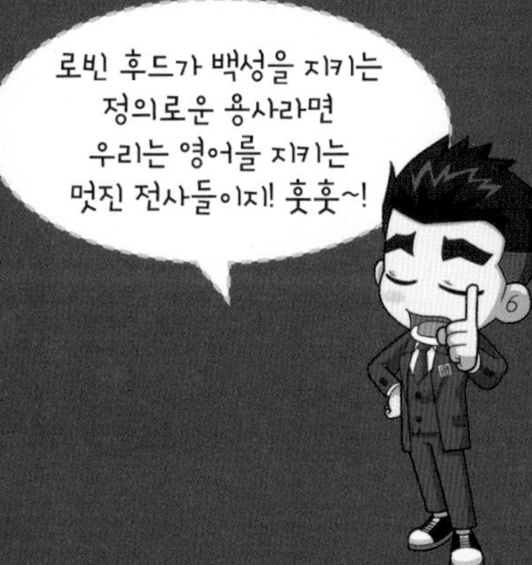
로빈 후드가 백성을 지키는 정의로운 용사라면 우리는 영어를 지키는 멋진 전사들이지! 훗훗~!

6교시 말하기 • Speaking

step 1. 대화 보기

만화 속에 나오는 대사, '땡큐(Thank you)!'는 어떨 때 쓰는 걸까?

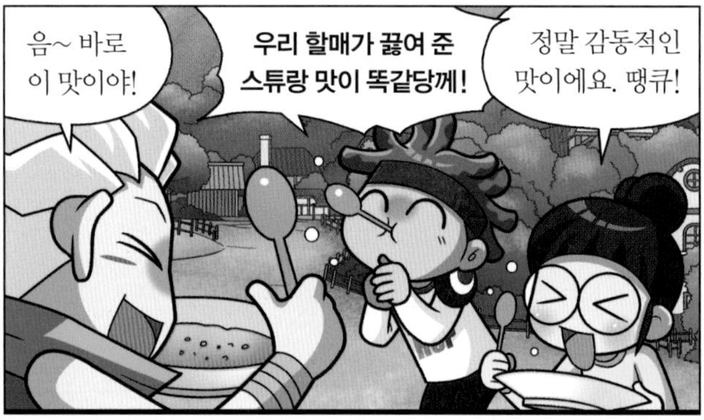
음~ 바로 이 맛이야!
우리 할매가 끓여 준 스튜랑 맛이 똑같당께!
정말 감동적인 맛이에요. 땡큐!

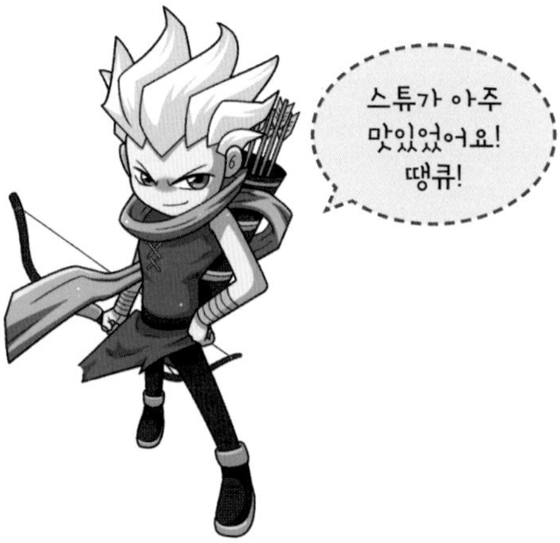
스튜가 아주 맛있었어요! 땡큐!

step 2. 대화 더하기

'땡큐(Thank you)!'는 고마움을 나타내는 인사야. 더 간단하게 'Thanks!'로 표현할 수도 있지. 하지만 고마움을 표현하기에 인사가 너무 짧게 느껴진다면, 그 뒤에 단어를 살짝 붙여서 말해 봐! 예를 들면, 'Thank you so much.'처럼 말이야. 그렇다면 이와 비슷한 의미로 쓰이는 영어 표현들은 뭐가 있을까? 친구들이 하는 말을 듣고 따라 해 보렴.

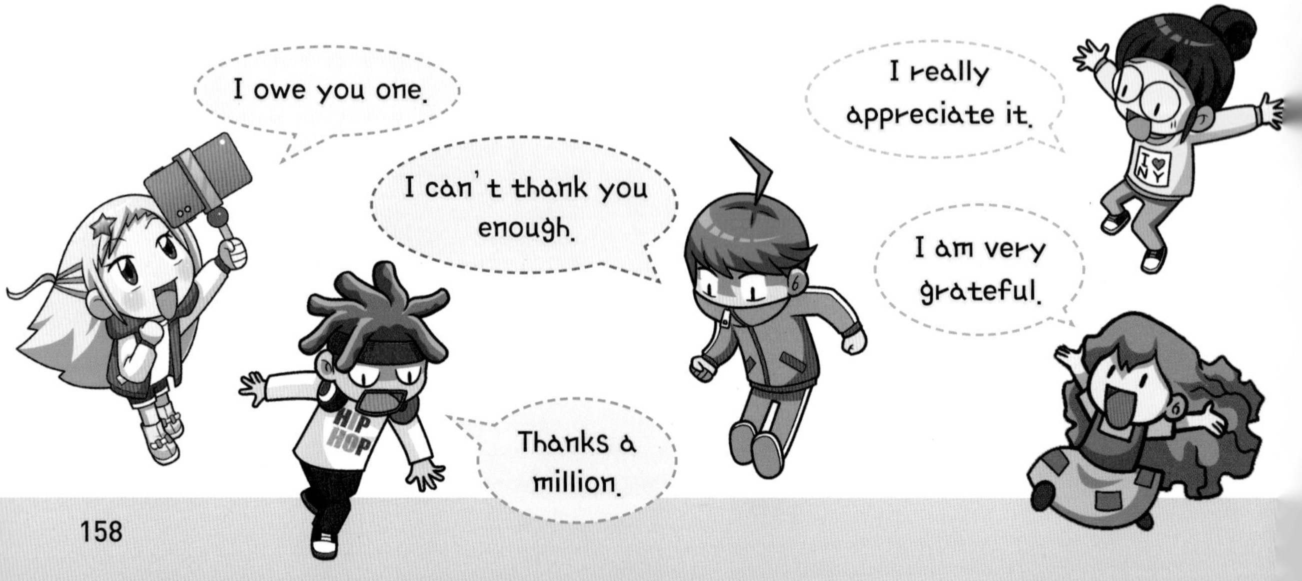
I owe you one.
I can't thank you enough.
I really appreciate it.
I am very grateful.
Thanks a million.

한눈에 보는 이번 수업 핵심 정리

여기까지 열심히 공부한 여러분 모두 굿 잡! 어떤 걸 배웠는지 떠올려 볼까?

1. **형용사를 배웠어.**

형용사는 명사가 어떻게 생겼는지, 어떤 성질인지를 구체적으로 알려 주는 단어를 말해. 형용사는 설명하려는 명사 바로 앞이나 Be 동사 뒤에 와.

2. **형용사의 한정적 용법을 배웠어.**

주어	동사	관사	형용사	명사

형용사가 명사의 바로 앞에서 명사를 꾸며 주는 용법이야.

3. **형용사의 서술적 용법을 배웠어.**

주어	Be 동사	형용사

Be 동사 뒤에 형용사를 붙여서 쓰는 용법이야.

어때, 쉽지? 다음 시간에 또 보자!

6

수업 시간에 잘 들었는지 쪽지 시험을 한번 볼까?

---

1. 외모를 나타내는 단어가 아닌 것은 무엇일까요?

cute	tall	brave	pretty

2. 성격을 나타내는 단어가 아닌 것은 무엇일까요?

kind	delicious	righteous	nice

3. 형용사의 위치가 잘못된 것은 무엇일까요?

a big castle	a handsome dog	cold water	food Korean

---

4. 다음 중 틀린 말은 어느 것일까요?

① 형용사는 보통 설명하고자 하는 명사 앞에 온다.

② 형용사는 명사에 맞춰 모양이 바뀐다.

③ 관사가 있을 때는 관사, 형용사, 명사 순서대로 붙인다.

④ 지시형용사는 명사 앞에 위치한다.

5. 다음 중 올바른 문장은 무엇일까요?

① She is lovely a girl.
② I have cute a dog.
③ I like brilliant the idea.
④ I am a good student.

6. 다음 중 틀린 문장은 무엇일까요?

① The farmer is kind.
② His father is tall.
③ My sister is a pretty.
④ The doctors are not angry.

7. 문장의 빈칸을 완성해 보세요.

① 이 책은 내 것이다.　　　　　　(　　　) book is mine.
② 이 지우개들은 둥글다.　　　　(　　　) erasers are round.
③ 저 개는 크다.　　　　　　　　(　　　) dog is big.
④ 저 고양이들은 뛰고 있다.　　 (　　　) cats are running.

8. 다음 문장을 완성해 보세요.

He is not short. He is (　　　).

* 정답은 162~163쪽에 있습니다.

수업 끝!

 정답 • Answer

P 143

• 매력적인	**attractive**	• 배고픈	**hungry**
• 키가 큰	**tall**	• 친절한	**kind**
• 훌륭한	**brilliant**	• 정의로운	**righteous**
• 아주 맛있는	**delicious**	• 멋진	**nice**
• 화난	**angry**	• 적극적인	**active**

P 150~151

〈1단계〉

c	e	a	r	t	y
u		t	a	y	l
t	s	e	t	t	o
e	p	r		a	v
e	r	a	t	c	e
p		r	o	h	l
	s	h	e		y

〈2단계〉

d	h	a	p	p	y	s
a	c	o	o	l		h
s	a	k	i	n	d	o
u	l	m	b	a	d	r
g	m	e	d	n	t	t
l		f	a	i	a	m
o	o	g	d	a	l	
d	c	u	t	b	l	l

P 154

❶ I have a red apple ⊘

❷ I am a good student ⊘

❸ You are a nice teacher ⊘

❹ He is a calm man ⊘

❺ She is a kind girl ⊘

❻ I like brilliant ideas ⊘

❼ She has a funny friend ⊘

❽ They are noisy children ⊘

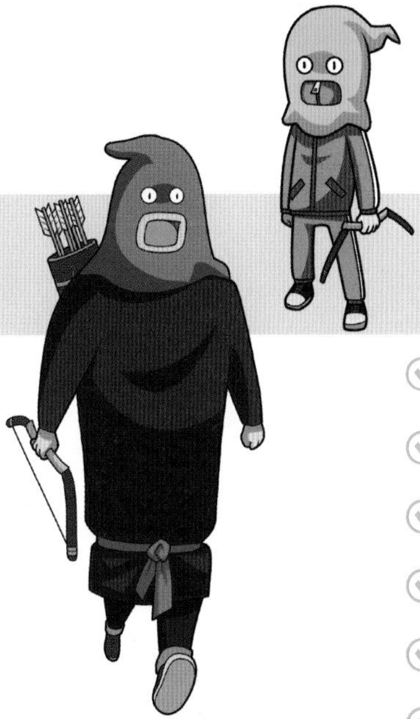

P 155

❶ You are brave
❷ His father is tall
❸ Your brothers are excited
❹ That dog is big
❺ The farmer is kind
❻ This book is mine
❼ The doctors are not angry
❽ The toy is not noisy

P 160

1. brave

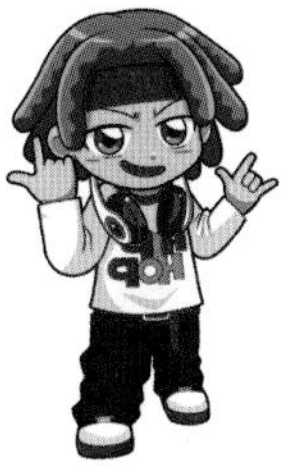

2. delicious

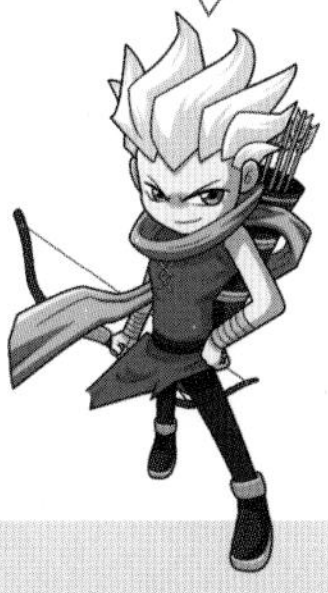

3. food Korean

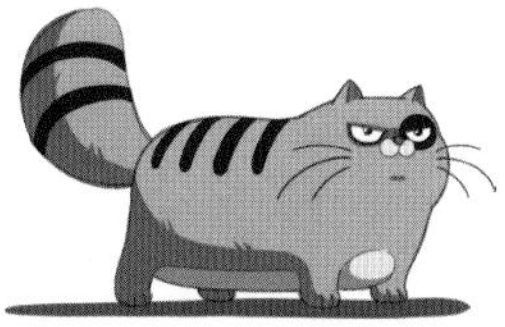

4. ②

P 161

5. ④

6. ③

7. ❶ (This)
❷ (These)
❸ (That)
❹ (Those)

8. (tall)

지령서

노잉글리시단의 새로운 중간 보스 스마일
다음 목적지는 111 유니버스다! 당장 떠나라!

목적지: 111 유니버스
위치: 지구에서 그리 멀지 않은 곳
특징: 유엔과 똑같은 구조의 유니버스로! 이곳에는
'세계의 대통령'이라 불리는 사람이 있다.

////// 보스가 주는 지령 //////

111 유니버스에 가서 일의 진행을 모조리 막아라!
막기 위해서라면 무슨 수를 써도 좋다.
일단 예스잉글리시단을 111 유니버스로 유인한 뒤,
그들 앞에서 유니버스를 엉망진창으로 만드는 게 좋겠군.
성공적인 임무 완수를 위해 친히 인벤토리를 하사하겠다.
이 인벤토리는 널 더욱더 강력한 악당으로 만들어 줄 것이다.
이런 유니버스 하나쯤 없애 버리는 건
중간 보스 중에서도 실력 있는 너에게는 식은 죽 먹기겠지?
멍청한 트릭커를 대신해서 맡은 첫 임무이다!
거는 기대가 크니 꼭 성공하고 돌아오도록!

추신: 트릭커와 빅캣을 데리고 가서 마음껏
　　　일을 시켜라. 놀고먹는 꼴을 볼 수가 없군!

노잉글리시단
Mr. 보스

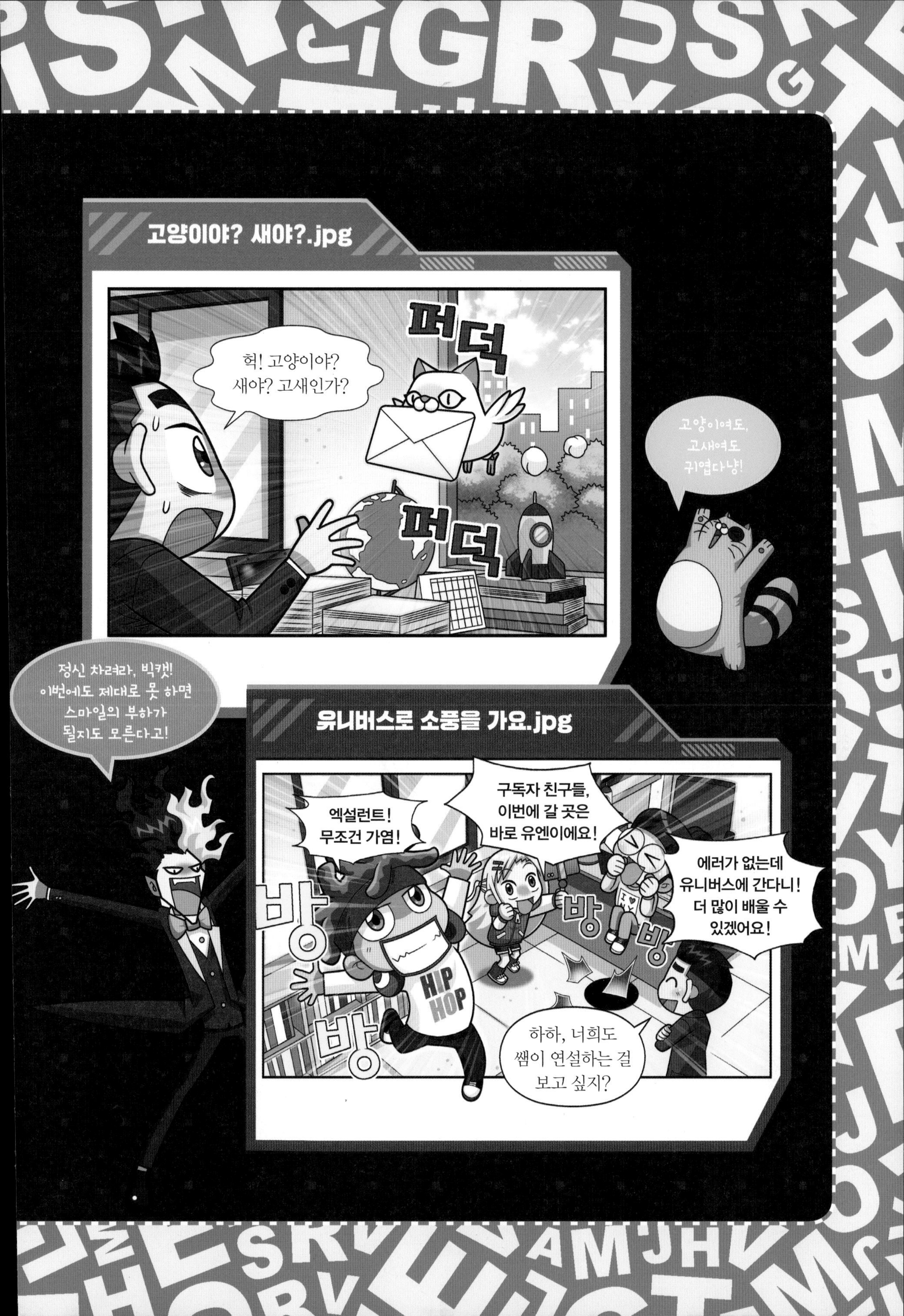
고양이야? 새야?.jpg
헉! 고양이야? 새야? 고새인가?
퍼덕
퍼덕
고양이여도, 고새여도 귀엽다냥!
정신 차려라, 빅캣! 이번에도 제대로 못 하면 스마일의 부하가 될지도 모른다고!
유니버스로 소풍을 가요.jpg
엑설런트! 무조건 가염!
구독자 친구들, 이번에 갈 곳은 바로 유엔이에요!
에러가 없는데 유니버스에 간다니! 더 많이 배울 수 있겠어요!
방
방
방
방
HIP HOP
하하, 너희도 쌤이 연설하는 걸 보고 싶지?

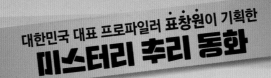

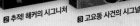

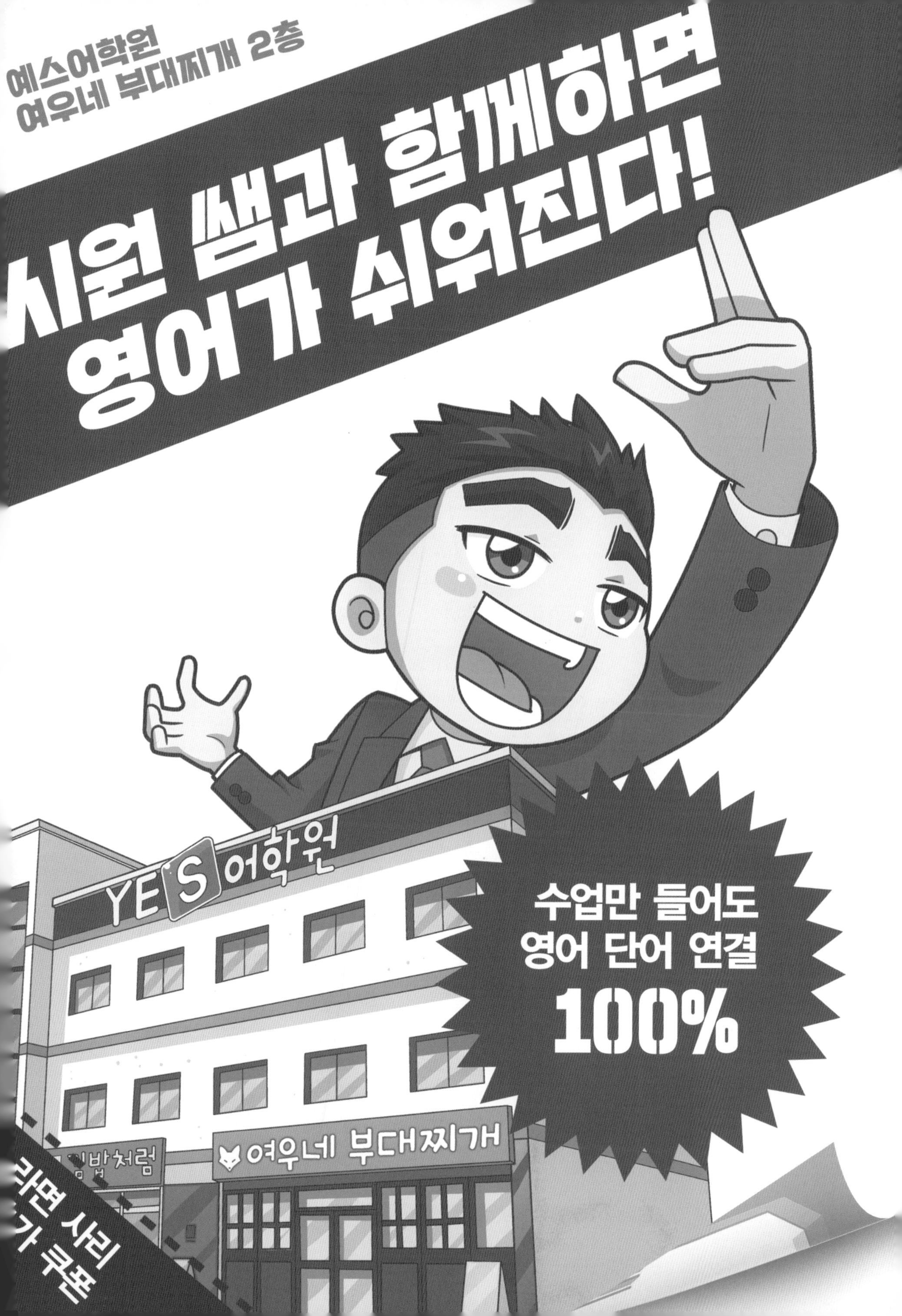
예스어학원
여우네 부대찌개 2층
시원 쌤과 함께하면
영어가 쉬워진다!
YES 어학원
수업만 들어도
영어 단어 연결
100%
여우네 부대찌개
라면 사리